本书受教育部人文社会科学重点研究基地重大项目
"中国式农村教育现代化知识谱系研究"(22JJD880016)资助

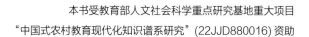

中国式
农村教育
现代化

CHINESE MODERNIZATION OF
RURAL EDUCATION

李涛 邬志辉 主编

社会科学文献出版社
SOCIAL SCIENCES ACADEMIC PRESS (CHINA)

卷首语

于细微之处寻路中国式农村教育现代化

　　教育兴则国家兴，教育强则国家强。在迈向第二个百年奋斗目标的新征程中，教育所承担的责任和使命重大，教育强国建设是全面推进中华民族伟大复兴的基础工程。近年来我国农村教育事业取得长足进步，义务教育从基本均衡向优质均衡发展不断迈进，但农村教育依然是国民教育体系中最薄弱的环节，是建设教育强国的短板所在，是推进中国式现代化的堵点。面对新型城镇化、少子化等社会新特征，中国农村教育发展所面临的新难点也更为复杂，这迫切需要学界同仁共研共判、探微究理、经略策论，助力发展。

　　本书以"中国式农村教育现代化"为主题，进一步聚焦"中国式农村教育现代化理论""数字化转型与中国式农村教育现代化""农村教育现代化治理""中国农村教育的公共支出与服务均等化""教育获得与社会流动"等具体议题，系统回应了中国式农村教育现代化的内涵、特征、发展脉络与价值，数字化何以助力中国农村教育现代化建设，农村教育现代化发展中的治理实践难题，城乡教育基本公共服务均等化，农门何以能出贵子等问题。努力于细微之处探索中国式农村教育现代化知识谱系，探究中国式农村教育现代化的有效学理解释。

　　第一部分探讨"中国式农村教育现代化理论"，共有三篇文章围绕中国式农村教育现代化的基本特征、发展脉络、实践逻辑等问题展开论述。第一篇文章阐释了中国式农村教育现代化的基本特征，即在人口大国的背景下实现农村教育普及化、在以人民为中心理念下实现农村教育布局就近化、在共同富裕目标指向下实现农村教育与城市教育均衡发展、在社会主义制度背景下实现农村教育供给的普惠化、在人的自由全面发展理念下实现农村教育目标的包容化、在城乡融合发展背景下实现农村教育的特色化发展。第二篇文章梳理了中国式教育现代化发展的三个阶段，即以服务经济发展为目标的劳动者素质教育阶段、以素质教育为核心的现代国民教育体系构建阶段、以创新人才培育为目标的高质量现代教育发展阶段，认为中国式教育现代化面临的新议题是从"应对外部需求强调数量增长规模扩大的"外延式发展逐渐转向"依据内在要求强调结构优化和质量提高"的内涵式发展。第三篇文章认为，中国式农村教育现代化是以培育乡村人才为中心的现代化、践行城乡教育各有特色的现代化、全面赶超城镇教育的现代化、全面推动乡村振兴的现代化、促进人与自然和谐共生的现代化、促成乡村文明新形态的现代化、传承中华优秀耕读文化的现代化、以劳动创造为主导的现代化，中国式农村教育现代化应遵循国家发展的价值引领、秉持乡土文化的价值禀赋、坚定教育本位的价值立场、立足高质量发展的价值追求、奠定乡村主体现代化的价值基调。

第二部分的主题是"数字化转型与中国式农村教育现代化"。第一篇文章揭示了教育数字化转型与智慧教育公共服务体系建设的内在联系，提出数字化转型给全社会产业带来了革命性变化，教育数字化转型作为其中的一部分，也引发了全球教育思维和教育文化的深层次变革，推动教育内容、教学方式和学习环境等一系列教育要素的内在变化，其本质是用数字技术重构学校和教育、重塑学习。本文认为，推进教育数字化转型亟待营造智慧教育环境，加快建立以智慧教育为核心的公共服务体系。第二篇文章基于胜任力理论，采用行为事件访谈法，构建了乡村教师"互联网＋教学"胜任力模型。该研究基于中西部三省乡村教师问卷调查，发现当前乡村教师"互联网＋教学"胜任力仍面临诸多问题，包括"互联网＋教学"内驱力不足，自主探索少；开发教学资源与组织教学能力较弱；"互联网＋教学"组织与评价实施力度不够；"互联网＋教学"知识和技术的应用范围有限；等等。第三篇文章探讨了数字支教对乡村教育振兴所发挥的积极作用，提出打造"数字支教生态圈"，通过数字支教赋能乡村教育振兴，即通过以"教"促学增强数字素养意识、以"技"提质凸显乡村教育魅力、以"链"提课组建优质资源库、以"管"增效构建协同治理模式，为实现数字支教赋能乡村教育振兴提供参考。

第三部分以"农村教育现代化治理"为主题，论述了农村基础教育治理实践中的难点并提出了建议。第一篇文章透视了农村基础教育治理实践中的"逆整体性治理"现象，此种以教育系统为工具实现本部门目标的现象，将教育系统整合进庞大的行政体系中，让教育系统承担了诸多非教育性事务，加剧了教育系统的负担。第二篇文章针对乡村义务教育质量评价制度出现的过程复杂的简单化、手段的形式化以及建设的延迟化等问题，建议树立面向乡村学生个性发展的动态性评价理念、建立符合乡村学校自身条件的多样性评价形式、确立弘扬乡村文化的乡土性评价标准，构建独具特色的乡村教育质量评价体系。第三篇文章从当前中小学校"泛行政化"现象入手，探讨导致基层学校耗费大量精力来应付行政事务，使中小学校部门化、教育职能副业化、教育功能世俗化这一意外后果的根源，提出应从县教体局适度脱嵌、基层学校合理赋权、行政考核适当松绑三个方面来化解基础教育泛行政化困境。第四篇文章通过对 N 县乡村小规模学校改革的个案研究，透析了县域乡村教育现代化的在地化逻辑是"教育理想和现实选择的互动交融""儿童成长和乡村振兴有机衔接""内生机制和外部资源的共融共生"，进而指出当前乡村教育在地化所面临的传统教育惯性难突破、新兴教育观念难认同、稳定制度文化难传承等困境。

第四部分聚焦"中国农村教育的公共支出与服务均等化"。第一篇文章通过建立测度模型，测量了城乡基本公共教育服务均等化与乡村振兴耦合协调水平，发现我国城乡基本公共教育服务均等化与乡村振兴的耦合协调度处于勉强协调阶段，呈现"东高西低"的空间分布特征；耦合协调度的地区差异呈缩小趋势；东部、中部和东北地区两系统耦合协调发展存在极化现象；制度驱动、经济驱动、政府驱动对耦合协调度的地区差异具有显著的正向促进作用。第二篇文章通过对 2007~2020 年全国 285 个城市面板数据的格兰杰因果关系检验，发现公共教育支出与经济增长之间整体存在双向格兰杰因果关系，建议各级政府确保教育经费的财政支出、因地制宜划分各级各类教育财政支出投入比重、加大对经济发展落后地区的转移支付力度。

第五部分探讨"教育获得与社会流动"。第一篇文章探讨了农村子女的社会关系网络，发现农村子女在基础教育阶段求学过程中最为重要的"贵人"是亲戚、教师、赞助方。三类"贵人"对农村子女表现出不同的支持形式，并进一步转化为农村子女的社会资本。比如，亲戚作为"差序格局中的家庭社会资本"，帮助农村子女获得更为优质的教育资源；教师作为"学校组织中的制度性社会资本"，是改变农村子女命运轨迹的关键性人物；赞助方（个人或组织）基于中国人情社会中的"提拉情结"，为农村子女读书上学提供力所能及的帮助与支持。第二篇文章探讨了农村家庭的高等教育需求，发现当前农村家庭高等教育需求强烈，但仍存在现实困境，如"乡土文化与现代文化的冲突""学校教育边缘化""机会成本的可能性流失""家庭教育资本匮乏""子女学业不佳的排斥力"等，农村家庭需经常性地权衡利弊得失，对高等教育的认知、意愿与行动充满了矛盾与困惑，呈现认知、意愿与行动的悖论。第三篇文章聚焦第一代大学生代内教育帮扶与同胞教育发展之间的关系，发现在控制家庭、学校、学生层面的影响因素后，先"上"者的教育帮扶虽然对后"上"者的学习成绩影响不显著，但对教育抱负和行为改善存在显著正向影响，且有教育帮扶的弟妹教育发展更好。在第四篇文章中，作者探究了撤点并校对个体流动的长期影响，研究发现：撤点并校显著增加了个体流动概率；撤点并校不仅促进了个体为教育流动，也通过人力资本促进个体因教育流动；男性、生活在条件较差地区、家庭背景较好的个人受撤点并校影响更大。

本书受教育部人文社会科学重点研究基地重大项目"中国式农村教育现代化知识谱系研究"（22JJD880016）资助，初心旨在与同仁共同探路中国式农村教育现代化高质量发展，共断学理本真、探释田野实践、寻路进步之策、助力强国建设。

《中国式农村教育现代化》主编
二〇二四年六月十一日于北京

目　录

中国式农村教育现代化理论

论中国式农村教育现代化的基本特征*

刘秀峰**

摘　要：中国式农村教育现代化，是在中国共产党的领导下，我国结合社会主义政治制度、人口大国背景、农业大国实际和城乡关系变化等，所走的一条具有中国特色的农村教育现代化之路。本文结合中国式现代化的特征，从我国农村教育发展的历史"实然"和未来"应然"的角度，提出中国式农村教育现代化的六大基本特征：在人口大国背景下，实现农村教育的普及化；在以人民为中心理念下，实现农村教育布局的就近化；在共同富裕目标指向下，实现农村教育与城市教育均衡发展；在社会主义制度背景下，实现农村教育供给的普惠化；在人的自由全面发展理念下，实现农村教育目标的包容化；在城乡融合发展背景下，实现农村教育的特色化发展。

关键词：中国式现代化；农村教育；共同富裕

农村教育在我国农业农村现代化建设中处于基础性的战略地位，也是我国教育现代化建设的短板。实现农村教育的现代化是我国推进教育现代化、建设教育强国最为艰巨的任务。新中国成立以来，在中国共产党的领导下，我国结合社会主义政治制度、人口大国背景、农业大国实际和城乡

---

* 基金项目：本文系国家社会科学基金"十三五"规划 2020 年度教育学青年课题"新中国70 年来县域内学校布局的变迁研究"（项目编号：COA200244）、"研究阐释党的二十大精神"成都市哲学社会科学规划"雏鹰计划"专项重点项目"中国式教育现代化的理论与实践研究"（项目编号：2022E07）的阶段性研究成果。

** 刘秀峰，四川师范大学教育科学学院教授、博士生导师，主要从事农村教育、中国教育史等研究，E-mail：liuxiufeng085@163.com。

关系变化等，不断推进农村教育的普及与发展，探索出一条中国式的农村教育现代化道路。那么中国式农村教育现代化应具有哪些基本特征？学术界已经做了一些探索性的研究，大多数学者针对现代化进程中农村教育边缘化的问题，提出了基于农村特质的农村教育现代化路径。例如，一些学者提出，我国农村教育应抛弃农本主义价值取向和城本主义价值取向，走一条"和而不同"的发展道路。具体而言，就是既要公平地对待农村教育，用与城市教育相同的水准来要求与发展农村教育，给农村教育创造平等的发展机会，也要从农村的实际出发，符合农村社会发展的需要，尊重农村教育的特性，使"农村教育"更像"农村教育"（邬志辉、马青，2008）。还有一些学者针对城本取向的农村教育现代化提出，应重建农村教育现代化的自信（秦玉友，2021）。当然，也有一些学者对农村教育现代化的具体理念进行了阐释，提出农村教育现代化应该秉持尊重、自主、包容、正义和绿色五大发展理念。这五大发展理念分别指向农村教育对象、农村学校管理、城乡教育关系、农村教育行政和农村教育发展模式（姜超、邬志辉，2017）。这些研究对于思考中国式现代化背景下农村教育现代化的特征具有很好的启发作用。本文试图结合党的二十大报告提出的中国式现代化的特征，从我国农村教育发展的历史"实然"和未来"应然"的角度，提出中国式农村教育现代化应具备的六大基本特征：在人口大国背景下，实现农村教育的普及化；在以人民为中心理念下，实现农村教育布局的就近化；在共同富裕目标指向下，实现农村教育与城市教育均衡化发展；在社会主义制度背景下，实现农村教育供给的普惠化；在人的自由全面发展理念下，实现农村教育目标的包容化；在城乡融合发展背景下，实现农村教育的特色化发展。这些特征既是对中国农村教育现代化历程"实然"状态的总结，也是未来推进中国农村教育现代化应该坚守的基本原则。

一　在人口大国背景下，实现农村教育的普及化

人口规模巨大是我国的基本国情，也是最大国情。新中国成立后，我国总人口由1949年的5.4亿发展到2022年的近14.1亿，人口规模一直处于世界人口前列，是世界上人口最多的国家。而我国农村人口占比，虽然

由新中国成立初期的 89.36% 下降到 2022 年的 36.11%，但是新中国成立后，农村人口数量长期在 5 亿以上，最多时（1995 年）达到近 9 亿。我国农村人口规模之巨大，是世界上任何一个国家都无可比拟的。在这样一种国情背景下，如何实现我国农村人口的教育普及是我国农村教育现代化面临的首要问题，因此，实现农村教育的普及化是中国式农村教育现代化的最基本特征。

（一）普及农村教育是中国共产党矢志不渝的目标

在这样一个人口大国，普及教育任务艰巨，然而，中国共产党始终将普及教育、普及农村教育作为其重要的奋斗目标。早在 1922 年 7 月通过的《中国共产党第二次全国代表大会宣言》就提出"中国三万万的农民，乃是革命运动中的最大要素"，并将"改良教育制度，实行教育普及"作为党的奋斗目标（李忠杰、段东升，2014）。此后在革命根据地，中国共产党全力推进教育普及，除通过冬学、民众学校、夜校、识字班等对农民进行教育外，还采用多种形式对儿童进行普及教育。新中国成立后，中国共产党为了迅速地推动农民在文化上翻身，对农村普及教育予以重视。1949 年 9 月通过的《共同纲领》就提出"有计划有步骤地实行普及教育"。1950 年 9 月召开的第一次全国工农教育会议提出"推行识字教育，逐步减少文盲"的口号。1951 年 8 月，教育部召开第一次全国初等教育及师范教育会议，明确提出，1952～1957 年，争取全国平均有 80% 的学龄儿童入学，从 1952 年开始，争取 10 年内基本上普及小学教育（中央教育科学研究所，1983）。"大跃进"期间，我国农村教育普及运动进入高潮，多地宣布提前完成了普及小学教育的任务。"文革"期间，虽然教育属于"重灾区"，但是我国依然提出"普及小学教育是一个大政"，在 1975 年前争取普及农村小学教育的目标。不少农村地区进一步提出了"读小学不出村，读初中不出队，读高中不出社"的目标，使农民在家门口接受教育。我国农村教育在数量上达到空前的普及程度，到 1976 年小学学龄儿童入学率达到 96%（中华人民共和国教育部统计财务司，1985）；到 1975 年，初中毛入学率达到 90.6%，高中毛入学率达到 60.4%（国家统计局，1986）。当然，由于教育发展速度超过了社会所能承载的限度，当时我国的农村教育普及存在严重的虚肿现象，重数量不重质量，虽然入学率高，但流失率也很高。

改革开放后，我国重启普及初等教育工作。1980 年 12 月中共中央、国务院发出《关于普及小学教育若干问题的决定》，提出在 20 世纪 80 年代全国应基本实现普及小学教育的历史任务。1985 年，《中共中央关于教育体制改革的决定》进一步将普及教育的目标扩展为九年，提出"有步骤地实行九年制义务教育"的目标。1992 年，党的十四大提出到 20 世纪末基本实现普及九年义务教育的战略目标。1993 年，《中国教育改革和发展纲要》再次强调了该目标。在中国共产党的带领和全国人民的努力下，到 2000 年，我国如期实现了基本普及九年义务教育、基本扫除青壮年文盲的宏伟目标。但到 2002 年，我国仍有 410 个县级行政单位尚未实现"两基"，其中西部地区县有 372 个（何东昌，2010：298）。由此，我国于 2004 年启动了西部地区"两基"攻坚计划，到 2011 年，我国"普九"任务全面完成。

随着 2000 年我国基本实现了普及九年义务教育，农村教育的普及转向高中领域。1999 年，教育部印发《关于积极推进高中阶段教育事业发展的若干意见》，要求各地重视发展高中阶段教育事业，积极发展包括普通教育和职业教育在内的高中阶段教育，为初中毕业生提供多种形式的学习机会。县域普通高中招生数由 2000 年的 296.2 万人增长到 2010 年的 543.1 万人，增长了 246.9 万人，增幅为 83%。[1] 到 2020 年，我国高中阶段毛入学率达到 91.2%，这意味着高中教育实现了基本普及。2010 年 11 月，随着《国务院关于当前发展学前教育的若干意见》的印发，我国启动了三轮"学前教育三年行动计划"，极大地推动了农村学前教育的发展，使县域幼儿园数量从 2010 年的 11.46 万所增加到 2020 年的 19.67 万所，增加了 8.21 万所，增长率为 71.6%。[2] 到 2020 年，全国学前教育三年毛入园率达到 85.2%，普惠性幼儿园占全国幼儿园的比例为 80.24%[3]，普惠性幼儿园在园幼儿占全国在园幼儿的比例为 84.74%。学前教育这一普及教育上的短板基本补齐。

---

① 根据 2000 年、2010 年《中国教育统计年鉴》中县镇和农村普通高中招生人数统计得出。
② 根据 2010 年、2020 年《中国教育统计年鉴》中县镇和农村幼儿园数量统计得出。
③ 《教育部发布 2020 年全国教育事业发展统计公报：教育"十三五"主要目标如期实现》，中华人民共和国教育部，http://www.moe.gov.cn/jyb_xwfb/s5147/202108/t20210830_555619.html，最后访问日期：2024 年 6 月 11 日。

（二）普及农村教育的形式由非正规化转向正规化

在这样一个人口大国实现普及教育的目标并非易事。为了实现"穷国办大教育"的目标，我国在普及农村教育的过程中坚持非正规化的策略。在革命根据地时期，中国共产党对根据地教育普及中出现的"旧型正规化"问题进行了批判，反对集中化办学，强调因陋就简、就近办学，以满足群众的需要。新中国成立后，我国在农村教育普及过程中也一直强调非正规化的策略。1953 年 5 月，毛泽东同志在中共中央政治局会议上提出："关于整顿小学，整顿巩固、重点发展、提高质量、稳步前进的方针好，但不要整过了头。不可能把小学都办成一样，不可能整齐划一，不应过分强调正规化。农村小学可分为三类：中心小学、不正规的小学、速成小学。农村小学应便于农民子女上学。应允许那些私塾式、改良式、不正规的小学存在。"（中央教育科学研究所，1983）1957 年，毛泽东同志在普通教育工作座谈会上提出，"办戴帽中学还是一种好办法"，"在农村，教育要强调普及，不要强调提高，不要过分强调质量"（人民教育出版社，2008）。20 世纪 60 年代，我国提倡采用正规的和非正规的两种教育制度来普及农村教育，农村地区普遍采用半耕半读的形式，发展耕读小学和农业中学。这样既满足了农民子弟上学的需要，又不耽误农业生产。

改革开放初期，我国在普及小学的过程中依然强调非正规化的策略，如 1980 年中共中央、国务院做出《关于普及小学教育若干问题的决定》，明确提出"鉴于我国经济、文化发展很不平衡，自然环境、居住条件差异很大，必须从实际出发，因地制宜，采取多种形式办学。……在办好全日制学校的同时，还应举办一些半日制、隔日制、巡回制、早午晚班等多种形式的简易小学或教学班（组）"（何东昌，1998）。1983 年，《中共中央、国务院关于加强和改革农村学校教育若干问题的通知》同样强调："农村小学的办学形式要灵活多样。……既要办一部分全日制小学，也要办好简易小学或教学班组，包括半日制、隔日制、巡回教学，等等。在人口稀少、居住很分散的少数民族地区，边远的山区、林区、牧区，除适当增加教学点外，还应办一些寄宿制学校。"（何东昌，1998）在农村普及教育的过程中，教学点、复式教学班等非正规化的办学形式也起到了积极的作用。

当然，随着我国国家综合实力的增强，实现由非正规化向正规化和标准化办学的转变也是社会发展的必然要求。在 20 世纪八九十年代的"普九"过程中，各地通过新建和改造，逐步消除了"黑屋子""土台子"，实现了农村学校"一无两有六配套"，即无危房，有教室、有课桌凳，宿舍、灶房、围墙、厕所、校门、操场等六配套。21 世纪以来，我国通过实施各种教育工程，推动农村学校标准化建设，使农村教育的办学条件逐渐走向标准化。与此同时，农村教育的办学形式也逐渐向正规化转变。从 20 世纪 90 年代中后期开始，尤其是 21 世纪以来，我国为了提高农村教育的质量和办学效益，开展了大规模的农村学校布局调整工作，撤销了一批生源萎缩的农村教学点和复式教学班，使农村教育的办学形式逐渐走向正规化。

二 在以人民为中心理念下，实现农村教育布局的就近化

以人民为中心理念不仅是中国共产党性质、宗旨的必然要求，而且是我国制度优势的重要内涵和充分体现。以人民为中心理念要求农村教育的发展要面向全体民众，不断满足人民群众对优质教育的需求。从服务群体来看，农村教育主要面向农村高中以下层次的学生。由于这些学生年龄较小，加之不少农村地区经济、交通条件有限，自然条件差，能否保障学生"就近入学"的权利，成为考量以人民为中心理念的底线要求。因此，我国在普及农村教育的过程中，一直将"就近入学"作为学校布局的一个基本原则。

早在陕甘宁革命根据地时期，中国共产党就基于农村地区办学的实际情况，反对集中化办学，主张分散办学，使农村群众乐于接受、教育便于普及。新中国成立后，为了满足普及教育的需要，我国提出采取多种形式办学，把学校办到贫下中农的家门口。到文化大革命时期，我国农村基本实现了"读书不出公社"的愿景。改革开放后，在普及义务教育的过程中，我国也一直强调"就近入学"的原则。例如，1980 年中共中央、国务院做出《关于普及小学教育若干问题的决定》，提出"力求使学校布局和办学形式与群众生产、生活相适应，便于学生就近上学"（何东昌，1998）。此后，

1986 年颁布的《义务教育法》明确规定："地方各级人民政府应当合理设置小学、初级中等学校，使儿童、少年就近入学。"（何东昌，1998）2006 年修订后的《义务教育法》仍将"就近入学"作为学校布局的一个原则。

进入 21 世纪后，在农村税费改革和教育质量提升的背景下，我国农村地区进行了大规模的学校布局调整工作，但是一些地区片面地将办学规模和学校数量作为学校布局调整的主要依据，搞简单"撤并"或"一刀切"，违背了"就近入学"的基本原则，给农村学生的就学带来了种种问题。2013 年审计署对 1185 个县农村中小学布局调整情况进行专项审计的调查结果显示，一些地区布局调整后，学生就学距离明显增加，有的学生上学耗时偏长。部分学校校车配备和监管不到位，交通安全风险增加。一些地方生源向县镇学校集中，出现新的教育资源紧张。① 针对布局调整中违背"就近入学"原则、采取"一刀切"的问题，教育部一再发文强调农村地区布局调整要实事求是、因地制宜，坚持"就近入学"的原则。2012 年，国务院办公厅印发了《关于规范农村义务教育学校布局调整的意见》，对前期大规模的农村学校布局调整进行规范，提出"保障适龄儿童少年就近入学是义务教育法的规定，是政府的法定责任，是基本公共服务的重要内容"，要求"农村义务教育学校布局要保障学生就近上学的需要"。

当然，随着人民群众对优质教育需求的增强，我国对教育公平的价值理解已经由机会公平转向质量公平（李涛，2015）。我们在坚持"就近入学"原则的同时，也开始兼顾平衡就近入学与接受良好教育之间的关系。比如，2012 年，国务院办公厅印发的《关于规范农村义务教育学校布局调整的意见》提出"处理好提高教育质量和方便学生就近上学的关系，努力满足农村适龄儿童少年就近接受良好义务教育需求""对保留和恢复的村小学和教学点，要采取多种措施改善办学条件，着力提高教学质量"。2018 年，国务院办公厅印发《关于全面加强乡村小规模学校和乡镇寄宿制学校建设的指导意见》也同样提出"妥善处理好学生就近上学与接受良好义务教育的关系，切实保障广大农村学生公平接受教育的权利"，将"内涵

---

① 《2013 年第 2 号公告：1185 个县农村中小学布局调整情况专项审计调查结果》，中国政府网，https://www.audit.gov.cn/oldweb/n5/n25/c63610/content.html，最后访问日期：2023 年 4 月 10 日。

发展，提高质量"作为加强两类乡村学校发展的原则。当前，我国农村教育已经实现了全面普及，但是在走向优质发展的过程中，结合农村实际，保障弱势群体利益、坚持"就近入学"的原则仍是农村义务教育布局的基本方针，这是中国共产党"以人民为中心"发展理念在农村教育布局方针上的重要体现。

三　在共同富裕目标指向下，实现农村教育与城市教育均衡发展

共同富裕是中国特色社会主义的本质要求，这要求我们在发展过程中，要处理好"先富"与"后富"的关系，对"后富"给予一些倾斜性的政策帮助，使所有民众最终都达到共同富裕。实现共同富裕的愿景要求我国在城乡教育发展中，不断突破和消除城乡二元化社会治理结构的限制，缩小城乡教育差距，实现城乡教育的均衡发展。

（一）将农村教育作为教育工作的重中之重

新中国成立后，虽然党和国家的工作重心转向城市和重工业，但是基于我国农业大国的国情和粮食安全的考虑，我国政府仍十分注意处理好农业和工业的关系，将农业作为国民经济的基础。同时，为了巩固工农联盟的政治基础，尽快使农民群众在文化上翻身，我国十分重视农村教育的发展。但受国家财力的限制，在农村教育的发展过程中，我国采取了二元化的教育供给体制，城市教育由政府举办，而农村教育由群众举办，这使农村教育发展得不到有效的供给，城乡教育差距日益拉大，农村教育的发展陷入困境。

为了解决"三农"问题，进入21世纪后，我国对城乡关系的政策进行了调整，提出我国已经进入"工业反哺农业、城市支持农村"的新发展阶段，以工促农、以城带乡是其主要特征。在此背景下，我国提升了对农村教育的重视程度，将其视为我国全面建设小康社会的基础和先导。2003年，我国召开了新中国成立以来的首次农村教育工作会议，印发了《国务院关于进一步加强农村教育工作的决定》，明确了农村教育作为教育工作的重中

之重的战略地位，决定实施西部地区"两基"攻坚计划，提出新增教育经费主要用于农村的要求。国家采取种种措施，给予农村教育发展倾斜性的政策支持，支持农村教育的发展。我国农村教育的发展迎来巨大的转折。

（二）大力推动城乡教育均衡发展

要达到共同富裕，让农村人口享有同城市人口一样的教育，就必须解决城乡教育差距不断拉大的问题，推动城乡教育均衡发展。随着我国义务教育的基本普及，2001 年，《国务院关于基础教育改革与发展的决定》首次提出义务教育的均衡发展问题。2005 年，教育部印发《关于进一步推进义务教育均衡发展的若干意见》，这是我国首次在国家层面正式提出推进义务教育均衡发展。2012 年，在我国完成全面"普九"任务后，国务院专门印发了《关于深入推进义务教育均衡发展的意见》，提出"积极推进义务教育学校标准化建设，均衡合理配置教师、设备、图书、校舍等资源，努力提高办学水平和教育质量"。在义务教育均衡发展的理念下，进入 21 世纪后，我国给予农村教育倾斜性的政策，通过实施国家贫困地区义务教育工程（二期）、中小学危房改造工程、西部地区"农村寄宿制学校建设工程"、农村初中校舍改造工程、全国中小学校舍安全工程、农村义务教育薄弱学校改造计划等，使农村学校基本办学条件得到了极大的改善，为城乡教育基本均衡的实现奠定了基础。

随着人口的流动和城镇化的发展，农村教育"乡村弱""城镇挤"的问题凸显。解决农村教育的问题，实现城乡教育均衡发展，必须从更高的层面上去统筹解决。由此，2016 年，国务院印发了《关于统筹推进县域内城乡义务教育一体化改革发展的若干意见》，提出加快推进县域内城乡义务教育学校建设标准统一、教师编制标准统一、生均公用经费基准定额统一、基本装备配置标准统一和"两免一补"政策城乡全覆盖，在 2020 年前实现县域义务教育均衡发展和城乡基本公共教育服务均等化。通过推动城乡义务教育均衡发展，我国农村教育在基本办学条件上发生了翻天覆地的变化。到 2021 年底，我国 31 个省（区、市）和新疆生产建设兵团的 2895 个县全部通过了国务院教育督导委员会的均衡发展认定，实现了县域内城乡义务教育的基本均衡发展，我国城乡教育的均衡发展开始向优质均衡的目标迈进。

（三）将教师资源均衡作为城乡教育均衡发展的基础

教师是教育发展的第一资源，城乡教育的差距主要体现在师资力量上，因此，促进城乡教育均衡发展的重要方面就是实现教师资源的均衡配置。由于我国城乡二元社会体制的制约，我国农村教育面临教师吸引力不足的困境，优秀教师"下不去""留不住""教不好"阻碍着农村教育质量的提升。因此，我国在发展农村教育的过程中采用多种措施加强农村教师队伍建设，促进城乡教师资源的均衡配置。第一，加强城镇教师支持农村教育发展。建立城镇教师交流支持机制，推动城镇教师向农村流动。2006 年，教育部印发了《关于大力推进城镇教师支援农村教育工作的意见》，开始探索城镇教育帮扶支援农村教育的有效途径和长效机制。2012 年，教育部等五部门印发了《关于大力推进农村义务教育教师队伍建设的意见》，进一步提出各地要建立健全城乡教师校长轮岗交流制度，"城镇中小学教师在评聘高级职务（职称）时，要有一年以上在农村学校或薄弱学校任教的经历"。2014 年，教育部、财政部、人社部联合印发了《关于推进县（区）域内义务教育学校校长教师交流轮岗的意见》，首次提出推进义务教育教师队伍"县管校聘"管理改革，进一步推动义务教育学校校长教师交流轮岗制度化和常态化。第二，建立完善的乡村教师补充机制。从 2006 年开始，国家开始实施"农村义务教育阶段学校教师特设岗位计划"，以解决农村师资总量不足和结构不合理等问题，提高农村教师队伍的整体素质。为了强化乡村教师培养补充，从 2007 年起，中央部属师范院校到地方师范院校推进实施师范生免费教育，引导学生到农村地区任教。2021 年，我国启动"优师计划"，加强中西部欠发达地区教师的定向培养。第三，实施乡村教师支持计划，从根本上提升农村教师岗位的吸引力。2015 年 6 月，国务院办公厅印发的《乡村教师支持计划（2015—2020 年）》从生活待遇、职称评聘、建立乡村教师荣誉制度等方面切实提高乡村教师岗位吸引力。2020 年 7 月，教育部等六部门印发了《教育部等六部门关于加强新时代乡村教师队伍建设的意见》，结合新时代乡村振兴的需要和乡村教师队伍建设存在的问题，持续支持乡村教师队伍的建设和发展。

四 在社会主义制度背景下，实现农村教育供给的普惠化

我国是社会主义国家，经济制度基础是生产资料的社会主义公有制。这一根本制度决定了我国的教育尤其是义务教育的办学体制必须坚持以政府办学为主体，确保义务教育的公益性和普惠性。农村是弱势群体最为集中的区域，因此保障农村教育的普惠性，既是社会主义制度的基本要求，也是"以人民为中心"发展理念的必然选择。

（一）由民办公助到国家全包，实现农村义务教育普惠性发展

革命根据地时期，我国农村教育普及采用的办法是依靠群众办学，实行民办公助的体制。新中国成立后，为了实现"穷国办大教育"的目标，在农村教育的供给方面，我国主要采用"两条腿走路"的方针，除政府办学外，调动农村集体组织和农民在办教育中的积极性。改革开放后，随着农村集体组织的解体，我国建立起"地方负责，分级管理"的义务教育管理体制，但是由于农村教育管理层级过低，乡镇和村级基层组织教育财政供给能力在"分税制"改革中不断下降，农村教育的办学经费除国家部分拨款外，主要依赖农业税教育费附加和村民集资等多种渠道筹措。实行"人民教育人民办"的方针，使农村教育的办学经费直接或间接地转嫁到农民身上，加重了农民的负担，影响了农村教育的发展。

进入 21 世纪后，随着农村税费改革的开展，农村教育的管理层级由乡镇提升至县级政府，建立起"以县为主"的管理体制。农村教育的供给体制也逐渐由体制外供给转向全部由政府部门供给。2005 年，国务院发布了《关于深化农村义务教育经费保障机制改革的通知》，提出逐步将农村义务教育全面纳入公共财政保障范围，建立中央和地方分项目、按比例分担的农村义务教育经费保障机制。到 2007 年，我国全面免除了农村义务教育的学杂费和书本费，并给予寄宿生一定的生活费补助。农村义务教育实现了从"人民教育人民办"到"人民教育国家办"的跨越，从根本上保障了农村义务教育的公益性和普惠性。

（二）强化政府在办学中的主体责任

纵观新中国成立后我国农村教育的办学体制，虽然很长一段时期我国农村教育依靠群众办学，倡导"人民教育人民办"，但这种办学实际上仍是一种"公办民助"的办学形式，国家和集体在办学中始终处于主导主体地位。改革开放后，尤其是 1992 年我国开始建立社会主义市场经济体制后，社会力量逐渐成为一支重要的办学力量。社会力量办学即民办教育，在一定程度上解决了政府教育供给不足的问题，满足了民众对优质教育的需求。但是民办教育在学生招生、教师聘用等方面存在明显的优势，在教育教学上也存在一定违规办学的空间，这就导致一些地区的农村教育呈现"民进公退"的现象，对农村教育的生态造成一定程度的破坏，因此规范民办教育发展势在必行。习近平总书记指出："在社会主义市场经济体制下，资本是带动各类生产要素集聚配置的重要纽带，是促进社会生产力发展的重要力量，要发挥资本促进社会生产力发展的积极作用。同时，必须认识到，资本具有逐利本性，如不加以规范和约束，就会给经济社会发展带来不可估量的危害。"（《人民日报》，2022）因此，我们要处理好社会主义制度背景下资本的运用问题，强化政府在办学中的主体责任，以规范民办教育的发展，保障农村教育的公益性和普惠性。

五 在人的自由全面发展理念下，实现农村教育目标的包容化

社会主义的教育终极目标是实现人的自由全面发展。无论是城市教育还是农村教育，其发展的价值取向均应围绕实现人的自由全面发展努力。但是纵观我国农村教育的发展，在很长一段时期，其价值定位与城市有别，过度倡导"为农教育"。有学者指出，"我国城乡教育的差异，除了地域性差异外，更多是一种制度设计上的等级差异，即城乡教育区别对待，这是一种变相的双轨制"（王本陆，2004）。

陕甘宁革命根据地时期，中国共产党基于农村革命实际，主张农村教育要为农村革命服务，批判"为升学的教育"，倡导一种"回乡劳动的教

育"。新中国成立后一段时期，受国家经济和教育发展水平的限制，农村学生的升学受到一定的制约，当时国家鼓励农村毕业生回乡从事生产劳动。改革开放后，我国在效率优先的价值取向影响下，将农村教育的价值取向一度定位于为农服务，由此推动农村教育结构调整，缩减农村普通中学规模，扩大职业中学规模。例如，1980 年国务院批转教育部、国家劳动总局《关于中等教育结构改革的报告》指出，"县以下教育事业应对主要面向农村，为农村的各项建设服务""可适当将一部分普通高中改为职业（技术）学校、职业中学、农业中学"（何东昌，1998：1855）。1983 年 5 月，中共中央、国务院发布了《关于加强和改革农村学校教育若干问题的通知》，进一步明确了农村学校的办学方向，即"农村学校的任务，主要是提高新一代和广大农村劳动者的文化科学水平，促进农村社会主义建设"（何东昌，1998：2087）。在此背景下，我国将大量的普通中学改为农业中学、职业中学。农村普通初中的数量由 1977 年的 13 万所调整为 1985 年的 6 万余所。农村普通高中的数量由 1977 年的 5 万余所调整到 1985 年的近 6000 所。与此同时，全国农业中学、职业中学的数量由 1980 年的 3314 所增加到 1985 年的 8070 所。①

在城乡交流尚不频繁的时代背景下，农村教育的"为农"取向有一定的合理性，但随着城乡融合发展的趋向越来越明显，继续保持农村教育的"为农论"就显得有些狭隘。当前，我国城乡关系越来越走向融合发展，城乡间要素交流越发频繁，农村要素向城市流动，城市的各种要素也渗透到农村。农民在一定程度上已经不是一种身份象征，而是成为一种职业类别。在这种情况下，农村教育不应再刻意地关注其教育的场域是农村还是城市，而应更加关注作为普遍意义上人的教育，促进人的自由全面发展。农村教育的价值取向应更加具有普适性和包容性。

六　在城乡融合发展背景下，实现农村教育的特色化发展

强调农村教育价值取向的包容性，并不否认农村教育的发展要基于农

---

① 根据《中国教育成就：统计资料 1949—1983》（人民教育出版社，1984 年版）和《中国教育成就：统计资料 1980—1985》（人民教育出版社，1986 年版）相关数据统计得到。

村实际和农村本土资源。中国共产党在革命根据地办学时就特别强调农村教育要结合农村实际，反对抄袭发达国家、大城市的办学模式。例如，在办学形式上要照顾农村地理环境与农忙情况，采取非正规的形式；在教育内容上要契合农村实际，重视识字与珠算等训练。可以说，实事求是、因地制宜是中国共产党推进农村教育发展的基本思路。随着城乡发展逐渐走向融合，在农村教育的未来发展中，促进其特色化发展成为农村教育现代化的题中应有之义。

在农村教育发展历程中，随着城乡分离和城市逐渐成为社会的中心，农村教育在以城市为本位的教育发展价值取向下处于劣势地位，农村教育的独特性被遮蔽在适合于城市教育的现代化话语体系下。随着乡村振兴战略的实施，我国城乡逐渐进入融合发展的阶段。在这一阶段，城乡关系不再是城市向农村单向度地补给，而是强调城乡互补。这就需要农村教育不断增强价值自信和文化自信，这是农村教育发展外部形势变化对农村教育发展提出的新的要求。与此同时，随着我国义务教育基本均衡发展目标的实现，农村教育的基本办学条件得以改善，农村教育的发展也必然向特色化的内涵式发展转变。因此，农村教育在走向优质发展的同时，更需要结合农村自身的资源禀赋，实现在地特色化的发展。

以上从我国农村教育发展的历史"实然"和未来"应然"的角度，对中国式农村教育现代化的基本特征进行了概括。概而言之，中国式农村教育的现代性表征为数量的普及化、布局的就近化、质量的均衡化、供给的普惠化、目标的包容化和个性的特色化六个方面，农村教育现代化的过程就是这六个方面表征不断增强的过程。在这些特征中，有一些已基本具备，如数量的普及化、布局的就近化、供给的普惠化，但仍有一些表征尚未达成，如质量的均衡化、目标的包容化、个性的特色化。中国式农村教育现代化既是我国农村教育长期发展探索出的一条可行道路，也是一项尚未完成的事业。我们需要进一步深化农村教育改革与发展，不断增强农村教育发展的现代性，以期早日实现中国式农村教育现代化。

参考文献

何东昌，1998，《中华人民共和国重要教育文献（共三册）》，海南出版社。

何东昌，2000，《中华人民共和国重要教育文献（2003—2008）》，新世界出版社。

姜超、邬志辉，2017，《论农村教育现代化的理念选择》，《教育研究》第 6 期，第 65～72 页。

李涛，2015，《中国教育公平亟待深度范式转型——"就近入学"政策背后的社会学观察》，《教育发展研究》第 6 期，第 10～13 页。

李忠杰、段东升，2014，《中国共产党第二次全国代表大会档案文献选编》，中共党史出版社，第 3～10 页。

秦玉友，2021，《乡村振兴视域下农村教育现代化自信危机与重建》，《教育研究》第 6 期，第 138～148 页。

《人民日报》，2022，《习近平在中共中央政治局第三十八次集体学习时强调依法规范和引导我国资本健康发展 发挥资本作为重要生产要素的积极作用 习近平主持中共中央政治局第三十八次集体学习并发表重要讲话》，5 月 1 日，第 1 版。

人民教育出版社编，2008，《毛泽东论教育》（第三版），人民教育出版社，第 280 页。

王本陆，2004，《消除双轨制：我国农村教育改革的伦理诉求》，《北京师范大学学报》（社会科学版）第 5 期，第 20～25 页。

邬志辉、马青，2008，《中国农村教育现代化的价值取向与道路选择》，《中国地质大学学报》（社会科学版）第 6 期，第 58～62 页。

国家统计局，1986，《中国统计年鉴 1986》，中国统计出版社。

中华人民共和国教育部统计财务司，1985，《中国教育成就（1949—1983）》，人民教育出版社。

中央教育科学研究所，1983，《中华人民共和国教育大事记（1949—1982）》，教育科学出版社。

中国式教育现代化：发展脉络、主要特征与新议题

——基于改革开放以来党代会报告教育内容的分析

梁婉雅　肖龙海[*]

摘　要：党的二十大报告提出我国要"以中国式现代化全面推进中华民族伟大复兴"。为更深入地理解中国式教育现代化和推进教育高质量发展，本文将改革开放以来党代会报告中的教育内容作为主要研究样本进行文献计量分析和内容分析。研究发现，改革开放以来，我国教育现代化的发展可以分为三个阶段：以服务经济发展为目标的劳动者素质教育阶段、以素质教育为核心的现代国民教育体系构建阶段、以创新人才培养为目标的高质量现代教育发展阶段。在发展过程中，中国式教育现代化主要呈现三大特征：在教育目的上，注重国家发展和人的发展"双优先"；在教育质量上，强调全面发展、德育为先、能力为重并存；在教育体制上，在推进教育普及的同时塑造公平而有差异的教育结构。基于历史经验和时代背景，在全面建设社会主义现代化国家的进程中，我国要扎根中国大地，坚定中国特色社会主义教育自信；坚持国家发展和人的发展相融合，培育堪当民族复兴大任的拔尖创新人才；坚持以人民为中心，高质量发展教育，促进教育公平。

关键词：中国式教育现代化；高质量发展；党代会报告

---

* 梁婉雅，浙江大学教育学院博士研究生，主要从事教育改革、思想政治学科教学研究，E-mail：12203003@ zju. edu. cn；肖龙海，浙江大学教育学院教授，主要从事教育改革、课程与教学论、创新创业教育等研究，E-mail：xiaolonghai@163. com。

一 问题提出与文献回顾

党的二十大报告提出我国要"以中国式现代化全面推进中华民族伟大复兴"，"高质量发展是全面建设社会主义现代化国家的首要任务"（习近平，2022）。"现代化"是新时代背景对社会结构转型的要求，在历史长河中是一个动态的发展过程。"中国式现代化"是基于当前实际对我国社会结构转型探索的新概括。教育作为社会系统发展中的基础性、战略性支撑，其现代化过程是以先进的观念为指导，通过教育改革和体制创新，促使教育从旧样态向新样态的转变（顾明远，2012）。中国式教育现代化是一种后发内生型的现代化，它具有自身深刻的历史逻辑。因此，为更深入地理解中国式教育现代化，推进我国教育高质量发展，有必要对我国教育现代化的发展脉络、主要特征进行追溯，明晰当前的新议题。

在中国知网输入主题"中国式教育现代化"或"教育现代化"，并进行同义词扩展，检索发现，截至 2023 年 5 月 6 日，学界对这一主题的研究情况如图 1 所示。1977 年，随着科学和教育工作座谈会的召开，以及中国共产党第十一次全国代表大会提出"把我国建设成为社会主义现代化强国"，以程锦的《教育革命与四个现代化》为开端，学界开始对我国教育的现代化问题进行讨论。1983 年，邓小平同志为北京景山学校题词"教育要面向现代化，面向世界，面向未来"[①]，自此，现代化正式成为我国教育工作的基本方向，并与我国的教育政策、教育改革密切联系，学界开始广泛关注我国的教育现代化问题。2019 年，随着《中国教育现代化 2035》的颁布，相关文章的发表数量达到最高点[②]（见图 1）。

在现有研究成果中，学界对该主题的探讨主要集中在以下两个方面。

第一，对中国式教育现代化的讨论，包括中国式教育现代化的内涵、实践历程和推进路径三个方面。首先，在中国式教育现代化的内涵上，学

---

① 《教育要面向现代化，面向世界，面向未来》，人民网，http://cpc.people.com.cn/n1/2017/0208/c69113 - 29066863. html？ivk_sa = 1024320u，最后访问日期：2024 年 6 月 11 日。

② 由于 1983 年之前的发文量过低，知网自动生成的总体趋势图较难呈现。

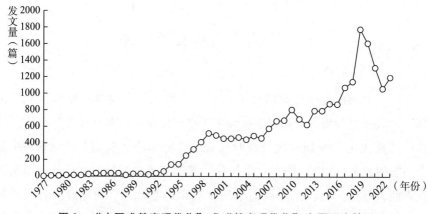

图1　"中国式教育现代化"或"教育现代化"主题研究情况

界探讨较多，但尚未形成统一的界定。总体来看，研究者的共识是，教育现代化是从传统教育向现代教育转变的过程，如从农业社会的教育向工业社会、知识社会、信息社会的教育转变，在这一过程中，教育体系、教育内容与方法、教育资源、教育管理等方面的现代性不断增长，具体表现为教育理念和制度的民主化、科学化、法治化、个性化等（胡中锋、王友涵，2023；袁利平，2023）。其次，在中国式教育现代化的实践历程中，一方面，受党的教育方针对我国教育发展的重要作用的影响，学者们普遍倾向于从新民主主义革命时期开始追溯。例如，宋乃庆、贾璞（2021）认为，我国基础教育的现代化历程包括在新民主主义时期追求民族的、科学的、大众的教育，在社会主义探索时期探索服务于社会主义建设的教育，在改革开放新时期致力于普及义务教育和实施素质教育，在中国特色社会主义新时代致力于促进教育发展和成果更公平地惠及全体人民。另一方面，通过回顾实践历程，学者们认为中国式教育现代化经历了发展模式从借鉴模仿到自主探索、建设动力从单一驱动到多元推进的转变过程（戴妍、黄佳攀，2023）。最后，在中国式教育现代化的推进路径上，主要涉及"守正"和"创新"两个方面。"守正"指的是要始终坚持马克思主义指导思想、坚持中国共产党的领导、坚持教育为社会主义现代化建设服务、坚持以人民为中心（宋乃庆、贾璞，2021；靳玉乐、赵瑞雪，2023），"创新"指的是以问题为导向的解决措施和顺应世界现代化大势的中国创举，包括通过协调策略促进教育公平、秉持人类命运共同体理念参与全球教育治理、加快推进教育数字化转型、推动绿色教育等（戴妍、黄佳攀，2023；靳玉乐、赵瑞雪，2023）。

第二，对具体领域的教育现代化问题的探讨，包括教育信息化、高等教育现代化、职业教育高质量发展、教育治理现代化等。教育信息化是信息社会对教育发展的必然要求，也是实现教育现代化目标的重要路径。20世纪 90 年代，国际上兴建信息高速公路（高速度、大容量、多媒体的信息传输网络），社会各领域广泛应用信息技术，90 年代中后期，教育信息化便成为实现教育现代化的重要途径之一（祝智庭，2011）。我国的教育信息化发展经历了多媒体教学和网络教育在工具层面的简单应用和物联网、云计算、大数据、泛在网络等新兴技术与教育教学的深度融合两个阶段（祝智庭，2011；杨宗凯等，2018）。教育信息化通过网络开放共享教育资源，重构学校管理评价体系，可以增强教育的公平性和开放性；通过创新多样化的学习平台，与教学深度融合，可以增强教育的创新性和个性性（杨现民，2014；陈琳、陈耀华，2013）。高等教育现代化是教育现代化的重要组成部分，和教育现代化具有许多共性，如高等教育现代化的要素包括高等教育的普及化、高质量、国际化、信息化等内容（眭依凡，2014）。高等教育现代化的过程和我国的政策紧密相连，新中国成立前期，为满足国家工业发展需要，以培养工业建设人才为重点；改革开放后，随着科教兴国战略和人才强国战略的提出，高等教育承担了人才培养和科学研究的双重任务。党的十八大以来，在前两个战略的基础上，我国进一步提出创新驱动发展战略，高等教育需要在建设世界重要人才中心和创新高地中发挥作用，提高人才自主培养质量，造就拔尖创新人才（张应强，2023）。职业教育是国民教育体系中与经济社会发展联系最直接、关系最密切的领域，它承担着培养高素质技术技能人才、大国工匠的重要职责，是促进经济社会发展和提高国家竞争力的重要支撑（景安磊、周海涛，2021；曾天山，2021）。新中国成立后，职业教育支撑起我国独立的工业体；改革开放以来，中等职业教育和专科高等职业教育快速发展，职业教育占据我国高等教育的半壁江山（曾天山，2021）；随着党的十九大报告提出"我国经济已由高速增长阶段转向高质量发展阶段"，职业教育也需要从扩大规模转向质量的提升，具体举措包括提高职业教育育人质量、增强社会认可度、扩大优质资源供给、加快产教深度融合等（景安磊、周海涛，2021；曾天山，2021）。最后，教育治理现代化是国家治理体系和治理能力现代化在教育领域的具体表现和应用，也是教育管理的现代形态，包括教育治理体系现代化和教育治理能力现代化两个方面（褚宏启，2014；刘冬冬、张新平，2017）。其中，教育治理体系现代化是通过改革和完善体制机制、法律法规，推动教育制度的完善；教育治理能力现代化是把制度优势转化为高效管理教育的能力和水平，其主要标准包括科学治教、过程民主化、运行制度化、法治化、高效与公平并举等（陈金芳、万作芳，2016）。因此，教育治理现代化能够促进教育公平、增强教育活力、提高教育效率、提升教育的科学性（褚宏启，2014；刘冬冬、张新平，2017）。

综上可知，我国教育现代化的发展主要受到党的教育方针和不同历史阶段的社会背景和时代特征的影响，具有较强的政治性和时代性。从1977年开始，学者们结合教育改革政策和时代发展要求，对中国式教育现代化的相关问题展开了较为全面的研究，并聚焦重点领域进行了深入探讨，但是现有研究还存在以下不足。在研究内容上，学界对中国式教育现代化内涵的认识并不统一，有关讨论缺少较为科学的标准；我国教育现代化探索的主要和突破时期是改革开放时期（马敏、薛勤，2022），学界却缺少对该时期中国式教育现代化的研究；中国式教育现代化重点领域的研究较为分散，各领域发展的时间不同、关系不够明确，缺少系统化的梳理。在研究方法上，已有研究多采用结合政策文献进行说理的方式，缺少更进一步量化的、实质性的论证。

二 研究设计与实施

为进一步推进对中国式教育现代化的研究，本文构建出中国式教育现代化内容的分析框架，并将改革开放以来中国共产党全国代表大会（以下简称"党代会"）报告中的教育内容作为主要研究样本进行文献计量分析和内容分析。

（一） 研究样本与分析工具

基于国情，我国的教育变革大部分是自上而下进行的（胡佳新、周洪宇，2022）。党代会及其产生的中央委员会是党的最高领导机关，主要职责包括听取和审查中央委员会的报告、讨论并决定党的重大问题等[①]，中国共产党历次全国代表大会的报告（以下简称"党代会报告"）在我国发展中起着举旗定向和谋篇布局的重要作用。改革开放时期是探索中国式教育现代化的主要和突破时期，因此，本文将改革开放以来我国历届党代会报告中的教育内容作为主要研究样本，在"中国共产党历次全国代表大会数据库"权威网站和《求是》《党建》等官方刊物进行检索，共搜索到9份党代会报告的原文。

之后，本文以中国共产党的意识形态结构和现有研究中我国教育现代化的内容为指导，依托质性分析软件 NVivo 12 和数据分析软件 Excel 2021，采用文献计量法和内容分析法，对改革开放以来历届党代会报告中的教育内容进行分析和挖掘。

（二） 理论依据与分析框架

党代会报告是党的工作报告，涉及我国发展的大政方针、路线和政策，是党的意识形态的重要体现。在政治学中，依据清华大学景跃进教授的划分，中国共产党意识形态在结构上可以分为三个互相支持的部分："价值－信仰部分"（建立公义良善的意义世界，关于生存意义和终极价值的关怀和主张）、"认知－阐释部分"（具体的世界观与方法论，以及形成的必然规律）和"行动－策略部分"（在前两者基础上形成的动员、指导和组织成员行为模式的意识形态）（景跃进等，2016）。其中，中国共产党意识形态的"认知－阐释部分"相对稳定，即始终坚持马克思主义哲学的辩证唯物主义和历史唯物主义，而"价值－信仰部分"和"行动－策略部分"随着社会实际的变化不断发展，这与"现代化"的时代性特征是一致的。

[①] 《中国共产党章程》，https://www.12371.cn/special/zggcdzc/zggcdzcqw/#dierzhang，最后访问日期：2024 年 6 月 11 日。

　　"现代化"的时代性特征决定了"中国式教育现代化"是一个动态的发展过程，但总体上教育现代化指向教育发展的高水平形态，包括理念、体系、制度、内容、方法和治理全方位的现代化。在有关我国教育现代化基本特征的已有研究中，与中国共产党意识形态的"价值－信仰部分"相对应，顾明远教授指出，教育现代化在理念上表现为教育的民主性和公平性、终身性和全时空性、生产性和社会性、个性性和创造性、多样性和差异性、信息化和创新性、国际性和开放性、科学性和法制性八个基本特征（顾明远，2012）；与中国共产党意识形态的"行动－策略部分"相对应，孙绵涛教授指出，国家教育改革和发展涉及教育质量政策、教育体制政策、教育经费政策以及教师政策四个方面（孙绵涛，2001）。因此，本文将中国共产党意识形态中的"价值－信仰部分"和"行动－策略部分"分别归纳为"教育理念"和"教育政策"（一级维度），以顾明远教授和孙绵涛教授提出的有关内容进行填充（二级维度），最终构建出中国式教育现代化内容的基本分析框架（见表1）。

（三）文本内容确定与数据编码统计

　　根据基本分析框架中的一级维度"教育理念"和"教育政策"，本文确定了9份党代会报告中教育内容的范围，如报告中经济和文化领域涉及教育理念的内容也被包含在内。

　　在具体的分析过程中，首先，借助 NVivo 12 的自动编码功能，明确不同时期的高频主题词，初步了解我国教育现代化发展的整体趋势；其次，根据基本分析框架中的二级维度，借助 NVivo 12 对文本进行手动编码，通过内容分析和频次统计，归纳每一维度中的高频内容，从而确定分析框架的三级维度；最后，剔除出现频次为0的二级维度"科学性和法制性"①，其余二级维度及相应的三级维度出现的文本数如表1所示。

---

① 党代会报告与全国人民代表大会的关系实际上就是"科学性和法制性"的体现，但是具体文本中没有直接呈现。

表 1　中国式教育现代化主题内容编码

单位：份

一级维度	二级维度	含义	三级维度	文本数
教育理念（对应"价值-信仰部分"）	民主性和公平性	普及教育的程度；教育机会、过程与结果的公平	教育普及	9
			教育公平	9
	终身性和全时空性	教育没有年龄的限制；涵盖学校、社会、家庭、自我等一切教育	时间	8
			空间	5
	生产性和社会性	教育与生产劳动、社会生活相结合，为社会发展培养人才	社会发展	9
			个体社会化	9
	个性性和创造性	全面发展与个性发展相统一，为每个学生提供合适的教育	主体独特性	6
			主体创造性	5
	多样性和差异性	目标、结构、办学模式具有多样性	—	8
	信息化和创新性	信息技术的应用导致教育观念、过程、模式、教师角色发生变化	网络环境	4
			教育服务业态	3
			智能化校园建设	1
	国际性和开放性	国际人员交流、财力支援、信息交换；培养具有国际视野和交往能力的人才	国际交流和合作	5
			国际影响力	5
			全球教育治理	1
教育政策（对应"行动-策略部分"）	教育质量政策	人才培养的质量标准与要求，对学生问题、学校课程与实施的政策规范	教育目标	9
			学校课程与教学	6
	教育体制政策	各级各类教育的发展问题；协调各种教育管理之间的关系	教育结构	9
			教育管理	8
	教育经费政策	经费的筹措、分配和使用问题	—	4
	教师政策	为建设数量充足、质量高的队伍，对教师"进""用""出"作出的规定	教师专业水平	7
			社会地位薪资待遇	5
			师德师风建设	4

三　中国式教育现代化的发展脉络

（一）教育地位的变化

随着我国综合国力的逐渐增强、社会主要矛盾的变化，时代对科技和人才不断提出新的要求，教育在社会发展中起着越发重要的作用，其地位不断提升，主要表现在以下两个方面。

第一，在历届党代会报告中，教育内容在报告全文中的篇幅比例平稳上升。包含教育理念和教育政策的宏观教育内容，从党的十三大报告的2.99%上升到党的二十大报告的11.82%；以教育政策为主要内容的微观教育内容，从党的十三大报告的1.47%逐渐上升，在党的十七大及其之后的党代会报告中的占比维持在4.10%左右（见图2）。

第二，涉及教育内容的领域不断增加、细化，从经济建设领域逐渐拓展到文化建设、社会建设等领域。其中，在党的十二大至十三大报告中，教育内容主要出现在经济建设领域，强调通过培养各种专业人才推动科技和经济的发展；在党的十五大至十六大报告中，教育内容延伸至文化建设领域，通过教育提升人民群众的道德水平和知识水平，成为文化建设的重要组成部分；在党的十七大至十九大报告中，我国以"办好人民满意的教育"为目标，将教育内容主要放在社会建设领域，注重教育对增强民生福祉的作用；在党的二十大报告中，教育内容直接以"实施科教兴国战略，强化现代化建设人才支撑"为标题，成为独立领域。总体来说，党代会报告关于教育内容、功能的阐述不断丰富，教育在我国发展中的地位不断得到提升（见表2）。

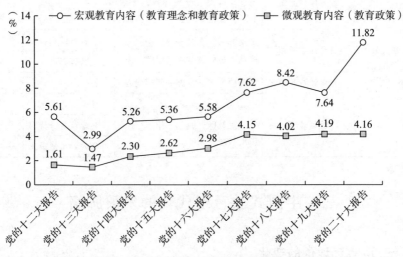

图2 改革开放以来历届党代会报告中教育内容篇幅占比

表2 改革开放以来历届党代会报告中涉及教育内容的领域

	党的十二大报告	党的十三大报告	党的十四大报告	党的十五大报告	党的十六大报告	党的十七大报告	党的十八大报告	党的十九大报告	党的二十大报告
成就、任务	√	√	√	√	√	√	√	√	√
经济建设	√	√		√	√	√	√	√	√
文化建设	√			√	√			√	√
社会建设	√								√
其他									√（教育）

注：各领域在不同报告中的具体名称及位置可能不同，如"经济建设"在党的十三大、党的十六大、党的十九大报告中的位置和表述分别为"三、关于经济发展战略""四、经济建设和经济体制改革""五、贯彻新发展理念，建设现代化经济体系"等。

（二）中国式教育现代化发展的三个阶段

在明确教育地位变化的基础上，本文借助 NVivo 12 对主要词频进行统计，结合社会时代背景进行分析，最终将改革开放以来我国教育现代化的发展脉络分为三个阶段，即以服务经济发展为目标的劳动者素质教育阶段、以素质教育为核心的现代国民教育体系构建阶段、以创新人才培育为目标的高质量现代教育发展阶段，分别对应党的十二大至十四大、党的十五大至十七大、党的十八大至二十大三个时期（见表3）。

表3 中国式教育现代化发展三阶段文本编码统计

阶段	报告文本	自动编码参考点频次统计（从高到低排序）
阶段一	党的十二大至十四大报告	高等教育（10）；初等教育（7）；职工教育、干部教育、农民教育、教育结构（6）；法制教育（5）；现代史教育、教育质量、成人教育、思想教育、国情教育、路线教育（4）；道德教育、理想教育（3）；教育经费、军队教育、国防教育（1）
阶段二	党的十五大至十七大报告	素质教育、教育质量（6）；国民教育体系（5）；规范教育收费、民族地区教育、教育公益性质、教育创新（4）；道德教育、法制教育、纪律教育（3）；高等教育、科技教育、特殊教育、义务教育均衡、农村教育、成人教育、教育管理体制（2）

阶段	报告文本	自动编码参考点频次统计（从高到低排序）
阶段三	党的十八大至二十大报告	教育质量、特殊教育（8）；网络教育（6）；教育公平、城乡义务教育、农村义务教育（5）；理想信念教育、教育普及（4）；教育资源、素质教育（3）；教育评价体系、区域教育（2）；农村教育（1）

1. 阶段一：以服务经济发展为目标的劳动者素质教育

以促进经济发展为目标，提高劳动者综合素质是改革开放以来我国教育现代化的初步探索。党的十一届三中全会以来，经济建设成为我国的中心工作，为解决当时的社会主要矛盾，即"人民日益增长的物质文化需要同落后的社会生产之间的矛盾"①，邓小平同志指出"科学技术是关键，基础在教育"（《人民教育》，1993）。因此，在这一阶段，教育成为提升劳动者素质、加速科技进步、促进经济发展的重要路径。

这一时期教育的主要特点包括以下三个方面。（1）教育同科技、农业统筹结合，注重对职工、农民、军队、干部等不同社会群体开展教育。其中，职业教育和在职继续教育是重点。据统计，截至1993年，"中等职业技术学校招生和在校学生人数占高中阶段学生人数的比例，均已超过50%"（《人民教育》，1993）。（2）教育内容在技能教育之外，主要涉及社会主义思想教育、道德教育、理想教育、现代史教育、法制教育、国防教育等，致力于形成有利于现代化建设和改革开放的理论指导、舆论力量、价值观念、文化条件和社会环境，激发人们投身现代化事业的热情，振奋其创造精神。（3）为提高人们的思想道德素质和科学文化素质，"九年义务教育开始有计划、分阶段地实施"（《人民教育》，1993）；职业技术教育、中等教育、高等教育、成人教育以及民族地区教育、国际教育交流和合作都得到了一定程度的发展。

2. 阶段二：以素质教育为核心的现代国民教育体系构建

大力构建以素质教育为核心的现代国民教育体系，是我国推进教育现代化的基础性工程。20世纪90年代，社会主义市场经济背景下我国综合国

---

① 《中共中央关于建国以来党的若干历史问题的决议》，人民网，http//cpc. people. com. cn/ GB/64162/71380/71387/71588/4854598. html，最后访问日期：2024年6月11日。

力得到一定程度的提升，经济发展以"科教兴国"和"可持续发展"为主要战略（江泽民，1997），教育需要建立与社会主义市场经济相适应的体制，以更好地为社会主义现代化建设服务。

这一时期教育的主要特点包括以下几个方面。（1）开展素质教育，提高教育质量。在致力于"义务教育全面实现"（《人民教育》，1993）的基础上，促进受教育者"德智体美全面发展"（江泽民，2002），并鼓励各地区依据实际办学，培养多规格人才。（2）充分发挥市场和社会需求对教育科研进步的导向和推动作用。一方面鼓励企业和科研机构、大专院校之间的合作，"走产学研结合的道路"（江泽民，1997）；另一方面"鼓励社会力量办学"（江泽民，2002），多渠道筹措教育经费（《人民教育》，1993），提升办学水平。（3）开始以可持续发展为目标，优化教育结构。关注农村教育（江泽民，2002）、民族地区教育（胡锦涛，2007）、特殊教育（胡锦涛，2007）、义务教育均衡发展（胡锦涛，2007）等问题，教育公平迈出了重要一步；同时，致力于发展成人教育（江泽民，1997）、教育公益性质（胡锦涛，2007），积极构建终身教育体系，形成学习型社会。到21世纪，我国"建成了世界最大规模的教育体系"（《人民教育》，2010）。（4）随着互联网的接入，广播电视教育和学校电化教学等现代化教学手段开始出现。

3. 阶段三：以创新人才培育为目标的高质量现代教育发展

随着综合国力的增强，我国教育现代化进入以创新人才培育为目标的高质量发展阶段。这一时期国际形势日益复杂，我国社会的主要矛盾也已经转变为"人民日益增长的美好生活需要和不平衡不充分的发展之间的矛盾"（习近平，2017），"创新驱动发展"（胡锦涛，2012）成为经济建设的要求，教育、科技和人才在其中发挥着基础性作用。因此，我国需要发展以培育创新人才为核心的更高质量、更具特色的教育，从而提升自主创新能力，建成创新型强国。与此同时，高质量教育发展目标也要求我国加快补齐教育短板，凸显教育事业的中国特色。

这一时期教育的主要特点包括以下几个方面。（1）素质教育深入发展，致力于培养能够适应和引领未来发展的拔尖创新人才。第一，高质量教育体系和人民对教育需求的多样性对学校教育教学提出要求，基础教育课程作为实施素质教育的重要载体，要求以培育学生创新精神和实践能力为重点，加强教材建设和管理、完善学校管理和教育评价体系、健全"学校 –

家庭－社会"育人机制①。第二，为培育高技能创新人才，教育体制更具活力，包括"高中阶段学校多样化发展""推进职普融通""统筹职业教育、高等教育、继续教育协同创新"（习近平，2022）、深入推进"产教融合、校企合作"（习近平，2017）等。第三，在提升质量的目标导向下，我国开始"规范社会力量兴办教育"（习近平，2017）。（2）面对世界文化的多样性，我国更加重视理想信念教育内容，"把立德树人作为教育的根本任务"（胡锦涛，2012），主张"培育和践行社会主义核心价值观"（习近平，2017），加强学校思想政治工作，将其融入各学段的思想道德、文化知识、社会实践教育各环节，贯穿学科、教学、教材、管理体系各方面②，增强民族文化自信和民族凝聚力。（3）教育普及和教育公平迈上新台阶。教育普及从义务教育阶段推向高中阶段，关注学前教育（胡锦涛，2007）、现代职业教育（胡锦涛，2012）；"畅通不同类型学习成果的互认和转换渠道"③，终身教育体系日益完善。在此基础上，我国加快补齐教育短板，强调"合理配置教育资源"（胡锦涛，2012）、"完善教育评价体系"（习近平，2022）等。例如，《中国教育现代化2035》指出，我国"80%以上的县（市、区）实现了域内义务教育基本均衡，城乡和区域教育发展差距进一步缩小"。（4）随着社会信息化的深入发展，网络教育成为推动教育改革和发展的重要条件，其内容涉及"教育信息基础设施""教育资源开发与应用""教育管理信息系统"（《人民教育》，2010）等多个领域。

四　中国式教育现代化的主要特征

研究发现，改革开放以来，我国教育现代化的理念可以分为三种类型。

① 《教育部关于深化基础教育课程改革 进一步推进素质教育的意见》，中华人民共和国教育部，http://www.moe.gov.cn/srcsite/A26/s7054/201006/t20100601_92800.html，最后访问日期：2024年6月11日。
② 《习近平出席全国教育大会并发表重要讲话》，中华人民共和国中央人民政府，http://www.gov.cn/xinwen/2018-09/10/content_5320835.htm，最后访问日期：2024年6月11日。
③ 《中华人民共和国国民经济和社会发展第十四个五年规划和2035年远景目标纲要》，中华人民共和国中央人民政府，http://www.gov.cn/xinwen/2021-03/13/content_5592681.htm，最后访问日期：2024年6月11日。

第一，一以贯之并保持相对稳定的教育理念，包括教育的生产性和社会性、多样性和差异性、国际性和开放性；第二，一以贯之但是发展较多的教育理念，包括教育的民主性和公平性、终身性和全时空性；第三，后期提出并不断发展的教育理念包括教育的个性性和创造性、信息化和创新性（见表4）。在教育政策方面，教育质量政策、教育体制政策的篇幅较大，教师政策和教育经费政策相对较少（见表5）。在教育理念和教育政策的影响下，我国教育结构的变化在党代会报告中体现得较为明显（见表6）。因此，本文通过分析上述发现，将中国式教育现代化的主要特征归为三大方面，即在教育目的上，注重国家发展和人的发展"双优先"；在教育质量上，强调全面发展、德育为先和能力为重并存；在教育体制上，在推进教育普及的同时塑造公平而有差异的教育结构。

表4 9份党代会报告中教育理念内容矩阵字码编写查询结果

单位：次

	党的十二大报告	党的十三大报告	党的十四大报告	党的十五大报告	党的十六大报告	党的十七大报告	党的十八大报告	党的十九大报告	党的二十大报告
多样性和差异性	1	0	1	2	2	1	1	2	2
个性性和创造性	0	0	0	1	2	8	3	3	6
国际性和开放性	0	1	0	2	1	1	1	3	9
民主性和公平性	3	1	1	2	3	12	7	7	12
生产性和社会性	4	5	5	7	5	6	4	7	9
信息化和创新性	0	0	0	0	1	2	1	1	3
终身性和全时空性	0	1	1	1	2	5	2	1	2

表5 9份党代会报告中教育政策内容矩阵字码编写查询结果

单位：次

	党的十二大报告	党的十三大报告	党的十四大报告	党的十五大报告	党的十六大报告	党的十七大报告	党的十八大报告	党的十九大报告	党的二十大报告
教师政策	1	0	1	1	1	1	1	1	1
教育经费政策	0	1	1	0	1	1	0	0	0
教育体制政策	2	2	2	3	3	4	4	3	6
教育质量政策	4	2	2		5	5	6	2	8

表6 9份党代会报告中教育结构相关表述统计结果

	学前教育	初等教育/九年义务教育/高中教育	职业教育/成人教育/继续教育/终身学习	高等教育	特殊教育/网络教育
党的十二大报告	—	大力普及初等教育	加强中等职业教育	加强高等教育	—
党的十三大报告	—	—	加强对劳动者的职业教育和在职继续教育	—	—
党的十四大报告	—	基本实现九年制义务教育	积极发展职业教育、成人教育	积极发展高等教育	—
党的十五大报告	—	大力普及九年义务教育	积极发展各种形式的职业教育和成人教育	有条件的……大专院校……走产学研结合的道路;稳步发展高等教育,加快高等教育管理体制改革步伐	—
党的十六大报告	—	继续普及九年义务教育;基本普及高中阶段教育	加强职业教育和培训,发展继续教育,构建终身教育体系,形成全民学习、终身学习的学习型社会	—	—
党的十七大报告	重视学前教育	促进义务教育均衡发展;加快普及高中阶段教育	大力发展职业教育,发展继续教育,建设全民学习、终身学习的学习型社会	提高高等教育质量	关心特殊教育;发展远程教育
党的十八大报告	办好学前教育	均衡发展九年义务教育;基本普及高中阶段教育	加快发展现代职业教育,积极发展继续教育,完善终身教育体系,建设学习型社会	推动高等教育内涵式发展	支持特殊教育
党的十九大报告	办好学前教育	推动城乡义务教育一体化发展,高度重视农村义务教育;普及高中阶段教育	完善职业教育和培训体系,深化产教融合、校企合作;办好继续教育,加快建设学习型社会	加快一流大学和一流学科建设,实现高等教育内涵式发展	办好特殊教育和网络教育
党的二十大报告	强化学前教育	加快义务教育优质均衡发展和城乡一体化;坚持高中阶段学校多样化发展	推进职普融通、产教融合、科教融汇,优化职业教育类型定位;建设全民终身学习的学习型社会、学习型大国	加快建设中国特色、世界一流的大学和优势学科	特殊教育普惠发展;推进教育数字化

（一）教育目的：注重国家发展与人的发展"双优先"

教育现代化具有双重属性，"既为国家发展奠基，也为个人成长助力"（程天君、陈南，2020），两者具有内在统一性。教育现代化的进程可以分为两个阶段：第一阶段是在生产力较不发达的情况下，需要依靠教育提高科学技术水平、推进国家现代化，即知识经济的过程（冯增俊，1999）；第二阶段是在前者的基础上，随着经济和科技的发展，人自身的"解放"成为社会发展共识，要求通过更加多元和个性的教育实现人的现代化（胡卫等，2010）。

在9份党代会报告中，教育的"生产性和社会性""多样性和差异性"基本是一以贯之的，党的十五大报告之后，"个性性和创造性"开始出现（见图3）。原因在于，改革开放初期，我国通过教育的劳动力生产和科学技术扩大再生产功能促进生产力发展，即为满足社会各类人才需要，积极发展各级各类教育，而且注重对劳动者的职业教育，如党的十二大报告强调，"加强中等职业教育和高等教育，发展包括干部教育、职工教育、农民教育、扫除文盲在内的城乡各级各类教育事业，培养各种专业人才"。随着市场经济的发展，20世纪90年代，我国开始倡导高等院校要和企业合作，"走产学研结合的道路"，"使经济建设真正转到依靠科技进步和提高劳动者素质的轨道上来"（江泽民，1997）。再到后来，教育与经济的结合也不再局限于职业教育和高等教育领域，如党的二十大报告提出，"坚持高中阶段学校多样化发展……推进职普融通、产教融合、科教融汇"，我国教育结构的调整为实现建成创新型国家增加了更多创新人才支撑的可能性。尽管在改革开放初期，我国的教育目的更多地是服务于国家经济发展，但是我国始终重视人的发展问题。例如，1985年中共中央发布的《关于教育体制改革的决定》指出，"要解决人才问题，就必须使教育事业在经济发展的基础上有一个大的发展"。党的十四大报告提出，"把教育摆在优先发展的战略地位"。从党的十五大报告开始，"人的发展"这一教育目的在党代会报告中直观地呈现出来，具体包括人的全面发展、人的个性发展、提升生活质量等方面。例如，"培养德智体等全面发展的社会主义事业的建设者和接班人"首次在党的十五大报告中被提出，并在之后的党代会报告中不断延续、发展。党的十六大报告相比于以往单一地强调技能对国家科技发展、经济建设的重要作用，开始提出教育与社会实践相结合，突出社会实践在培养全面发展的人方面的重要性。从党的十七大报告开始，主要的教育内容开始出现在社会建设领域，并且以往重点强调的劳动者职业教育也开始转变为以改善民生、提升人民生活水平为目标的就业创业教育，如"加强就业观念教育"等。最后，如表6所示，党的十九大和二十大报告中职业教育和高中阶段学校的发展出现调整，原因包括满足人们多样化的需求，发展"更加公平、更具个性的教育"①。由此可见，国家发展与人的发展都是重要的教育目的，两者互为优先。

与教育目的的发展紧密联系的还包括我国终身教育的发展。终身教育最早发端于成人教育运动，并始终将此作为优先发展的内容（李国强，2017）。因此，在党代会报告中，教育的"终身性和全时空性"与"生产性和社会性"的发展逻辑比较相似，关键时间节点也很相近。具体表现为，在9份党代会报告中，终身教育首次出现于党的十三大报告，当时强调对劳动者开展"职业教育和在职继续教育"②，并在党的十四大报告中鼓励劳动者"自学成才"。党的十六大报告以后，终身教育开始打破服务经济发展的主要功能，开始转向对社会文化建设和人本身的关注，在单一的时间维度基础上增加了空间维度，强调"教育公益性质"（张应强，2023），努力构建"更加畅通的人才成长渠道"和"全民终身学习"的制度环境，提倡教育在个体的自我实现和人类共同的幸福生活创建中的作用。并且，教育信息化的出现也推动了终身教育的深入发展，进一步拓展了学习的时空，扩大了优质教育资源的覆盖面，致力于构建全民学习、终身学习的学习型社会。

（二）教育质量：强调全面发展、德育为先、能力为重并存

基于国家发展和人的发展"双优先"的教育目的导向，我国教育质量强调全面发展、德育为先、能力为重并存。其中，全面发展是促进人的发

---

① 《中国教育现代化2035》，https://hxzyrz.hnnu.edu.cn/_upload/article/files/4e/63/7371e200476784ecb791bb19dd54/098b7518-30b8-4983-83b4-8b4ffc1c933e.pdf，最后访问日期：2024年6月11日。

② 《沿着有中国特色的社会主义道路前进——赵紫阳在中国共产党第十三次全国代表大会上的报告》，人民网，http://cpc.people.com.cn/GB/64162/64168/64566/65447/4526368.html，最后访问日期：2024年6月11日。

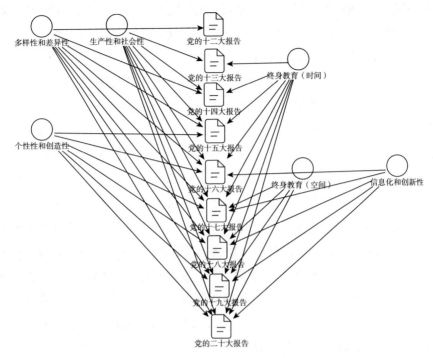

图3　教育目的相关主题编码统计

展和实施素质教育的必然要求。从党的十五大报告开始，我国提出"德智体等全面发展"。之后，党立足我国经济与社会发展实际，不断创新与丰富全面发展的时代内涵，党的十六大报告拓展到"美育"，党的二十大报告再拓展到"劳育"。但是，教育作为中华民族伟大复兴的重要支撑，仅提全面发展是远远不够的，还需要强调德育为先，从而为培养社会主义的建设者和接班人提供基本方向和保证。因此，在"德智体美劳"不断完善的过程中，德育的重要地位得到凸显。具体表现为，党的十七大报告正式提出了"德育为先"，并从党的十八大报告开始强调"把立德树人作为教育的根本任务"，要求将其贯彻落实到教育的各个方面。德育的内容主要涉及马克思主义、社会主义核心价值观、公民道德教育、中华优秀传统文化教育等。在此基础上，受人才竞争日趋激烈的国际环境和我国建设创新型国家需要的影响，教育需要培养专业技能突出的人才，从而促进学习者更好地适应社会，也为国家提供大批创新型、复合型、应用型人才。具体表现为，从党的十六大报告开始，我国以培养"拔尖创新人才"为目标，要求开展个性化、多样化的教育，在"全面发展""德育为先"的基础上强调"能力为重"，培养学习者适应未来发展的职业素养和创新创业能力。党的十八大报告也提到"培养学生社会责任感、创新精神、实践能力"。

　　为实现上述目标，我国开始注重自主培养人才的能力提升，内容涉及学校课程教学政策、教师政策、教育管理政策以及教育信息化等主题。在学校课程教学政策方面，从党的十七大报告开始，党代会报告中关于学校课程教学的内容越发丰富，涉及教学内容、教学方法、教材建设管理、考试招生制度、质量评价制度等，并要求学校教育向社会开放、向产业开放，健全学校、家庭、社会一体的育人机制。在教师政策方面，我国始终坚持在全社会培养"尊师重教"（江泽民，1997）的风气，并注重提升教师的专业水平，如党的十四大报告提出"加强师资队伍的建设和培养"；而与党的十七大报告提出"德育为先"较为一致，从党的十六大报告开始，我国强调师德的重要性，具体表述为"加强教师队伍建设，提高教师的师德和业务水平"。在教育管理政策方面，为提升教育质量，相比于改革开放初期大力提倡"社会各方面力量集资办学"①，也是从党的十七大报告开始，我国有意识地开始规范社会兴办教育，例如，党的二十大报告的相关内容表述为"引导规范民办教育发展"。最后，作为推进教育现代化的关键途径，教育信息化的相关内容最早出现于党的十六大报告中，当时信息化主要表征为文化建设中的网络环境建设，要求"互联网站要成为传播先进文化的重要阵地"；而从党的十七大报告开始，教育服务业态出现于党代会报告中，要求"发展远程教育"；党的二十大报告则以"教育数字化"为目标，主张"建设智能化校园"。

（三）教育体制：在推进教育普及的同时塑造公平而有差异的教育结构

　　改革开放以来，教育普及是我国一以贯之的目标，我国的教育普及水平不断提升。在党的十二大报告中，我国的目标是"一九九〇年以前以多

---

① 《沿着有中国特色的社会主义道路前进——赵紫阳在中国共产党第十三次全国代表大会上的报告》，人民网，http://cpc.people.com.cn/GB/64162/64168/64566/65447/4526368.html，最后访问日期：2024年6月11日。

种形式基本实现初等教育的普及"。之后，党的十三大报告开始出现"增加教育经费"的表述，推行社会主义市场经济后，我国"鼓励多渠道、多形式社会集资办学和民间办学"。党的十五大报告开始提出"普及九年义务教育"。党的十六大报告将"基本普及高中阶段教育""形成全民学习、终身学习的学习型社会"作为全面建设小康社会的奋斗目标。在普及教育的学段向上发展的同时，从党的十七大报告开始，我国开始重视学前教育和特殊教育的普惠发展（见表6）。同时，党的十八大以来，我国"国家财政性教育经费支出占 GDP 比例保持在4%以上"[1]；至2021年，我国义务教育巩固率达到95.4%，高中阶段教育毛入学率达到91.4%，高等教育毛入学率达到57.8%，普惠园覆盖率达到87.8%[2]。我国已经"建成世界上规模最大的教育体系"，"教育普及水平实现历史性跨越"（习近平，2022）。

与教育普及同时推进的是教育公平，在我国，教育公平是以教育普及为主要内容的起点公平（或称"机会公平"），后逐渐增加过程公平和结果公平的内容。具体表现为，党的十五大报告以后，我国开始从教育普及逐渐转向注重教育的均衡优质发展、区域教育资源的合理配置，包括扶持贫困地区、民族地区教育，均衡城乡教师资源分配，完善贫困学生资助体系，推动公共文化服务免费向全社会开放，致力于让每个人享有公平而有质量的教育。而在党的十七大报告和党的二十大报告中，我国开始强调深化考试招生制度、质量评价制度改革，完善教育评价体系，致力于提升结果的公平性。

当教育发展到普及化阶段，"公平而有差异"就会成为现代教育结构的重要追求。改革开放初期，为培养社会所需要的合格人才，我国构建了多层次、多形式、学科门类基本齐全的教学体系和形式多样的成人教育。而随着教育改革和发展的深化，为满足个体全面而有个性的发展，从党的十七大报告开始，我国对职业教育定位、高中教育类型、高等教育的质量提出了要求，并在党的二十大报告中强调推动职普协调发展、相互融通，让

---

① 《4%：这个数字，守望教育公平与质量》，中华人民共和国教育部，http://www.moe.gov.cn/jyb_xwfb/moe_2082/2022/2022_zl11/202205/t20220518_628356.html，最后访问日期：2024年6月11日。

② 《2021年全国教育事业发展统计公报》，中华人民共和国教育部，http://www.moe.gov.cn/jyb_sjzl/sjzl_fztjgb/202209/t20220914_660850.html，最后访问日期：2024年6月11日。

有不同禀赋和需要的学生能够多次选择、多样化成才。教育结构趋向多样化，也更具活力。

综上可知，我国教育现代化的三大特征实际上是层层递进、相辅相成的关系。其中，"双优先"的教育目的决定了教育质量的具体目标必然具有国家发展和个人发展的双重导向性，要求全面发展、德育为先、能力为重并存，而为实现这些教育目的和教育质量的具体目标，作为重要实现途径的教育体制必然要在保证教育公平、实现教育普及的同时，塑造"公平而有差异"的结构，从而为国家发展提供人才支撑，并满足人民对高质量教育的多元化需求。正因如此，在我国教育现代化进程中，教育目的、教育质量、教育体制的现代化是共同推进的。

五　中国式教育现代化的新议题

改革开放以来，中国共产党始终坚持将马克思主义原理与我国教育实际相结合，开创了中国特色社会主义教育发展道路。我国教育从应对外部需求强调数量增长、规模扩大的外延式发展，逐渐转向依据内在要求强调结构优化、质量提高的内涵式发展。今日中国的教育是历史的延续和发展，根据上文分析结果，解读最新党代会报告在中国式教育现代化进程中的具体定位和创新之处，能够找准当前中国式教育现代化的发展起点，为推进教育高质量发展提供启示。

（一）党的二十大报告在中国式教育现代化进程中的重要意义

当前，我国正处于从共同富裕走向科技强国的阶段，而教育也正处于从基本实现现代化迈向整体实现现代化的重要战略期。党的二十大报告将教育、科技、人才提高到全面建设社会主义现代化国家的基础性、战略性支撑地位，并强调三者之间的联系，"科技是第一生产力、人才是第一资源、创新是第一动力"，构建了建设"教育强国""科技强国""人才强国"的目标（习近平，2022）。为实现这一目标，教育内容主要在"民主性和公平性""多样性和差异性""教育质量政策"三大方面深化了我国对教育高质量发展的目标要求，极大地丰富了中国式教育现代化的内涵，推进了中国式教育现代化的进程。

在"民主性和公平性"方面，党的二十大报告在教育普及方面创造性地提出义务教育优质均衡发展，强化学前教育、特殊教育普惠发展；在教育公平方面，更加注重过程性公平和结果性公平，如"完善覆盖全学段学生资助体系""加大国家通用语言文字推广力度""完善学校管理和教育评价体系"。在"多样性和差异性"方面，在以往"产教融合、校企合作"的基础上，报告进一步对高中阶段学校和职业教育提出要求，"推进职普融通、科教融汇，优化职业教育类型定位"。最后，在"教育质量政策"方面，为建设高质量教育体系，着力造就"拔尖创新人才"，报告首次提出"全面提高人才自主培养质量""深化教育领域综合改革"，具体包括"加强教材建设和管理，完善学校管理和教育评价体系，健全学校家庭社会育人机制，推进教育数字化"。

（二）中国式教育现代化的新发展议题

当前，在世界舞台上，我国教育规模竞争力指数在绝对数量上位居世界第一（周洪宇、李宇阳，2022），教育综合竞争力水平处于世界主要国家第二等级（黄艳等，2022）。作为现代化建设的后发国家，我国在教育的现代化上形成了中国经验，为世界提供了一个范例（姚洋，2022）。在全面建设社会主义现代化国家的进程中，教育应在秉承优良传统的基础上，以时代和实践提出的问题为导向，进一步推进中国式教育现代化。

1. 扎根中国大地，坚定中国特色社会主义教育自信

作为教育发展的高水平形态，教育现代化在世界范围内具有一些普遍性的特征，但是如何在中国这么个人口规模巨大的社会主义国家顺利实现转型是没有现成答案的。在本文中，改革开放以来我国教育取得的成绩说明，在教育发展中党的领导和马克思主义指导思想是完全正确的，我国要始终坚持将马克思主义基本原理同中国实际和中华优秀传统文化相结合，树立中国特色社会主义教育自信，并积极发挥我国制度优势，坚持教育的优先发展地位，高效推动教育转型升级，加速全面建成社会主义现代化强国。

2. 坚持国家发展和人的发展相融合，培育堪当民族复兴大任的拔尖创新人才

我国的教育目的同时注重国家发展和人的发展。在全面建设社会主义

现代化国家的进程中，一方面，面对当今时代文化多样性日益加深，我国要坚持将思想价值引领贯穿育人全过程，通过弘扬红色文化，开展"中国梦"等主题教育活动，引导学生厚植家国情怀、建立文化自信，主动将人生理想融入中华民族伟大复兴，从而实现个人发展和国家发展的有机融合；另一方面，基于当前国际科技革命和产业变革的深入发展、创新处于我国现代化建设全局中核心位置的情况，教育应注重培育学生独立自主、唯实求真、勇攀高峰、敢为人先的精神，使其努力锤炼善于斗争的过硬本领，争当新时代的奋斗者和担当者，即通过知识传授和价值引领的双塑造，培养全面发展的、堪当民族复兴大任的拔尖创新人才。

3. 坚持以人民为中心，高质量发展教育，促进教育公平

中国式教育现代化是促进人的全面发展、社会的全面进步和国家的繁荣富强的教育现代化（袁振国、刘世清，2022）。在全面建设社会主义现代化国家的进程中，教育要以创新、技能型人才培育为导向，融合科学、高效的教育治理方式，促进教育结构多样性发展，构建具有活力的教育体制。例如，高等教育应以国家战略需求为导向，深入推进产学研协同创新，增强我国科技自立自强的能力。在教育质量方面，我国要继续推进素质教育，培育高素质教师，让信息技术赋能教育，提升课堂教学质量，改进教育评价方式。在教育普及和教育公平方面，我国要在教育普及的基础上更加注重教育的过程性和结果性公平，以促使整个教育体系形成良性的循环，从而实现人的全面发展、社会全面进步和国家繁荣富强三者共赢的局面。

参考文献

陈金芳、万作芳，2016，《教育治理体系与治理能力现代化的几点思考》，《教育研究》第 10 期，第 25～31 页。

陈琳、陈耀华，2013，《以信息化带动教育现代化路径探析》，《教育研究》第 11 期，第 114～118 页。

程天君、陈南，2020，《中国教育现代化的百年书写》，《教育研究》第 1 期，第 125～135 页。

褚宏启，2014，《教育治理：以共治求善治》，《教育研究》第 10 期，第 4～11 页。

戴妍、黄佳攀，2023，《中国式教育现代化的演进逻辑、实践样态与推进理路》，《教育学术月刊》第 3 期，第 20 ~ 28 页。

冯增俊，1999，《论教育现代化的基本概念》，《教育研究》第 3 期，第 12 ~ 19 页。

高书国，2020，《中国教育现代化六大趋势》，《人民教育》第 8 期，第 36 ~ 41 页。

顾明远，2012，《试论教育现代化的基本特征》，《教育研究》第 9 期，第 4 ~ 10、26 页。

胡佳新、周洪宇，2022，《中国教育改革的逻辑向度及其内在关系》，《中国教育科学》（中英文）第 5 期，第 13 ~ 26 页。

胡锦涛，2007，《高举中国特色社会主义伟大旗帜 为夺取全面建设小康社会新胜利而奋斗——在中国共产党第十七次全国代表大会上的报告》，《求是》第 21 期，第 3 ~ 22 页。

胡锦涛，2012，《坚定不移沿着中国特色社会主义道路前进 为全面建成小康社会而奋斗——在中国共产党第十八次全国代表大会上的报告》，《求是》第 22 期，第 3 ~ 25 页。

胡卫、唐晓杰等，2010，《中国教育现代化进程研究》，教育科学出版社。

胡中锋、王友涵，2023，《中国式教育现代化的内涵与特征》，《苏州大学学报》（教育科学版）第 1 期，第 27 ~ 35 页。

黄艳、周洪宇、黄晶，2022，《中国教育竞争力：评价指标体系构建与国际比较》，《统计与决策》第 4 期，第 74 ~ 78 页。

江泽民，1992，《加快改革开放和现代化建设步伐 夺取有中国特色社会主义事业的更大胜利——在中国共产党第十四次全国代表大会上的报告》，《求是》第 21 期，第 2 ~ 21 页。

江泽民，1997，《高举邓小平理论伟大旗帜，把建设有中国特色社会主义事业全面推向二十一世纪——在中国共产党第十五次全国代表大会上的报告（1997 年 9 月 12 日）》，《求是》第 18 期，第 2 ~ 23 页。

江泽民，2002，《全面建设小康社会，开创中国特色社会主义事业新局面——在中国共产党第十六次全国代表大会上的报告》，《求是》第 22 期，第 3 ~ 19 页。

靳玉乐、王潇晨，2023，《中国式教育现代化的基本特征》，《中国教育科学》（中英文）第 2 期，第 3 ~ 14 页。

靳玉乐、赵瑞雪，2023，《中国式教育现代化的发展逻辑》，《西南大学学报》（社会科学版）第 1 期，第 22 ~ 30 页。

景安磊、周海涛，2021，《推动高等职业教育高质量发展的基础、问题与趋向》，《北京师范大学学报》（社会科学版）第 6 期，第 50 ~ 58 页。

景跃进、陈明明、肖滨主编，2016，《当代中国政府与政治》，中国人民大学出版社。

李国强，2017，《保罗·朗格朗与终身教育理论——兼论西方终身教育理论对我国教育现代化的启示》,《教育研究》第 6 期,第 146~150、158 页。

刘冬冬、张新平,2017,《教育治理现代化:科学内涵、价值维度、实践路径》,《现代教育管理》第 7 期,第 1~6 页。

马敏、薛勤,2022,《数字人文视野下的中国现代化研究——以教育早期现代化研究为对象》,《湖北大学学报》(哲学社会科学版)第 3 期,第 101~109、181 页。

《人民教育》,1993,《中国教育改革和发展纲要》,第 4 期,第 4~11 页。

《人民教育》,2010,《中共中央国务院印发国家中长期教育改革和发展规划纲要(2010—2020 年)》,第 17 期,第 2~15 页。

宋乃庆、贾璞,2021,《中国基础教育发展 100 年:走向公平与质量的教育——以党的教育方针为逻辑主线》,《西南大学学报》(社会科学版)第 3 期,第 127~139、221 页。

眭依凡,2014,《高等教育现代化的理性思考》,《高等教育研究》第 10 期,第 1~10 页。

孙绵涛,2001,《关于国家教育政策体系的探讨》,《教育研究》第 3 期,第 8~10、58 页。

王火生,2023,《教育现代化是中国式现代化的基础和支撑》,《教育学术月刊》第 3 期,第 3~11 页。

习近平,2017,《决胜全面建成小康社会 夺取新时代中国特色社会主义伟大胜利——在中国共产党第十九次全国代表大会上的报告》,《党建》第 11 期,第 15~34 页。

习近平,2022,《高举中国特色社会主义伟大旗帜 为全面建设社会主义现代化国家而团结奋斗——在中国共产党第二十次全国代表大会上的报告》,《党建》第 11 期,第 4~28 页。

杨现民,2014,《信息时代智慧教育的内涵与特征》,《中国电化教育》第 1 期,第 29~34 页。

杨宗凯、吴砥、郑旭东,2018,《教育信息化 2.0:新时代信息技术变革教育的关键历史跃迁》,《教育研究》第 4 期,第 16~22 页。

姚洋,2022,《中国现代化道路及其世界意义》,《国家现代化建设研究》第 3 期,第 17~31 页。

袁利平,2023,《中国教育现代化的历史坐标与时代表达》,《武汉大学学报》(哲学社会科学版)第 3 期,第 39~50 页。

袁振国、刘世清,2022,《实现中国教育现代化的新引领、新召唤》,《人民教育》第 21 期,第 34~37 页。

曾天山,2021,《加快构建服务高质量发展的现代职业教育体系》,《国家教育行政学院学报》第 5 期,第 45~48 页。

张应强,2023,《中国高等教育现代化的新部署和新使命》,《苏州大学学报》(教育科学版）第 1 期，第 1~8 页。

周洪宇、李宇阳，2022，《论建设高质量教育体系》，《现代教育管理》第 1 期，第 1~
13 页。

祝智庭，2011，《中国教育信息化十年》，《中国电化教育》第 1 期，第 20~25 页。

中国式乡村教育现代化：内涵、价值与实现逻辑

梁宇健　周润伍　欧阳修俊*

摘　要：探索中国式乡村教育现代化议题，意在构建完整、系统、全面的中国式教育现代化体系。中国式乡村教育现代化以推动乡村现代化为目标，走乡村特色教育现代化道路，以国家力量为支撑完成从内部变革的分阶段的发展进程。因此，我们应跳出"二元"论争，形成"离农"就是"为农"的"大乡村教育观"，完善乡村教育政策，传承乡村教育经验，坚持马克思主义理论，推进乡村学校整体变革。

关键词：中国式现代化；乡村教育；教育现代化；乡村振兴

中国式现代化是中国共产党领导的社会主义现代化。习近平总书记在党的二十大报告中指出："中国共产党的中心任务就是团结带领全国各族人民全面建成社会主义现代化强国、实现第二个百年奋斗目标，以中国式现代化全面推进中华民族伟大复兴。"此外，党的二十大报告还指出，中国式现代化既有各国现代化的共同特征，也有基于自己国情的中国特色。在中国式现代化进程中，教育是兴国之本、强国之基。教育现代化是中国式现代化的重要组成部分，推动中国式教育现代化为中国式现代化提供强大的科技与人才支撑。要推动中国式教育现代化，乡村教育是短板，也是关键。乡村教育占据中国式教育现代化的"半壁江山"，在探讨中国式教

* 梁宇健，广西师范大学教育学部硕士研究生，主要从事乡村教育、课程与教学论研究，E-mail：boheliang12@163.com；周润伍，广西师范大学教育学部硕士研究生，主要从事乡村教育、高等教育管理等研究；E-mail：820678776@qq.com；欧阳修俊，玉林师范学院教育科学学院副教授，主要从事乡村教师、教师教育等研究，E-mail：826869998@qq.com。

育现代化进程中，很有必要专门探索中国式乡村教育现代化议题。这就要从基本内涵上明晰中国式乡村教育现代化的本质与边界，从价值取向上明确中国式乡村教育现代化的未来发展目标，从实现逻辑上探索中国式乡村教育现代化的发展路径，以构建完整、系统、全面的中国式教育现代化体系。

一 中国式乡村教育现代化的基本内涵

理解中国式乡村教育现代化的内涵需明确"中国式现代化"和"教育现代化"的边界和契合点。中国式现代化需坚持马克思主义的指导思想，在现代化的中国方案整体框架中理解和建构现代化，在正确对待他国现代化经验的自我革命中实现现代化。中国式现代化并非简单的"工业化"和全盘"西化"（罗兹曼，2003：5），要走适合中国国情的现代化道路。教育现代化是中国式现代化的重要组成部分。教育现代化的本质是教育现代性的增长，目标是促进人的现代化和社会的现代化（褚宏启，2013）。乡村教育现代性增长是教育现代化进程的短板，也是最关键体现。据此，中国式现代化指引的中国式乡村教育现代化要坚持马克思主义的指导思想，以乡村人的发展为中心，推动农业农村现代化，走乡村特色教育现代化道路，坚持传承与发展乡村文化，坚持自我革命，以国家力量为支撑完成从内部变革的分阶段的发展进程。这启示我们，思考中国式乡村教育现代化的内涵，首先应从本质上关注"人"，并考虑城乡教育差异以及如何赶超城镇教育问题，其次从外延上观照乡村教育推动乡村振兴、促成乡村文明新形态和促进人与自然和谐共生问题，最后从价值上认识传承中华优秀耕读文化和促成乡村以劳动创造为主导的现代化的必要性问题。

（一）中国式乡村教育现代化是以培育乡村人才为中心的现代化

中国式乡村教育现代化首先指向人的现代化问题。走好以人的现代化为核心的中国式现代化道路，需要通过教育事业的高质量发展为社会各领域现代化的协调进步输送创新人才（韩喜平，2022）。培养乡村人才要求乡村教育现代化在根本上要"指向人，提升人的现代性，培育现代人格"（冯建军，2019）。中国式乡村教育现代化是以培育乡村人才为中心的人的现代化，核心要求是促成乡村学生和教师发展现代化。乡村学生发展现代化即培养具有现代性的人，让乡村学生从农业生产中彻底解放出来，实现其自由和创造地学习与劳动，成为具有现代人格和现代精神的全面发展的人。当然，中国式乡村教育现代化最紧迫的任务是要实现乡村教师发展现代化，即用现代信息技术武装乡村教师，建设具有现代眼光和专业自觉的乡村教师队伍。只有促成乡村教师现代化，才会有乡村教育现代化，才能促成乡村人才现代化。

（二）中国式乡村教育现代化是践行城乡教育各有特色的现代化

思考中国式乡村教育现代化问题，就不得不思考其与城镇教育现代化的关系问题。有学者从教育现代化的整体视角指出，中国特色的现代化教育既有中国城市教育特色又有中国乡村教育特色，是城乡教育相互融合、优势互补、共同实现现代化的教育（郝文武，2021a）。诚然，城乡教育优势互补、相互融合、相互促进的共同发展，是城乡教育均衡发展和现代化的必由之路（郝文武，2022），但优势互补的前提是乡村教育先有优势，因此，挖掘乡村教育优势是关键。中国式乡村教育现代化绝不是简单要求乡村向城市学习，跟着城市走；也不是盲目地走自己的道路，不向城市学习；更不是话语上要城乡融合发展、统筹协调、协同并进，行动上却是"先城市后乡村""乡村跟着城市走"。鉴于此，我们认为中国式乡村教育现代化首先要认定城乡是各有特色的现代化，积极寻找乡村教育自己的特色现代化路线，谋求各自的快速发展。

（三）中国式乡村教育现代化是全面赶超城镇教育的现代化

城乡教育各有特色是乡村教育全面赶超城镇教育的前提。我们深知，乡村教育由于其更加突出的发展不平衡不充分特点，尚未全面从现代化技术中汲取发展的力量（杨羽等，2022）。实际上，经济欠发达省份的农民面临着明显的"数字鸿沟"（王小华、程琳，2022），这也是乡村教育发展与现代化发展不相匹配的重要原因。因此，乡村振兴战略中的农村教育现代化应在城乡教育实现基本均衡发展的基础上，努力缩短实现农村教育现代化的时间（郝文武，2021b）。当然，缩短时间仅是暂时之为，长远的目标在于实现赶超。如果乡村教育始终在追赶城镇教育，那它只能"跟随"，难以"超越"。乡村教育只有发挥自身独特的优势，设法"变轨超车"，扬弃"追赶"，开辟"新赛道"，促成超越，才能拥有高质量。故而乡村教育应积极反思输血式现代化，优化乡村教育现代化的标准体系，走基于乡村的、结合实际的高质量乡村教育现代化之路。

（四）中国式乡村教育现代化是全面推动乡村振兴的现代化

乡村振兴的中轴是乡村社会生产力的提升。中国式乡村教育现代化从根本上是要促进乡村社会发展。因此，乡村教育如何促进乡村社会生产力发展是重要议题。在乡村社会发展中，农业现代化是必由之路。工业化、城镇化是现代化的必然要求和主要标志。尽管乡村在工业化、城镇化进程中会面对粮食安全、能源资源支撑、生态环境承载能力等问题和挑战，但这条路无法绕开，我们别无选择，只能沿着工业化、城镇化和农业现代化"三化"协调发展的道路走下去（李克强，2012）。由此可见，在农村，发展农业是基础，也是教育应做出努力的重要方向。乡村教育要发挥其独特的"育人"作用，培养现代化农业人才，将当前工业优势和城镇化红利转为农业工业化的有利条件，顺利促进乡村振兴。

（五）中国式乡村教育现代化是促进人与自然和谐共生的现代化

中国式现代化是人与自然和谐共生的现代化。人与自然和谐共生是要唤醒全社会的生态意识，倡导敬畏自然、顺应自然和保护自然，建设美丽家园。人与自然和谐共生也是未来人的生存理念和发展方向，与中华文化中的"天人合一"思想密切契合。乡村是人与自然和谐共生的天然场域，汇聚着人与自然和谐共生的智慧。乡村教育应积极挖掘和运用乡村场域特有的人与自然和谐共生的文化优势，促成完整的人的发展。中国式乡村教育现代化要实现与城市有区别的发展，人与自然和谐共生教育是可行之路。中国式乡村教育现代化要积极推动人与自然和谐共生教育理念深入人心，传播人与自然和谐共生的理念，实现人与自然和谐共生的乡村教育自觉。

（六）中国式乡村教育现代化是促成乡村文明新形态的现代化

城镇化是现代化的应有之义，但在乡村现代化进程中，最棘手的问题之一是新生活方式的建立不可避免地蕴含着对旧生活方式的破坏。如果人们想象现代化是在新的原则基础上对社会的整合和重建，那么他们也必定会想到现代化就意味着传统社会的解体（布莱克，1988：37）。因此，中国式乡村教育现代化是促成乡村文明新形态的民生工程：在城镇化进程中有序推动乡村社会结构性变革，适当形成"小型城镇化"，让乡村人拥有"犹如城里人"的满意教育与生活，还能够发挥乡村既有的人与自然和谐共生的优势，追求"劳动有其岗""休闲有其所""学习有其校"的美好愿景，实现"居住在小城镇，农忙开车到田地，农闲工作在工厂，上好学在家门口"的美好生活。中国式现代化就是要在创造人类文明新形态的高度谋划中推动教育工作（郑金洲，2022），努力实现乡村文明新形态的现代化理想。

（七）中国式乡村教育现代化是传承中华优秀耕读文化的现代化

乡村文化是中国迈向现代化新征程不能忽视的重要区域。这一区域展现的，一方面是人与自然和谐共生的智慧，另一方面是人文相生的耕读文化。耕读文化的主要实践形式是耕读传家。耕读传家是中国思想史不能忽视的民间观念，而对"亦耕亦读"生活图景的向往和追求则是中国文化史应予以关注的重要传统，对工业文明社会中精神家园的人文重构具有重要启迪意义（徐雁，2003）。耕读传家观念和耕读文化传统需要中国乡村教育的文化自觉来有序传承。甚至可以说，在乡村社会现代化进程之中，耕读文化的延续是乡村精神家园重建的核心，是乡村人民对美好生活向往的一种重要形态。乡村教育的重要使命就是推动乡村文化振兴，核心要义是在乡村文化现代化进程中有效有序地传承中华优秀耕读文化。

（八）中国式乡村教育现代化是以劳动创造为主导的现代化

究竟是以资本逻辑为主导还是以劳动创造为主导，是决定一个国家和社会发展模式和发展道路属性的根本问题，是后发展国家走向现代化国家行列所必须谨慎回答和认真思考的时代课题（罗建文，2021）。就中国乡村而言，要实现乡村振兴，就需要通过劳动创造。懂得如何劳动和通过劳动创造新生活是乡村人必备的品质。中共中央、国务院高度重视劳动教育，于2020年印发了《关于全面加强新时代大中小学劳动教育的意见》，教育部印发了《大中小学劳动教育指导纲要（试行）》。这些政策为乡村劳动教育发展提供了指引。劳动教育是乡村学校教育的重要内容，应成为乡村学生发展的主要载体，甚至可以将德、智、体、美融入劳动教育中，积极开发融合课程和跨学科主题学习，推动以劳动教育为依托的乡村教育现代化变革，促成乡村人树立以劳动创造为主导的信念，使其努力实现生活方式的转变，迈向现代化发展新征程。

二　中国式乡村教育现代化的价值取向

中国式乡村教育现代化的价值取向是面对发展矛盾与现实问题所保持的基本立场，有担当历史使命、撼动根本问题、引领未来方向之为。乡村教育价值取向的三个基本视野是乡村的、教育的、文化与文明的（刘铁芳，2021）。在此视野下，乡村物质与精神富裕是根本问题，文化传承与文明赓续是历史使命，教育振兴乡村是未来方向。但是在现代化不可逆力量的形塑下，乡村教育产生了"中国式－西方化""传统－现代""城市－乡村"的发展矛盾。同时，乡村教育面临"逆乡土化"的本体价值遮蔽（杨羽等，2022）、城乡空间的"单向流动"危机（叶波，2022）、乡村主体成为"文化无根者"（钱理群、刘铁芳，2008：9）等具体问题。故而我们有必要深入思考乡村教育如何实现中国式现代化的价值问题。要厘清"先进""科学""正当"的乡村教育现代化问题，需着眼于"中国式"的国家发展、"乡村中"的乡土文化、"教育"的自身意蕴、"现代化"的高质量诉求和乡村主体"人"的发展这五大维度。

（一）中国式乡村教育现代化遵循国家发展的价值引领

中国式乡村教育现代化之"中国式"表达，要求中国基于现实国情——世界上最大的发展中国家，以国家发展为目标实现乡村教育现代化。国家发展和人民利益对教育的需求应成为教育现代化的重要动力。但乡村教育实现中国式现代化面临不确定、不明朗风险，多样化、多方位矛盾，"硬骨头""险滩"挑战，具有长期性、复杂性、艰巨性特征。故而中国式乡村教育现代化应遵循国家发展的价值引领，以国家发展方向为指引，凸显乡村教育制度优势，借国家发展的政策支持与资源倾斜集聚动力，应对风险与挑战。从新中国乡村教育历史发展来看，在国家发展的价值引领下，从计划经济时期的"教育为工农服务"到全面普及义务教育，再到统筹城乡教育发展以及乡村教育高质量发展，中国乡村教育极度落后的局面已得到扭转。乡村教育改善了乡村人力资源结构，有效提升了乡村家庭生活质量，能够阻断贫困代际传递。新时代新征程，中国式乡村教育现代化同样不能脱离国家发展的价值引领，更不应简单纠结于乡村教育究竟是服务于乡村还是城市的单一和狭隘视角，而应站在国家现代化和教育培养人的高度，坚持"为党育人，为国育才"宗旨；与国家发展同频共振、相互促进，依托乡村振兴和科教兴国等发展战略部署，借力时代机遇与外源性政策支持，以巩固提高乡村教育普及水平（佘宇、单大圣，2019），促进城乡教育公平（欧阳修俊、谢水琴，2022），提升乡村教育信息化水平（陈超凡等，2021），推进乡村教育现代化进程。

（二）中国式乡村教育现代化秉持乡土文化的价值禀赋

中国式乡村教育现代化之"乡村"明确了中国式乡村教育现代化是植根于乡村场域的教育现代化。教育从本质上来讲是一项文化事业，文化传承与创新是教育的功能属性之一（朱德全、石献记，2022）。乡村教育因其乡村在场而具有乡土文化性。以"乡"概括乡村聚落形式，以"土"表现农业生产方式，以"乡土"凝聚为乡村文化，这是中国几千年农业文明社会文化形式的准确表达。然而，现代化带来的技术革新使集体生产与体力劳动逐渐被机械化手段取代，具有地缘意义的乡土社会集体联系被弱化，乡土文化面临现代化的冲击与解构危机。中国式乡村教育现代化要化解当下危机，需秉持乡土文化的价值禀赋，在文化意义上将乡村教育的乡土性厚植于现代化发展理念中，自觉肩负起乡土文化传承与创新的历史使命。现代化是不可逆的，但乡土文化认同可通过有意义的教育建构来激发，形塑为乡村的文化根基和情感寄托，以弱化个体发展的功利性取向。中国式乡村教育现代化并非悲情地呼唤回归传统乡土，而是创造性地结合乡土文化价值理念，发展新形态乡村教育现代化。以"学缘"社会集体联系，利他共生主义浸润、乡村文明教育传承、天人和谐理念传播、城乡资源互惠共育等教育手段应对危机。乡土文化是现代化发展新样态的理念桥梁和精神纽带。中国式乡村教育现代化在遵循高质量发展的基础上要追溯"乡土文化"价值源流，重构乡村教育的文化根基。

（三） 中国式乡村教育现代化坚定教育本位的价值立场

中国式乡村教育现代化之"教育"体现其作为中国式教育现代化的子命题，在性质上与教育现代化具有内在一致性。教育现代化的本质是符合教育发展目的与规律的统一，是有特色、高水平、先进性教育发展的过程、结果及其普遍化（郝文武，2021b）。因而乡村教育无法脱离教育发展目的和规律来谈现代化。部分研究在探讨乡村教育现代化的价值立场时易陷入"农本"还是"城本"的二元争论中，而"就教育实质而言，实际上并没有乡村与城市之别，只有教育与非教育、好教育与坏教育之分"（刘铁芳，2021）。中国式乡村教育现代化坚持教育本位的价值立场意味着，乡村教育不迷失于现代化发展之现代性浪潮中，不沦为城市化的附庸。因此，中国式乡村教育现代化应回归教育本真，为教育自身的现代化努力。当现代化的靶向与锚点重新聚焦教育本身，中国式乡村教育现代化就能在很大程度上避免"偏航"问题。优先发展教育尤其是乡村教育是国家实现教育现代化的重要方略。而依据乡村教育现代化的教育性特征，我们应从教育本体看待乡村教育现代化的特殊性以避免"圈地自限"。这就要求乡村教育现代化具备整体式和跨越式发展的战略思维，认识到高水平乡村教育兼具促进乡村发展和城乡融合发展的作用。诚然，无论中国式乡村教育现代化面临何种发展争议，发展教育本身才是不变的内核。

（四） 中国式乡村教育现代化立足高质量发展的价值追求

中国式乡村教育现代化之"现代化"阐明了乡村教育现代化的过程目标与教育现代化的一致性。党的二十大报告强调，高质量发展是全面建设社会主义现代化国家的首要任务。中国教育高速发展取得了前所未有的成就，初步完成了以高速增长为特征的外延发展任务，教育高质量发展诉求日益强烈（秦玉友，2019）。高质量发展也是中国式乡村教育现代化的价值追求，是农村教育现代化的时代表达（朱德全、石献记，2022）。党的十八大以来，教育扶贫工作取得全面胜利，乡村教育总体发展水平显著提高。随着乡村社会矛盾的变化，传统乡村教育普及存在发展粗放问题，不平衡不充分的发展矛盾集中体现在发展质量上（周洪宇、李宇阳，2022）。因此，乡村教育要实现从"有学上"的教育普及到"上好学"的质量跨越。中国式乡村教育现代化应以高质量发展为价值追求，提高乡村教育办学质量，建立城乡教育资源均衡配置机制，提升教育资源利用率，构建高质量教育体系。高质量教育体系是承载着公平、公正、平等、多元等多种价值且具有情境性和多维性特征的复杂性系统（朱旭东，2022）。公平与效率是高质量发展的内在要求，应从发展目标、内容、路径和机制上贯彻公平与效率原则，创建高质量内生发展新格局，以高质量发展为价值定位，以优质公平的乡村教育反哺乡村振兴，实现农业农村现代化和人才强国、教育强国与科技强国的长远建设目标。

（五）中国式乡村教育现代化奠定乡村主体现代化的价值基调

中国式乡村教育现代化因其教育性而蕴含着"人"的现代化这一重要命题。中国式现代化道路以人的现代化为核心，需以教育事业的高质量发展为社会各领域现代化的协调进步输送创新人才，也为人的全面发展提供可能（韩喜平，2022）。其与中国式现代化的人民立场、人文特质和人的全面发展目标相契合，具有独特的人学意蕴和人文取向。因此，中国式乡村教育现代化应确立乡村主体现代化的价值基调，与中国式现代化的以人民为中心和马克思关于人的全面发展思想同频，将培养具有现代品格的时代新人作为核心任务，实现乡村主体从思想观念、素质能力、行为方式、社会关系等方面的全方位现代化。乡村主体现代化是要进一步推动乡村教师等利益相关者对乡村教育的高度关注与积极参与，特别是要实现乡村教师发展现代化。从教育功能出发，乡村教育旨在培养乡村少年的健全人格、乡土情感和综合素养。乡村学校可按照现代的教育理念，探索出符合乡村社区和儿童特点的现代化教育模式，培养个性全面发展的现代新人（邬志辉，2015）。中国式乡村教育现代化奠定乡村主体现代化的价值基调，是破除工具理性蔽障，实现价值理性回归，并以人文道德支撑现代化人格形成进而缓解现代化带来的精神道德危机的正确价值取向，既体现了中国式现代化的独特优势，又彰显了教育对人的终极价值关怀。

三　中国式乡村教育现代化的实现逻辑

乡村教育是"在乡村"的教育，与教育是部分与整体的关系。这表明，中国式乡村教育现代化道路既要有自身的话语体系，又要遵循中国式教育现代化道路的"一般"逻辑，这些逻辑符合乡村语境，以确保中国式乡村教育现代化的顺利推进。

（一）以完善乡村教育政策为根本保障

乡村治理作为国家治理的重要组成部分，其目标是实现乡村现代化（丁志刚、王杰，2019）。推进乡村教育治理现代化是乡村治理的题中之义，也是实现中国式乡村教育现代化的关键内容。教育政策是实现教育治理现代化的基本工具（蒋建华等，2021）。因此，以乡村教育政策为基本工具推进乡村教育治理现代化，是加快建设中国式乡村教育现代化体系的根本保障。

一是中国式教育现代化应以坚持优先发展乡村教育事业为基本原则。在推动教育现代化的进程中，坚持乡村教育优先发展是一贯的也是未来必须坚持的基本原则。2003 年，《国务院关于进一步加强农村教育工作的决定》明确提出"优先发展农村教育"，将乡村教育作为教育工作的重中之重。2010 年，《国家中长期教育改革和发展规划纲要（2010—2020 年)》指出，"在财政拨款、学校建设、教师配置等方面向农村倾斜"，为建立高质量乡村教育体系指明了方向。2018 年，中共中央、国务院印发的《关于实施乡村振兴战略的意见》指出，"优先发展农村教育事业。高度重视发展农村义务教育，推动建立以城带乡、整体推进、城乡一体、均衡发展的义务教育发展机制"，深刻阐明了优先发展教育事业在乡村振兴中的地位和价值。这些政策表明，中国式乡村教育现代化要继续坚持优先发展乡村教育事业，加大对乡村教育的政策倾斜力度，深入探索优先发展乡村教育事业的现代化内涵，以促进乡村教育跨越式发展。

二是中国式乡村教育现代化应以深化推进城乡教育一体化为基本导向。打破城乡教育二元发展结构，实现城镇教育与乡村教育融合共生，是由城乡教育分割走向城乡教育一体化的科学发展方向。2008 年，《中共中央关于推进农村改革发展若干重大问题的决定》指出，我国总体上已进入着力破除城乡二元结构、形成城乡经济社会发展一体化新格局的重要时期，为城乡教育一体化发展奠定了制度基础。2010 年，《国家中长期教育改革和发展规划纲要（2010—2020 年）》明确提出"建立城乡一体化义务教育发展机制"，城乡教育一体化从政策上正式落实。2017 年，党的十九大报告强调，要"推动城乡义务教育一体化发展，高度重视农村义务教育"，为城乡教育一体化调整与完善明确方向。城乡教育一体化发展的目标是提高城乡教育质量和实现教育现代化，主要任务是缩小城乡教育差距（谭天美、欧阳修俊，2022）。因此，中国式乡村教育现代化要在现代化进程中推进城乡教育一体化，促进城乡教育在差异化发展中融合共生。需要明确的是，城乡教育一体化不是同质化，是各有特色的一体化现代化。只有发挥乡村教育的独特优势，设法"变轨超车"，变传统"追赶"为"新赛道"超越，乡村教育才能拥有高质量。城乡教育有差异的一体化强调一体化的过程与方法，基本任务是缩小城乡教育差距，长远目标是实现乡村对城市的赶超，最终目标是实现城乡教育高质量发展。

三是中国式乡村教育现代化应以实现乡村教育振兴为基本支撑。乡村教育是乡村振兴的重要战略支撑（杜育红、杨小敏，2018）。2018 年，《乡村振兴战略规划（2018—2022 年）》指出，"统筹规划布局农村基础教育学校，保障学生就近享有有质量的教育"，对乡村教育振兴做出了具体的规划部署。2021 年，中共中央、国务院发布的《关于全面推进乡村振兴加快农业农村现代化的意见》，从学前教育、义务教育、特殊教育、职业教育等方面做出了进一步指示，强化了乡村教育振兴与现代化的关联。2022 年，教育部等八部门印发了《新时代基础教育强师计划》，按照乡村振兴重大战略部署和振兴教师教育有关要求，提出了教师培养培训的具体措施。这也是建设现代化乡村教师队伍以推进乡村教育振兴的重要决策。因此，中国式乡村教育现代化应进一步探索教育助力乡村振兴的路径，进而加快农业农村现代化，以全面推进乡村振兴为契机实现教育现代化。

（二）以传承乡村教育经验为发展依据

自中国共产党成立以来，中国的乡村教育事业在艰难曲折中发展，发生历史性变革、取得历史性成就。历史是过去的现实，现实是未来的历史。回顾中国近代的乡村教育历程，总结其中蕴含的经验，是在中国式乡村教育现代化进程中把握历史主动、增强历史自信的重要依据。

新中国成立前，余家菊、梁漱溟、晏阳初、陶行知、余庆棠等学者就深入乡村开展教育实验，为新中国成立后的乡村教育发展奠定了基础。例如，晏阳初的"定县实验"最先将平民教育从城市推向了农村，率先把西方近代社会科学的研究方法引入中国教育领域，推动了知识分子下乡（张志增，2016）。梁漱溟的"邹平实验"促进了知识分子由城市向乡村流动，抑制了对西方文化的盲目崇拜，缔造了以道德精神为基础的新的乡村文明（纪德奎、郭彩霞，2013）。陶行知把现代教育融入乡村改造，通过乡村教育改造乡村，最终达到建设现代国家的目标（舒志定，2018）。中国式乡村教育现代化要把乡村教育家的实践经验传承好、发扬好。一是要继续增强知识分子建设乡村的使命感，让更多的知识型人才投身乡村教育现代化建设；二是要积极开展现代乡村教育实验，形成具有推广价值的乡村教育经验，进而全面推进乡村教育迈向现代化；三是要明晰现代化战略下乡村教育与乡村社会发展的关系，以乡村教育现代化推进乡村社会现代化，构建乡村文明新形态。

新中国成立后，中国的乡村教育实践主要经历了主导与调整、整顿与探索、深化与协同、治理与统筹四个历史阶段（彭泽平、曾凡，2021）。在乡村教育70多年来的实践中，乡村人民"有学上"的需求得到满足，乡村学校教育质量稳步提升，为实现乡村教育现代化奠定了坚实基础，如重视教育公平优质均衡是乡村教育发展的重要动力（张地容等，2022）、把普及九年制义务教育作为农村教育发展的重中之重（张乐天，2012）、在政策话语体系中适当增加"向农性"成分（赵垣可、刘善槐，2019）等。值得关注的是，有学者指出，"为农"是乡村教育发展的基本价值取向（李森、汪建华，2017）。这一经验启发我们，"为农"既是中国式乡村教育现代化的基本价值取向，也是乡村教育的长远追求。无论是直接"为农"还是间接"为农"，都是在贯彻"人民至上"理念，是办人民满意的教育。我们也应认识到，"离农"也能间接"为农"。乡村教育如果培养"离乡"但又"思乡"的人才，那么其虽身处"异乡"，但同样能积极助力乡村发展。

（三）以马克思主义理论为科学指导

中国式乡村教育现代化的理论基础决定着乡村教育现代化的根本属性和发展方向。对此，中国式乡村教育现代化的具体实践需要科学正确的理论支撑。中国共产党自成立以来，始终坚持以马克思主义理论为指导，不断推进马克思主义中国化，不断推进理论创新、进行理论创造。据此，中国式乡村教育现代化以马克思主义理论为支撑是符合历史、切合实际的。

第一，中国式乡村教育现代化应走"非同一性"的乡村教育现代化道路。马克思曾批判性地指出，"他（马克思的批评家）一定要把我关于西欧资本主义起源的历史概述彻底变成一般发展道路的历史哲学理论"（马克思、恩格斯，2009：466）。事实上，"马克思认为西欧资本主义现代化道路并非普适的现代化模式，得出了人类走向现代化并非只有西欧资本主义一种模式的结论"（熊治东，2023）。西方的乡村教育在近现代发展进程中占据先发优势，率先迈向教育现代化，产生了乡村教育现代化等同于西方乡村教育"城市化"的思维。然而，"先发并不是必然和必须，利用既得优势地位制造路径锁定以限制后来者的创新与超越，其行为本身就是对现代性的反动"（辛鸣，2022）。对此，中国式乡村教育现代化并非要走西方的道路，而是要走切合自身实际的道路。中国式乡村教育现代化要深刻理解马克思主义现代性思想，坚持以马克思主义为指导，增强理论自信，在中国特色社会主义的整体框架中推进乡村教育现代化，以超越西方乡村教育"城市化"的现代性方案。

第二，中国式乡村教育现代化应以乡村生产方式现代化为根本前提。马克思指出，"随着经济基础的变更，全部庞大的上层建筑也或慢或快地发生变革"（马克思、恩格斯，1995b：243）。即是说，"经济基础的性质决定上层建筑的性质"，这一论断是马克思主义的科学推理，深刻阐释了物质生产在历史过程中的决定性作用。乡村教育从本质上而言属于上层建筑，由乡村经济基础决定。而经济基础是社会生产关系的总和，生产关系是生产方式的社会形式。由此推之，乡村生产方式决定着乡村教育的发展方向。同时，列宁指出，马克思是按生产方式的变化来划分"传统社会"与"现代社会"的（罗荣渠，2004：19）。因此，乡村生产方式现代化成为乡村"传统社会"走向"现代社会"的根本动力。中国式乡村教育现代化要立足乡村经济基础现代化，即以实现乡村生产方式现代化为根本前提，在乡村经济和社会现代化进程中同步实现教育现代化。

第三，中国式乡村教育现代化坚持"人民至上"的崇高理念。"人民群众是社会历史的主体，是历史的创造者"作为马克思主义唯物史观的基本观点，深刻阐释了人民群众的社会历史作用和地位。西方现代化是"物"的逻辑支配"人"的逻辑，人的发展逻辑从属于资本逻辑，而社会主义现代化则超越了这一传统的现代性逻辑（唐爱军，2021）。马克思指出，"通过城乡的融合，使社会全体成员的才能得到全面发展"（马克思、恩格斯，1995a：38）。无论是过去还是未来，无论是传统社会还是现代社会，人民群众都是社会历史的主体，是历史的创造者。中国式教育现代化是惠及全体人民的现代化，要始终坚持人民至上的立场，努力办好人民满意的教育（欧阳修俊、梁宇健，2024）。同时，前文也提到中国式乡村教育现代化奠定乡村主体现代化的价值基调。因此，中国式乡村教育现代化坚持"人民至上"的理念，既要紧紧依靠乡村人民，发挥乡村人民在乡村教育现代化中的作用，又要努力办好乡村人民满意的教育，保障乡村人民"有学上"和"上好学"，促进乡村人民的全面发展。

（四）以乡村学校整体变革为基本方略

乡村学校变革是乡村教育实践的核心工作。《中国教育现代化2035》明确了实现教育现代化的实践逻辑——充分发挥基层特别是各级各类学校的积极性和创造性。因此，中国式乡村教育现代化应积极地、创造性地推动各级各类乡村学校的变革。乡村学校变革应具备整体式的战略思维。宇宙全息论认为，"部分存在于整体中，而且整体也存在于部分中；不认识部分就不能理解整体，同样，不认识整体也不能理解部分"（彭新武，2003：42）。显然，推动乡村学校整体变革也要着眼于局部的变革，因为"局部之和并不一定等于整体，但学校整体的变革离不开局部"（杨润东，2019）。无论是基于整体，还是观照局部，其主要目的是实现"复杂现象大于因果链的孤立属性的简单总和"（魏宏森，1983：24）。有学者指出，评价、课程、教学、管理和技术的变革是促进优质学校现代性生长的基本路径和主要策略（杨小微、杨晓莹，2021）。相应地，中国式乡村教育现代化以评价、课程、教学、管理和技术的变革促进乡村学校现代性生长具有可行性，是推动局部变革以实现整体性变革的着力点。

一是在县域城乡教育发展中构建乡村学校现代化建设的"非同一化"评价标准，实现异质化评价。如前所述，城乡是各有特色的现代化，乡村教育应积极寻找自己的特色现代化路线，以谋求快速发展。因此，对乡村学校现代化建设的评价不应局限于城市学校更容易实现的人工智能赋能的"智慧校园""未来课堂""体验中心"等硬指标，而是应体现乡村学校的乡土文化建设，包括"耕读文化""乡土课程""乡村优秀传统文化"等软指标。

二是在县域城乡教育发展中开展乡村学校课程专项改革行动，探寻适合乡村学校发展的"一校一案"。实际上，21世纪初开展的"新课程改革"给乡村教育课程带来的变化可谓"仅仅促动了其课程表的变化"，实质上对乡村课程改革并未形成根本性影响（欧阳修俊，2019）。这一问题产生的原因在于，乡村学校的师资、生源、教学基础设施等相对落后，难以落实"新课程改革"的要求。因此，乡村教育应在县域内优化师资队伍、整合教学资源、立足学生发展水平等，对乡村学校课程进行专项改革，以切合乡村学校发展实际。

三是从县域层面提升乡村教师队伍质量和满足学生学习需求，以实现乡村学校教学质量的现代性生长。一方面是要借助"县管校聘"良机，加大政策倾斜力度，引导教师"来到乡村教"；要推动乡村振兴，吸引教师"留在乡村教"；要持续提供发展空间，促进教师"在乡村教好"。另一方面是要关注乡村学生学习方式、学习时间、学习场域等要素变化，推动学校教学方式、教学计划、教学空间等同步实现现代性生长。

四是构建和完善"县—乡（镇）—村"的教育管理体制，发挥"乡"元素在乡村学校管理中的作用。有学者指出，乡村教育现代化应努力解决普遍存在的"以县唯一"的问题，发挥乡镇、乡村和村民的积极性（郝文武，2019）。因此，中国式乡村教育现代化应在县域内构建和完善"县—乡（镇）—村"的教育管理体制，目的是将乡村学校管理的权力"下放"，积极释放乡镇与乡村主体的活力，让更多乡村主体参与乡村学校建设。

五是在县域中完善对乡村学校的技术供给模式。在新时代，教育现代化借助人工智能实现由"后发"到"超前"的跨越式发展（石连海、杨羽，2022）。对此，中国式乡村教育现代化在县域层面既要保障技术设备的正常使用，解决好因技术设备更新换代速度快而产生的问题，尤其是技术设备维护与维修的经费问题；又要加强对教师的技术指导，提供系统专业的技术培训，促进乡村教师技术素养现代化，尤其是要为乡村大龄教师提供简单易学的内容，以促进乡村教师的技术素养整体、全面的现代化，保障乡村学校"有技术可用"和"技术用得好"。

参考文献

布莱克，C.E.，1988，《现代化的动力》，段小光译，四川人民出版社。

陈超凡、岳薇、汤学黎，2021，《教育信息化与乡村贫困文化消解》，《中国电化教育》第 6 期。

褚宏启，2013，《教育现代化的本质与评价——我们需要什么样的教育现代化》，《教育研究》第 11 期。

丁志刚、王杰，2019，《中国乡村治理 70 年：历史演进与逻辑理路》，《中国农村观察》第 4 期。

杜育红、杨小敏，2018，《乡村振兴：作为战略支撑的乡村教育及其发展路径》，《华南师范大学学报》（社会科学版）第 2 期。

冯建军，2019，《超越"现代性"的中国教育现代化：人的现代化视角》，《南京社会科学》第 9 期。

韩喜平，2022，《以教育现代化赋能现代化强国战略目标的实现》，《国家教育行政学院学报》第 7 期。

郝文武，2019，《农村教育现代化"以县为主"应充分发挥乡镇乡村的作用》，《教育理论与实践》第 31 期。

郝文武，2021a，《以城乡教育有特色融合发展促进乡村教育振兴和农村教育现代化》，《教育科学》第 3 期。

郝文武，2021b，《乡村振兴战略中农村教育现代化的本质和目标》，《南京师大学报》（社会科学版）第 4 期。

郝文武，2022，《新时代乡村教育振兴的新目标与新路径》，《陕西师范大学学报》（哲学社会科学版）第 1 期。

纪德奎、郭彩霞，2013，《邹平教育模式及其对当前乡村学校发展的文化意蕴》，《教育科学研究》第 9 期。

蒋建华、崔彦琨、王钟，2021，《舆论、教育政策与教育治理现代化》，《教育研究》第 11 期。

李克强，2012，《协调推进城镇化是实现现代化的重大战略选择》，《行政管理改革》第
　　11 期。

李森、汪建华，2017，《我国乡村教育发展的历史脉络与现代启示》，《西南大学学报》
　　（社会科学版）第 1 期。

刘铁芳，2021，《探寻乡村教育的基本精神》，《探索与争鸣》第 4 期。

罗建文，2018，《论习近平新时代中国特色社会主义思想的"三大逻辑"》，《理论探讨》
　　第 2 期。

罗建文，2021，《中国共产党驾驭和超越资本力量的政治逻辑》，《深圳大学学报》（人
　　文社会科学版）第 6 期。

罗荣渠，2004，《现代化新论：世界与中国的现代化进程》，商务印书馆。

罗兹曼，吉尔伯特，2003，《中国的现代化》，国家社会科学基金"比较现代化"课题组
　　译，江苏人民出版社。

欧阳修俊，2019，《新中国成立 70 年乡村教育研究回顾与思考》，《现代远程教育研究》
　　第 2 期。

欧阳修俊、梁宇健，2024，《中国式教育现代化：内涵、价值与战略进路》，《北京航空
　　航天大学学报》（社会科学版）第 1 期。

欧阳修俊、谢水琴，2022，《我国城乡义务教育教师流动政策的回顾与思考》，《教育发
　　展研究》第 4 期。

彭新武，2003，《复杂性思维与社会发展》，中国人民大学出版社。

彭泽平、曾凡，2021，《中国共产党农村教育的百年实践：历史嬗替、经验与未来理
　　路》，《教育科学》第 4 期。

钱理群、刘铁芳，2008，《乡土中国与乡村教育》，福建教育出版社。

秦玉友，2019，《从高速增长迈向高质量发展——新时代教育内涵发展战略转型》，《南
　　京师大学报》（社会科学版）第 6 期。

佘宇、单大圣，2019，《农村教育体制改革 70 年发展及前瞻》，《行政管理改革》第
　　6 期。

石连海、杨羽，2022，《适应与跨越：人工智能冲击下的教育现代化》，《中国教育学刊》
　　第 3 期。

舒志定，2018，《陶行知对乡村教育的伦理担当与践行原则》，《教育研究》第 7 期。

谭天美、欧阳修俊，2022，《我国城乡教育一体化发展研究的回顾与省思》，《现代远程
　　教育研究》第 2 期。

唐爱军，2021，《唯物史观视域中的中国式现代化新道路》，《哲学研究》第 9 期。

王小华、程琳，2022，《数字普惠金融与城乡收入差距：机遇还是鸿沟》，《广西师范大

学学报》（哲学社会科学版）第 5 期。

魏宏森，1983，《系统科学方法论导论》，人民出版社。

邬志辉，2015，《乡村教育现代化三问》，《教育发展研究》第 1 期。

辛鸣，2022，《论 21 世纪马克思主义》，《中国社会科学》第 12 期。

熊治东，2023，《论中国式现代化道路的生成逻辑和世界意蕴》，《中国矿业大学学报》
（社会科学版）第 1 期。

徐雁，2003，《"耕读传家"：一种经典观念的民间传统》，《江海学刊》第 2 期。

杨润东，2019，《变而求道：国内基础教育学校变革研究述评》，《全球教育展望》第 4 期。

杨小微、杨晓莹，2021，《优质学校的现代性生长》，《教育研究与实验》第 4 期。

杨羽、李护君、石连海，2022，《现代化进程中的乡村教育：冲击与重构》，《民族教育
研究》第 5 期。

叶波，2022，《乡土如何走进现代——乡村教育振兴的命题追问》，《湖南师范大学教育
科学学报》第 6 期。

张地容、杨丹、李祥，2022，《从高速度到高质量：党的十八大以来乡村教育发展的历
史成就与经验反思》，《现代教育管理》第 9 期。

张乐天，2012，《新中国农村教育发展的政策经验》，《南京师大学报》（社会科学版）
第 5 期。

张志勇、袁语聪，2022，《中国式教育现代化道路刍议》，《教育研究》第 10 期。

张志增，2016，《晏阳初及其主持的定县乡村平民教育实验》，《中国职业技术教育》第
34 期。

赵垣可、刘善槐，2019，《新中国 70 年农村教师政策的演变与审思——基于 1949—2019
年农村教师政策文本的分析》，《西南大学学报》（社会科学版）第 5 期。

郑金洲，2022，《"中国式现代化"的教育意蕴》，《中国教育学刊》第 12 期。

马克思、恩格斯，1995a，《马克思恩格斯选集》（第一卷），人民出版社。

马克思、恩格斯，1995b，《马克思恩格斯选集》（第二卷），人民出版社。

马克思、恩格斯，2009，《马克思恩格斯文集》（第三卷），人民出版社。

周洪宇、李宇阳，2022，《论建设高质量教育体系》，《现代教育管理》第 1 期。

朱德全、石献记，2022，《新时代农村教育高质量发展的价值理性》，《民族教育研究》
第 2 期。

朱旭东，2022，《教育高质量发展开启中国教育现代化新篇章》，《教育发展研究》第
Z1 期。

数字化转型与中国式农村教育现代化

教育数字化转型与智慧教育公共服务体系建设[*]

李　涛^{**}

摘　要：数字化转型作为推动产业发展的新引擎，给全社会产业带来了革命性变化。教育数字化转型作为数字化转型的一部分，也引发了全球教育思维和教育文化的深层次变革，推动了教育内容、教学方式和学习环境等一系列教育要素的内在变化，其本质是用数字技术重构学校和教育、重塑学习。与企业或组织开展的数字化转型不同，教育数字化转型有其自身独特的教育逻辑，因此更具艰巨性。在加快教育信息化建设的基础上，中国主要从推进教育新基建、构建智慧学习生态、提升教育治理服务能力三个方面开展教育数字化转型的实践探索，具备可持续性的发展前景。在此基础上，推进教育数字化转型中以智慧教育为核心的公共服务体系建设迫在眉睫。

关键词：数字化转型；教育变革；智慧教育公共服务体系

一　数字化转型是数字化的转换和数字化升级的迭代

在以大数据、人工智能等为代表的新技术赋能作用下，以数字化为核心的数字社会正以不可阻挡的趋势脱胎于信息社会加速来临，成为人类社

---

* 基金项目：本文系 2022 年度教育部人文社会科学重点研究基地重大项目"中国式农村教育现代化知识谱系研究"（项目编号：22JJD880016）、国家社会科学基金项目"农村义务教育学校校产闲置状况调查及处置策略研究"（项目编号：BFA210062）的研究成果。

** 李涛，教育部人文社会科学重点研究基地东北师范大学中国农村教育发展研究院副院长、教授、博士生导师，主要从事教育政策、农村教育和教育社会学等研究，E-mail：lit456@nenu. edu. cn。

会发展最为可能的未来社会形态。世界各国纷纷出台数字化战略、加快数字化转型，使数字赋能成为推动产业发展的新引擎。

数字化转型是数字化发展的高级阶段和最新目标。1946 年 2 月，世界上第一台电子多用途计算机埃尼阿克（ENIAC）诞生于美国宾夕法尼亚大学，至今已历 70 余年。其间数字化发展经历了数字化转换、数字化升级和数字化转型三次概念变迁（点亮智库·中信联数字化转型百问联合工作组，2021：4）。数字化转换又被称为数字转换，可追溯到 1954 年，主要指利用数字技术将信息由"模拟格式"转化为"数字格式"的过程，即从"模拟数据"到"二进制码"，本质是信息的数字化，故又被通俗地称为"计算机化"。数字化升级又被称为数字化，肇始于 1959 年，是指数字技术应用到业务流程中并帮助企业（组织）实现管理优化的过程，主要聚焦数字技术对业务流程的集成优化和提升，本质是流程的数字化。数字化转型是由国际商业机器公司（IBM）在 2012 年最早提出的，是指"顺应新一轮科技革命和产业变革趋势，不断深化应用云计算、大数据、物联网、人工智能、区块链等新一代信息技术，激发数据要素创新驱动潜能，打造提升信息时代生存和发展能力，加速业务优化升级和创新转型，改造提升传统动能，培育发展新动能，创造、传递并获取新价值，实现转型升级和创新发展的过程"（中关村信息技术和实体经济融合发展联盟，2020：1）。数字化转型主要聚焦应用数字技术重塑客户价值主张、增强客户交互和协作、构建业务新体系和发展新生态（点亮智库·中信联数字化转型百问联合工作组，2021：4）。就本质而言，数字化转型是信息技术引发的系统性变革，根本任务是价值体系优化、创新和重构，核心路径是新型能力建设，关键驱动要素是数据。

数字化转型不仅是数字化发展中在前两次概念变迁基础上的升级，而且是在新一代信息技术和产业技术融合基础上的变革和创新。如果说数字化（数字化升级）下的企业或组织是在规模经济方式下基于技术壁垒构筑了"烟囱式"的纵向封闭体系，那么数字化转型恰恰是建立联结、打破孤岛、实现共享、转变业务、优化服务、改变文化的横向层次的开放体系。数字化转型正在给全社会产业带来革命性变化，这种变化绝不仅仅局限于互联网等新兴产业，以制造业为代表的传统各行各业都在加速业务数据化、数据业务化、业务智能化的转变，加快企业或组织数字化、网络化和智能化的升级。这不仅是一种技术革命，而且是一场产业革命。数字化转型是推动全新工作方式和思考方式的破坏性进化（西贝尔，2021：18）。它引领着第四次工业革命（工业4.0），通过数据精准化和数据智能化的应用服务，重塑需求和体验，赋能产业新生态，重构传统产业组织模式。数据知识等新型要素在此过程中突破了技术、资本等传统生产要素的边界，成为新的关键生产要素，推动着生产组织的创新，为产业体系带来了根本性变革。

二　数字化转型背景下的教育变革

数字化转型这一重大的时代性变革迫切需要引领和适应新变化的数字化人才，也迫切需要提升国民的数字化水平以满足其未来的生活需要。因此，我们迫切需要教育尤其是学校教育实现重大变革以突破传统教育观念、课程内容、教学模式、学习方法、治理体系的限制，实现教育的转型和重构。数字化已成为全世界推动教育变革的关键力量，教育数字化转型是指利用现代信息技术支持教育在育人方式、办学模式、管理体制、保障机制等方面的创新，推动教育流程再造、结构重组和文化重构，改变教育发展动力结构，推动教育研究和实践范式变革，最终实现人的全面、自由、个性化发展（杨宗凯等，2022）。通过教育数字化转型倒逼教育改革，抓住数字教育发展的战略机遇，加速改变学习方式、提高教育效率、优化教育治理，有助于多年来教育中所沉积的诸多难题通过数字化转型的契机实现有效变革。教育一般涉及学什么、怎么学和在哪里学三个核心问题，学什么指教育内容，怎么学指教学方式，在哪里学指学习环境（汤彪，2021：38~39）。教育数字化转型下的教育变革促进了三者的本质变化。数字化转型在给教育带来巨大挑战的同时，也给教育带来了重大机遇。

一是在教育内容上，以基本知识和基本技能教学为代表的"双基教学"是过去的经典教育范式，互联网数字资源未能被充分运用；而数字化转型下的教育内容以培养数字公民为目标。数字公民可以经常使用互联网，并在互联网使用标准与原则指导下利用互联网技术，让工作、生活、学习实现数字化。

二是在教学方式上，班级授课制是以往的基本范式，总体呈现知识和技能从讲授到应用示范再到练习巩固的顺序，从知识提供到能力测评再到教育弥补，用模式化的成功标准去"剪裁"和"驱赶"学习者的取向明显，标准化、同质化和线性化等特征突出。数字化转型背景下，教学方式要从班级授课制真正转为个性化学习，本质是差异化教学和学习者中心，这种差异过去因工业社会主流生产模式是追求规模经济的标准化作业而对人才需求并无真正意义上强烈的内在变革诉求，同时也因缺乏技术支持而多限于观念变革层面，但数字化转型中个性化学习得到社会变革和数字技术的双重支持，教学方式中的各个环节将发生巨大变化。备课制的教学准备将转变为学习设计，知识讲授的教学过程将转向学习活动的组织过程，学期考试的教学评价转为全方位自适应实时关注，教学管理从"中心－边缘"的科层制管理变为平台型生态式管理。

三是在学习环境上，过去与工业化社会生产组织场所相匹配的工厂式学校将彻底打破封闭式围墙而走向开放性互联，数字化转型背景下的学习将突破学校边界、实体边界、有机生命边界、时间边界。除博物馆、科技馆、纪念馆、文化宫等广义教育场所外，物理世界中过去很难想象的多场所和大田野都将通过互联成为新的学习空间。虚拟世界也将以模拟仿真的形式突破物理实体对学习的限制，基于增强现实和虚拟现实等技术下的沉浸式、体验式学习将日益普遍。学习不再只是教师、学生等有机生命体的学习，基于算法的机器深度学习将在过去"人－人"学习的模式中扮演重要角色，"人－机－人"的学习模式将成为新常态。学习也将突破具有清晰边界的课程表模式，任何人在任何时间、任何地点都可以进行学习，这种学习不仅包括非正式资源学习、准正式主题学习，还包括正式的课程学习。

随着云计算、物联网、大数据、区块链、人工智能等共存共生和彼此依附，世界新产业结构进一步丰富和多元。新一代学习者所处的外部世界发生了巨大变化，在他们进入不同阶段的学校前，学习价值和预备知识将出现更碎片化的前期分层，未来学校总体同质化的教育供给将变得日益困难，基于入学年龄的单一分班授课制将不可避免地产生松动，课堂传统形式将被重构。家庭教育将发生本质变化，教育数字化转型中教育的后喻特征明显，威权式的目标授课制只能适应传统学校要求，但难以满足未来教育需求和人才智育需求，教育家型校长办学校将真正变成办教育。这导致新一代学习者呼吁教育习得的价值位移：从被动应用到主动选择；从生产导向到需求导向；凸显去中心化（学校、教师）、去权威性、去科层化，追求组织结构扁平化、透明性和广泛参与性。教育数字化转型将通过数字赋能重塑真实精准的教育需求，从而破除异化与镜像，从教育上的"有啥吃啥"到"重塑需求""塑造体验"。其实这就是回归教育初心，是基于客观数据循证（去主观化、去人化）的精准化个体教育服务，是对教育工业化模式的反叛，用数字化转型回归教育手工业时代的技术创新。教育数字化转型要破除学段体制化的教育建构思维，实现教育个性化定制与智能化满足，在非控制性和非压迫式学习环境中实现教育用户体验至上，改变传统教育价值观，实现全过程教育服务，给终身教育带来曙光。

数字化发展包括数字化转换、数字化升级和数字化转型三个阶段，数字化转型是在前两个阶段发展基础上的第三个阶段，具有较为清晰的迭代边界。在教育数字化领域，具有清晰迭代边界的教育数字化发展也由教育数字化转换、教育数字化升级和教育数字化转型三个阶段构成，教育数字化转型的基础是教育数字化转换和教育数字化升级。从狭义上讲，教育数字化转换的核心是教育数据的采集和格式化；教育数字化升级的核心是建立教育流程的数字化；教育数字化转型的核心是通过智慧驱动实现教育模式创新和教育生态重构。但在教育领域，由于相对滞后于其他领域的数字化发展，教育数字化转型在实践中并没有凸显出像其他领域数字化发展一样相对清晰的代际边界，所以当前实践在推进教育数字化转型的过程中，又不得不在包含了前两个阶段的教育数字化发展内容，由智慧教育引领的教育数字化转型又体现为一个同步动态包括教育数字化发展三阶段的过程。相比于其他领域的数字化转型，教育数字化转型尽管存在一般性，但是也有教育领域的特殊性，教育数字化转型任务更加艰巨。

一是从教育数字化转换来看，其实质是利用数字技术将教育信息由模拟格式转化为数字格式的过程。教育不同于物的生产部门，也不同于提供单项服务的服务部门，教育涉及人生命成长周期的方方面面。教育数据又具有多场景、多主体、多维度、多变动、长周期的特征，全方位覆盖学校教育、家庭教育和社会教育，仅学校教育就包括教育、健康、心理、生活等多重维度，在教育二级维度下还包括教、学、管、考、评等多重要素。事实上，教育数字化转型所要求的教育数字化转换对教育数字的要求非常高，不仅要求数据类型全面（教育数据类型包括学生成长数据、教师发展数据、学校治理数据、社区支持数据、家庭支持数据等），而且对数据质量、时效要求也非常高。基于调查问卷、能力测评、实地调查形成的抽样数据多是结果性数据，在数据采集中不仅对相关教育调查对象的干扰性强，只能采集局部数据，人为影响因素强，而且教育数据数字化存在更新上传不及时等问题。教育数字化转型背景下教育数据的采集以伴随式、无感知的教育数据采集为主，无时差的及时数字转换将成为常态，这是教育数字化转型实现教育数据赋能的基石。

二是从教育数字化升级来看，教育不同于企业或组织的数字化升级。企业或组织的数字化升级是在生产要素和生产活动大量数字转换的基础上为谋求整个生产运营管理活动优化、提升而进行的业务流程贯通，通过各种软件平台实现业务流程间的数据流动和业务集成，其本质是将数字技术应用到业务流程中并帮助企业或组织实现管理优化的过程。企业或组织的数字化升级水平可以通过清晰的产品优化生产目标来标准化度量流程，而教育的数字化升级很难通过产品目标度量标准化教育流程，尽管教育数字化升级能够通过各种教育软件和平台辅助实现学业成绩、教育教学和教育管理的工作流程优化，但教育毕竟是以活生生的人为对象的复杂事业，人才培养目标无法标准化和产品化，也不能简单地将单一分数作为固定测量值去框定教育数字流程。促进人健康成长和全面发展的全流程数字化升级充满诸多认知盲区，因此教育数字化升级很难像企业或组织的数字化升级那般。

三是从教育数字化转型来看，企业或组织数字化转型成功的标准是成为数据驱动型的企业或组织，但教育数字化转型绝不应是为了让学校等教育场所都成为数字驱动型场所。教育数字化转型的核心是教育网络化和教育智能化，前者强调人机物的开放互联，实现所有教育场景的动态共享和协同利用，后者强调通过人工智能、深度学习、数字孪生等实现学生、教师、机器的智能交互与赋能，支持全要素、全过程、全场景教育服务的按需精准供给。教育有其自身的教育逻辑，而不是数据驱动的逻辑，教育数字化转型绝不是为了数字化而数字化，更不是为了转型而转型。利用大数据、人工智能等技术，构建网络化、数字化、个性化、终身化的教育体系，实现"人人皆学、处处能学、时时可学"的学习型社会才是目标。人机融合是教育数字化转型成功与否的决定性因素（袁振国，2023），通过智慧导航用数字技术赋能教育，促进教育系统结构、功能、观念、文化发生积极变化，实现教育系统生态化、平台化、智能化发展，促进全社会育人综合能力和水平等核心教育价值的高质量实现。重要的是，教育数字化转型要更加关注教育中的人、技术以及人在技术环境下的教育实践三者之间的关系，推动三者之间从打破平衡到再平衡，通过重构教育业务的流程和学校的组织结构，促进数字化更好地为教育中的人服务（余胜泉，2023）。

三　教育数字化转型催生实践探索

近年来，全球正在加速推进教育数字化转型，各国以及国际组织密集出台相关行动计划，如《2020 年十大 IT 议题——推动数字化转型》（美国）、《数字教育行动计划（2021—2027）》（欧盟）、《数字化战略：共同创造数字价值》（德国）、"教育数字领地"项目（法国）等。2020 年 9 月，联合国教科文组织、国际电信联盟和联合国儿童基金会联合发布了《教育数字化转型：学校联通，学生赋能》，高度关注教育的数字化联通。2021 年 11 月，联合国教科文组织面向全球发布了《共同重新构想我们的未来：一种新的教育社会契约》。2022 年 12 月，世界慕课与在线教育联盟发布了《无限的可能——世界高等教育数字化发展报告》。2023 年 2 月，中华人民共和国教育部和中国联合国教科文组织全国委员会共同举办了主题为"数字变革与教育未来"的世界数字教育大会，围绕数字化转型、数字学习资源开发与应用、师生数字素养提升、教育数字治理等进行深入交流讨论。尽管教育数字化转型在全球总体处于探索起步阶段，但教育数字化转型正在加速推进。

数字化是信息化的升级，数字化转型是信息技术引发的系统性变革（周剑等，2020：2）。教育数字化是教育信息化的时代特征，而教育数字化转型则是教育数字化发展的高级阶段和最新目标。改革开放以来，中国教育数字化发展经历了教育信息化萌芽期（1978～1999 年）、教育信息化建设驱动发展期（2000～2010 年）、教育信息化应用驱动发展期（2011～2017 年）和教育信息化 2.0 新时期（2018 年至今）四个阶段，其中教育信息化 2.0 即以教育信息化全面推动教育现代化，开启智能时代教育（任友群等，

2018）。教育信息化 2.0 的字面意义虽是教育信息化的升级，但实质意义是教育数字化转型。从 2012 年开始，中国政府密集出台相关政策，如《教育信息化十年发展规划（2011—2020 年）》（2012 年 3 月）、《促进大数据发展行动纲要》（2015 年 8 月）、《教育信息化"十三五"规划》（2016 年 6 月）、《新一代人工智能发展规划》（2017 年 7 月）、《高等学校人工智能创新行动计划》（2018 年 4 月）、《教育信息化 2.0 行动计划》（2018 年 4 月）、《关于开展人工智能助推教师队伍建设行动试点工作的通知》（2018 年 8 月）、《中国教育现代化 2035》（2019 年 2 月）、《深化新时代教育评价改革总体方案》（2020 年 10 月）、《关于推进教育新型基础设施建设构建高质量教育支撑体系的指导意见》（2021 年 7 月）、《"十四五"数字经济发展规划》（2022 年 1 月）等，多措并举加强教育数字化建设。

深入实施教育数字化转型，既是世界教育变革与发展的趋势，又是我国建设高质量教育体系的迫切要求（陈云龙、孔娜，2023），教育数字化转型的本质是从技术整合转变为人机融合（蔡连玉等，2023）。基于此，中国主要从三个方面开展教育数字化转型的实践探索。一是推进教育新基建。在已推进完成"宽带网络校校通""数字资源班班通""学习空间人人通"和"教育资源公共服务平台""教育管理公共服务平台"的"三通两平台"建设的基础上，加快网络基础设施建设，如促进 5G + 云网融合、加快教室数字化改造，推进教育终端、数字教材和新型教育资源的融合应用等。二是构建智慧学习生态，在打造集智慧校园云、智慧教室、智慧校园、智慧终端于一体的智慧学习空间的基础上，促进创新教育场景示范应用，加大智慧教育资源及其产品供给，加快教育云平台发展；探索发展基于人工智能的探究式、个性化学习，基于增强现实和虚拟现实等技术的沉浸式、体验式教学，基于 5G 的远端多点协作式教学，深化线上线下教育融合和创新研究；基于知识图谱和学习数据分析智能学习资源推送、自适应学习辅助、个性化学习指导等应用；基于人工智能技术，以关联学科知识图谱为核心脉络，充分运用虚拟现实和增强现实技术的新型课程资源加强数字教材的建设和应用；等等。三是提升教育治理服务能力。依托伴随式数据采集，建立长周期、跨场域、多维度的教育数据，基于数据驱动推进教育治理全方位业务流程梳理优化、升级和再造。

四 教育数字化转型亟待推进以智慧教育为核心的 公共服务体系建设

教育数字化以前所未有的惊人速度真正改变了全人类的传统学习思维和教育实践习惯，从"课堂教学数据的采集与处理""学习过程的评价与反馈"到"家校师生的互动与交流"发生了重大变化，使道德培养、知识传输、技能习得与行为教化的发生模式产生了积极性的根本改变。其主要表现为，在传统教育实践中一直作为临时性、应急性、辅助性的数字教育真正走上教育一线和前台，成为教育的主角。学习者和教育者不得不严肃思考未来人类教育变革的可能性：在教育方式上，从线下实体到线上虚拟；在学习环境上，从学校场所到任意空间；在教育资源上，从固定资源（固定的学科教师、教材等）到流动资源（如人人为师、处处可学）；在教学内容上，从规模预制到个性订制。数字技术迅速在学校教育教学中得到广泛应用，数字教育得到了全民动员与普遍实践，使曾经因心理畏惧、条件约束、技能阻拦等因素而不愿意自主使用在线方式的教育者和学习者普遍深刻体悟到其优越性。当前尽管各界对教育数字化转型存在不同理解，但仍可形成一些基本共识。相较于教育数字化转换、教育数字化升级这两个数字化阶段，教育数字化转型阶段尤其注重通过新技术赋能实现连接、共享和智能化，强调通过智慧导航实现互动、协同、快捷和精准化，通过智慧驱动实现教育模式创新和教育生态重构，以智慧教育引领教育数字化转型。因此，推动教育数字化转型亟待营造智慧教育环境，加快建立以智慧教育为核心的公共服务体系。

教育数字化转型背景下以智慧教育为核心的公共服务体系建设面临四重困难挑战，即如何解决体系定位、如何解决体系衔接、如何解决资源建设、如何解决服务建设。

一是解决体系定位问题。如何在战略层面定位数字化转型背景下从"在线教育"到"智慧教育"公共服务体系的功能和作用？这需要准确定位智慧教育公共服务体系各阶段的战略性总体目标、覆盖范围与各级分类目标，即定位提供的公共性教育服务目标任务、实施范围、提供内容与合理边界。其本质是在全民不断动态更新的多层次、多类型教育需求中，合理定位公共性和市场性、普惠性和营利性之间的关系；合理定位数字虚拟教育世界与物理实体教育之间的关系；合理定位普惠和优先的关系。教育数字化转型的体系定位，一方面要符合我国国情与现实财力，最大限度地保证智慧教育为最大多数人群提供基本公共教育的普惠性，避免浪费和无效；另一方面要重视发挥市场机制作用，以减轻财政资金投入的压力，增强财政支持的可持续性。

二是解决体系衔接问题。其核心是解决未来智慧教育公共服务体系如何在不断扩大智慧产品的基础上与已有的信息化资源建设平台和体系有效衔接，即实现从"在线教育公共教育服务体系"到"智慧教育公共服务体系"的迭代过渡。这需要优先解决体系衔接问题，主要包括组织体系、治理体系、保障体系和评估体系四个子命题。首先，在国家数字化教育资源体系初步形成的基础上，组织体系要建构面向未来、符合国情的智慧教育公共服务体系，合理分配各级各类主体在智慧教育公共服务体系中的职责，实现政府引导、多方参与、校企合作；其次，要建构执行有力、动态有效的智慧教育公共服务治理体系，进一步建立健全有效管理、激励兼容的动力责任和权责关系；再次，要建构权责一致、具备可持续建设能力的智慧教育公共服务体系，综合考虑、合理利用已有政策，形成综合效应，健全包括财政投入、政策支持等方面的综合保障体系；最后，要建构科学评价科学、纠错及时且自生长能力强的智慧教育公共服务评估体系，让建设者成为评价者。

三是解决资源建设问题。国家已初步形成数字化教育资源体系，教育数字化转型有了很好的基础，但也存在一系列问题，如数量多与少、质量高与低、效果好与差、投入浪费与集约并存等多重问题，同时也面临资源建设投入与产出比例不高、有效资源内容匮乏、资源多样性不足、资源库操作缺乏规范等现实问题。因此，解决资源建设问题主要是解决软硬件协同建设两个层面的问题。首先，硬件层面包括基础平台和人力资源两个方面。一方面，在基础平台方面，主要是解决公共服务平台搭建（升级）与深化应用、空间设计与学习环境营造等问题；另一方面，在人力资源方面，主要解决优质线上教师、软件开发师、各级各类管理人才等的培养和建设问题，重视培训与推广。其次，软件层面包括内容、载体、系统三个方面，解决低水平重复建设难题。在内容方面，主要是解决素材类教育资源、网络课程优质在线教育资源开发、应用与可持续性建设等问题；在载体方面，主要是解决软件工具的开发与使用等问题；在系统方面，应基于行为主义心理学、认知心理学理论探索开发智慧教育公共服务体系中的自适应学习系统。

四是解决服务建设问题。其核心是如何解决智慧教育公共服务体系完整性和系统性建设问题；如何最大限度地解决智慧教育公共服务体系智能化和有效性平衡问题；如何解决智慧教育公共服务体系达成共建共享、面向人人且覆盖各级各类教育和更广泛区域问题；如何通过创新，凸显和扩大在线教育的优点，规避缺点，做好面向人人提供优质教育资源的智慧教育服务建设工作；如何解决低水平重复建设问题；如何进一步解决质量与需求不匹配问题；如何解决资源提供与适用性不兼容问题；如何解决信息不交换、不共享问题；如何解决技术标准不统一问题；如何解决质量监控和品质保障问题；如何解决多元主体参与对资源二次加工的问题；如何解决智慧教育普及化与个性化服务兼容问题；等等。需要进一步通过创新，做好面向人人提供优质教育资源的智慧教育服务建设工作，构建良性的、可持续发展的资源开发和服务体制机制。

除传统的组织、资源和动力机制保障外，过去信息资源平台和体系建设存在政府主导、自上而下，缺乏一线学习者和教育者广泛参与的问题。各地存在"一动员就积极参与、一常态就纷纷退场"的运动式建设难题，进而导致公共体系建设存在重体系轻治理、重外在轻内涵、重硬件轻软件、重当下轻长远、重政绩轻口碑等问题。如何真正解决以上顽症，是建构面向未来符合国情的智慧教育公共服务体系需要首先重点考量的。

在中国这样的人口大国实施教育数字化转型，建设智慧教育公共服务体系，一方面要借鉴和吸收国际前沿经验，另一方面要立足中国国情、教情和学情。中国教育数字化转型切忌为了数字化而数字化，更不能为了转型而转型，而是要符合中国教育的历史基础、社会心理、教育规律和文化特征，探索出一条真正符合中国教育的数字化转型之路，以更好地服务于中国教育的改革与发展，培养立足国情、放眼世情、面向未来，脚踏实地服务国家和人民的人才。

参考文献

蔡连玉、金明飞、周跃良，2023，《教育数字化转型的本质：从技术整合到人机融合》，《华东师范大学学报》（教育科学版）第 3 期，第 36～44 页。

陈云龙、孔娜，2023，《我国教育数字化转型的基础、挑战与建议》，《中国教育学刊》第 4 期，第 25～31 页。

点亮智库·中信联数字化转型百问联合工作组编著，2021，《数字化转型百问》（第 1 辑），清华大学出版社。

任友群、冯仰存、郑旭东，2018，《融合创新，智能引领，迎接教育信息化新时代》，《中国电化教育》第 1 期，第 7～14、34 页。

汤彪，2021，《数字化教育：基于大数据和智能化场景应用下的教育转型与实战》，中华工商联合出版社。

西贝尔，托马斯，2021，《认识数字化转型》，毕崇毅译，机械工业出版社。

杨宗凯、王珠珠、赵章靖等，2022，《深入推进教育数字化转型》，《经济日报》9 月 9 日，第 11 版。

余胜泉，2023，《教育数字化转型的关键路径》，《华东师范大学学报》（教育科学版）第 3 期，第 62～71 页。

袁振国，2023，《教育数字化转型：转什么，怎么转》，《华东师范大学学报》（教育科学版）第 3 期，第 1～11 页。

中关村信息技术和实体经济融合发展联盟，2020，《数字化转型 参考架构》，清华大学出版社。

周剑、陈杰、金菊、邱君降、张迪、赵剑男，2020，《数字化转型：架构与方法》，清华大学出版社。

乡村教师"互联网＋教学"胜任力的现状、问题与提升对策

——基于中西部三省的实证调查[*]

赵　丹　易美玲　杨国光^{**}

摘　要："互联网＋教学"是乡村学校拓展优质教育资源、促进教育优质均衡发展的重要路径。其中，乡村教师具备"互联网＋教学"胜任力，是确保教学质量提升的关键。本文基于胜任力理论，采用行为事件访谈法，构建乡村教师"互联网＋教学"胜任力模型，并形成四大胜任特征群，包括"互联网＋教学"知识技术掌握与应用、"互联网＋教学"组织与评价、"互联网＋教学"内驱力、"互联网＋教学"态度与动机。在此基础上，本文基于对中西部三省乡村教师的问卷调查，发现当前乡村教师"互联网＋教学"胜任力仍面临诸多问题，包括"互联网＋教学"内驱力不足，自主探索少；开发教学资源与组织教学能力较差；"互联网＋教学"组织与评价实施力度不够；"互联网＋教学"知识和技术的应用范围有限；等等。由此，本文从完善政策和管理机制、开展针对性培训、强化资源投入与共享、促进乡村教师自主学习和合作学习等方面提出对策建议。

关键词：乡村教师；"互联网＋教学"；胜任力；内驱力

---

* 基金资助：国家自然科学基金面上项目"基于集群发展的乡村小规模学校教育质量提升研究"（项目编号：71874140）；陕西省哲学社会科学重点研究基地项目"乡村振兴背景下乡村小规模学校高质量发展研究"；西安市社会科学规划项目（项目编号：23JY03）。

** 赵丹，陕西师范大学教育学部特聘教授，E-mail：zhaodan821225@163.com；易美玲，通讯作者，武汉大学政治与公共管理学院硕士研究生，E-mail：1034424629@qq.com；杨国光，陕西师范大学教务处研究人员，E-mail：123270643@qq.com。

一　研究的缘起

互联网信息技术的快速发展，使教育资源在世界范围内的跨国、跨地区流动成为常态，改变了人类获取知识的渠道与方式，也带来了教育形式、教学模式以及学习方式的不断变革。信息技术与教学深度融合已成为信息社会向智能社会转型中教育教学发展的必然选择和未来方向。对于教学条件相对较差、优质教育资源短缺的乡村学校而言，教育信息化是补齐乡村教育短板、促进教育优质均衡发展的重要路径。《关于加强新时代乡村教师队伍建设的意见》提出"实施中小学教师信息技术应用能力提升工程2.0""促进信息技术、智能技术与教育教学的深度融合"。《新时代基础教育强师计划》提出"探索人工智能助推教师管理优化、教师教育改革、教育教学方法创新、教育精准帮扶的新路径和新模式"。《教育信息化2.0行动计划》也提出要"大力提升教师信息素养"，促进信息技术与教育教学融合进一步深入、教师信息化教学能力显著提升。由此可见，无论是从现实需求还是从政府的政策导向来看，乡村教师"互联网＋教学"胜任力提升都是亟待关注和解决的问题。

教师胜任力包括教师能力、知识、自我意象、动机以及人格特点等，它能将教学绩效优秀的教师与一般教师区分开来（徐建平、张厚粲，2006）。在乡村学校中，教师"互联网＋教学"胜任力具有独特性，它主要指教师在运用"互联网＋"技术开展教学活动的过程中，应具备的胜任特征的总和。近年来，部分学者针对教师"互联网＋教学"能力和胜任力问题展开研究。在能力结构方面，王卫军（2009）提出，教师信息化教学能力包括信息化教学迁移能力、教学融合能力、教学交往能力、教学评价能力、协作教学能力以及促进学生信息化学习能力。郭春才（2012）提出，教师信息化教学胜任力包括媒介素养、组织素养、学习素养、传媒素养。陈凯泉等（2020）提出，数字化背景下教师教学胜任力体现为知识学习与整合、技术应用、课堂实施能力、情感态度、教学意识和"互联网＋教学"胜任力6个一级指标及27个二级指标等。在现存问题方面，任晓玲和杨丽娜（2017）、史颖（2018）、韩学兵（2019）、赵春凤（2018）指出，"互联网＋"

背景下，乡村教师存在信息意识淡薄，使用信息技术的积极性和主动性差，信息知识匮乏，利用信息技术提升知识水平的主体意识较弱，信息的获取、加工、教学能力差等问题。在解决对策方面，钟秉林和方芳（2016）、赵秋兰等（2019）、孟性菊等（2017）、周珂（2016）、罗江华等（2018）提出，在"互联网+"时代，应通过政策引导、加强培训、构建乡村教师的混合式学习环境、畅通城乡教师之间的沟通渠道、促进"教研修"的一体化改革、建设教育资源平台和管理平台、完善信息化管理制度等提升乡村教师"互联网+教学"能力。总的来说，现有研究主要针对一般教师"互联网+教学"胜任力结构、乡村教师"互联网+教学"能力存在的问题及对策等展开研究。而从胜任力理论视角出发，专门针对乡村教师"互联网+教学"胜任力进行模型构建及实证评价的系统研究仍然较少。为此，本文采用行为事件访谈法，以28名乡村教师开展"互联网+教学"的168个关键事件为样本，系统分析优秀教师与普通教师间的辨别性特征，构建乡村教师"互联网+教学"胜任力模型。同时，我们进一步选取了383名中小学教师进行问卷调查，实证评价其胜任力现状及存在的问题，进一步提出提升乡村教师"互联网+教学"胜任力的对策，以期为促进乡村教育优质均衡发展提供借鉴和启示。

二　乡村教师"互联网+教学"胜任力结构模型构建

本文采用行为事件访谈法构建乡村教师"互联网+教学"胜任力模型。具体步骤为以下三步。

①选择访谈对象。课题组邀请教育学研究人员、中小学校长等组成专家小组，确定调查样本的选择标准，包括：第一，在乡村学校或乡村教学点任教，学校生源为农村学生，民族不限；第二，在教学过程中使用互联网或有"互联网+教学"经验；第三，入选优秀组的乡村教师须为在岗教师，且曾获得县级及以上优秀教师、特级教师、优秀教育工作者、模范教师、教学能手、骨干教师等荣誉或称号。根据上述标准，课题组在中西部3个省份的8个典型县（内蒙古自治区的太仆寺旗、镶黄旗、多伦县、苏尼特左旗，陕西省的安康县、黄陵县，湖南省的长沙县、湘乡县）选取了28名教

师作为行为事件访谈对象，其中优秀教师和普通教师各 14 名。访谈对象的平均教龄为 16.21 年；本科以上学历者 11 名，大专学历者 5 名，大专以下学历者 12 名；男性 9 名，女性 19 名；中学任教者 12 名，小学任教者 16 名；平均年龄为 36.82 岁。

②实施访谈，对胜任特征进行编码。首先，课题组针对乡村教师在"互联网 + 教学"中可能遇到的各种情况，总结并提炼出 8 类教学场景和 11 个探测性问题，形成了教师个案访谈提纲。根据访谈提纲，我们要求受访者描述自己的多个行为片段，找出和描述他们认为工作中最成功和最不成功的事例，并详细报告每件事发生的情形，包括当时的感受、思想、行动、情感以及结果等多项信息，访谈过程持续 40～60 分钟，结束后我们将访谈内容整理成文本并将其编号。其次，结合主题文献和基本胜任特征编码词典提炼出乡村教师"互联网 + 教学"胜任力词典，内容包括职业认同、奉献精神、技术应用动机、自信心、创新性、自我评估、自我效能感、课堂教学管理、课后指导学生、评价学生学习效果、"互联网 + 教学"设计、课前导学、线上学习内容传递、创新型课堂教学模式应用、师生互动、个性化教学、理论与技术掌握、专业知识掌握、技术应用、在线教学资源获取与应用 20 项胜任特征。这些特征均作为访谈文本编码和评估的基本依据。随后，两名编码者独立阅读访谈内容文本，根据重要性原则，选择最能反映乡村教师"互联网 + 教学"胜任力的胜任素质，并对其进行分类编码以及等级认定。统计指标有文本字数、胜任特征频次、总频次、等级分、平均等级分和最高等级分。

③建立胜任力模型。根据优秀教师与普通教师胜任力平均等级分、最高等级分、频次的 t 检验结果等数据，我们提炼出 10 项基准性胜任特征和 10 项鉴别性胜任特征。在此基础上，依据冰山理论，本文对标准化后的平均等级分和最高等级分分别进行聚类分析，将上述模型中的 20 项特征划分为四大胜任特征群。其一，"互联网 + 教学"知识技术掌握与应用，指教师对所授学科以及互联网教学知识的掌握能力、设备的使用水平以及结合课堂对网络信息资源的整合重组能力。其二，"互联网 + 教学"组织与评价，指教师在"互联网 + 教学"课前、课中、课后三个教学环节中，能运用互联网知识与技术，开展教学设计、内容传递、互动交流、指导和评价等一系列教学活动的能力。这两大胜任特征群皆为冰山以上部分，是表层胜任

力特征，属于容易培养和发展的能力。其三，"互联网＋教学"内驱力，指希望提高自身"互联网＋教学"水平，且为达到这一目标付出努力的意愿。其四，"互联网＋教学"态度与动机，指运用"互联网＋教学"的意愿以及对其意义的深层次理解。这两大胜任特征群为冰山以下部分，是深层次特征，属于相对稳定的核心人格特质，是决定教师"互联网＋教学"行为的关键性因素（见图1）。该模型也是本文实证评价乡村教师"互联网＋教学"胜任力的基础框架。

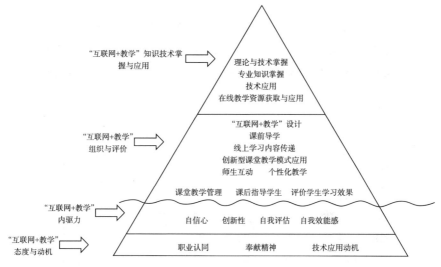

图1 基于冰山理论的乡村教师"互联网＋教学"胜任力模型

三　乡村教师"互联网＋教学"胜任力的现状及问题

（一）乡村教师"互联网＋教学"胜任力现状

1. 胜任力整体水平较高，但不同维度胜任力水平不均衡

乡村教师"互联网＋教学"各维度胜任力水平均值都超过了平均值2.5；最高的表现水平均值是4.16（"互联网＋教学"态度与动机），最低的表现水平均值是3.92（"互联网＋教学"内驱力）。这表明"互联网＋"

时代乡村教师的"互联网＋教学"胜任力表现处于中等偏上水平。这得益于近几年各级教育管理部门重视信息技术与教育教学相融合、注重乡村教师教学能力提升的政策支持。访谈中有教师（语文教师，小学三年级，从教18年）谈道："近年来，随着教育信息化相关政策的出台和国家的重视，我自己利用互联网进行教学的能力有所加强。我尝试探索钉钉软件的教学功能，在钉钉上能清楚地看到完成作业和未完成作业的学生情况，这比在班里拿统计表喊来喊去要好一些。所以我一直使用钉钉布置朗读作业，平台能够直接显示出哪些学生完成了朗读作业、哪些学生没有完成，这能够节省我很多时间。"但同时，我们也看到，乡村教师"互联网＋教学"各维度得分均值存在不平衡问题，如"互联网＋教学"态度与动机、知识技术掌握与应用维度得分较高，而其内驱力、组织与评价能力得分较低（见图2）。

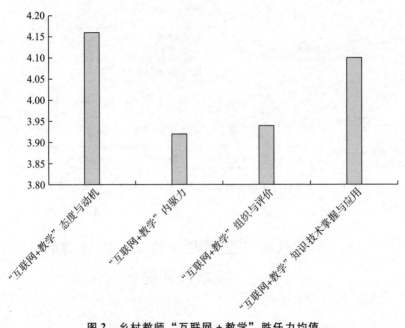

图2　乡村教师"互联网＋教学"胜任力均值

2. 对"互联网＋教学"的态度比较积极

多数乡村教师对"互联网＋教学"持积极态度。样本群体中有67.40%的教师认为"'互联网＋教学'能够为学生提供优质教学资源、拓宽学生的视野"，72.16%的教师相信"互联网技术能够有效地促进乡村教育变革"，79.35%的教师认为"互联网技术能够提升教学绩效"（见图3）。这说明，多数教师在教学中体验到"互联网＋教学"的价值功能，并对其表示认同。访谈中有教师（英语教师，小学五年级，从教12年）谈道："互联网对我的教学帮助很大，教师网上面有很多优质课，能帮助我充实教学内容，提高课堂实效，尤其是参加一些教学比赛的时候让我更是得心应手。我经常让学生在预习的时候看朗读小课堂，还会选取安娜少儿英语里面的动画片，给学生布置家庭作业或者拓展他们的知识面。"还有教师（数学教师，小学六年级，从教16年）谈道："在城市里生活的孩子见识面广一点，他们能够早早地接触商场、超市、游乐园、博物馆等地方；农村的孩子生活环境比较单一，阅历比较浅、知识面比较窄，好在现在有互联网，能拓宽孩子们的视野。"由此可见，随着互联网技术的发展，多数教师尤其是年轻教师认同"互联网＋教学"的价值，他们愿意在教育教学过程中运用互联网技术，也努力促使其发挥出提升教学效果的作用。

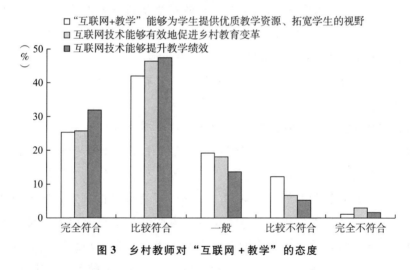

图3　乡村教师对"互联网＋教学"的态度

3. 具备"互联网＋"技术知识并能够使用网络工具

当前，广大乡村教师已经具备利用互联网技术开展教学的知识与能力。调查发现，91.43%的教师表示自己基本具备并掌握"互联网＋教学"的技术及相关知识；90.31%的教师表示经常使用搜索引擎查找教学资源。访谈中有教师（数学教师，小学二年级，从教5年）谈道："学校给我们配备了与教材对应的电子课本和备课资源，我会选择合适的资源用到PPT中，教学中使用希沃白板或投影仪播放PPT。现在每个班级都有网，但有时信号不太好。"另一名教师（英语教师，小学四年级，从教 18 年）谈道："我会通过百度文库、21 世纪教育网、绿圃网等网站查找教学资料，还有一些微信公众号如安娜少儿英语、朗读小课堂、空中课堂等，我们也能够很熟练地将公众号资源引入教学。"还有教师（美术教师，小学四年级，从教 4 年）谈道："多数年轻老师能熟练使用 PPT，我会运用 photoshop、flash 等制作小动画用于作品展示等，还会通过小影、抖音进行剪辑，为学生呈现一些不同的教学内容，激发学生的学习兴趣。"

（二）乡村教师"互联网＋教学"胜任力存在的问题

1. "互联网＋教学"内驱力不足，自主探索较少

尽管多数教师已认识到互联网技术对教育教学的促进作用，但他们在应用"互联网＋教学"的实践中多表现为被动接受。一般来说，很多老师应用"互联网＋教学"的动力主要来自政策规定或学校教研、公开课等方面的要求，他们主动探索的意识和行为仍显不足。问卷调查发现，只有不到半数的教师主动改进"互联网＋教学"模式和内容、积极参加"互联网＋教学"培训、主动学习新技术、主动参加"互联网＋教学"比赛。访谈中有教师（数学教师，小学五年级，从教 21 年）谈道："虽然我会下载网络资源，但并不熟练，平时课堂上用的还是比较少，我们只有在公开课、校领导听课或是校内基本功竞赛听课时会系统使用。年轻老师们能够掌握 Word、PPT 等基础软件，但年龄较大的老师使用软件的种类比较单一且不够熟练。学校对教师开展'互联网＋教学'没有硬性的规定，老师们会根据自己的需要选择性使用，但对于比较前沿的新技术普遍应用不足且不会主动去摸索。特别是年龄较大的老师不愿接受新事物，甚至比较排斥'互联网＋教学'。"还有教师（英语教师，小学二年级，从教 5 年）谈道："愿意参加'互联网＋教学'技能比赛的基本上是这几年新入校的老师，因为需要积累比赛经验为提升职称或者调去镇里、县里更好的学校做准备。在比赛中，青年老师能够得到专家的专业评价和指导，能够收获知识，但在平时的教学中，老师们普遍工作任务比较重，没有时间也没有动力主动探索'互联网＋教学'模式的应用。"

2. 开发教学资源与组织教学能力较差

首先，教师利用互联网技术自主开发教学资源的能力较为欠缺。问卷

调查发现，仅有 42.75% 的教师表示会"利用互联网技术探索开发网络教学资源并创新教学模式"，但有 19.62% 的教师表示自己很少甚至从来没有进行过此类尝试。其次，教师利用互联网技术组织教学的能力有待提高。仅有 28.7% 的教师表示会"利用互联网技术对学生进行个别辅导"，但有 27.62% 的教师较少利用技术手段和数字资源对学生进行个别辅导，甚至有 9.39% 的教师从未进行过此方面的尝试；仅有 13.24% 的教师"通过设计在线活动帮助学生开拓创新思维"，但有 31.7% 的教师表示从来没有或很少设计在线活动帮助学生拓展思维（见图 4）。访谈中有教师（数学教师，小学六年级，从教 17 年）谈道："我在用课件讲授六年级分数除法的时候，要讲意义、法则、判断等内容、加上练习等环节，设计了许多张课件，课后学生说课件较多，像看电影一样记不住。花了大量的时间设计这些课件但是没效果，所以我感觉在数学课堂上传统方式还是更加靠谱。"由此可见，教师在利用"互联网＋教学"技术开发教学资源、创新教学模式、针对学生进行个别辅导、拓展学生思维等方面的能力有待提升，他们在教学实践中面对不同的教学内容、不同的场景、学生的差异化需求等，灵活且有效应用"互联网＋教学"技术的能力亟待提升。

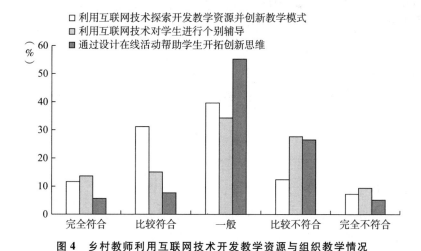

图 4　乡村教师利用互联网技术开发教学资源与组织教学情况

3. "互联网＋教学"组织与评价实施力度不够

当前，乡村教师应用互联网技术进行教学组织及评价的具体实施还不够充分。问卷调查发现，仅有 54.03% 的教师"经常与学生一起使用互联网技术进行教学";43.82% 的教师会 "帮助学生运用互联网技术获得解决问题的技能";46.58% 的教师 "经常使用互联网技术创新评价或考核方式";47.34% 的教师会对数字资源进行整合;44.19% 的教师会 "制作数字资源帮助学生进行课程学习"。而在上述教学组织与评价实施各项问题中,反馈"比较符合和非常不符合"的教师比例均超过 10%,仍有 22.04% 的教师表示从来没有或很少使用互联网技术创新评价或考核方式,23.24% 的教师表示从来没有或很少制作数字资源帮助学生进行课程学习(见表1)。这说明,仍有相当数量的教师在教学组织与评价实施活动中对 "互联网 + 教学" 技术的应用不足。

表1　"互联网 + 教学" 教学组织与评价实施情况

单位:%

题目	完全符合	比较符合	一般	比较不符合	完全不符合
经常与学生一起使用互联网信息技术进行教学	17.38	36.65	31.51	12.55	1.91
会帮助学生运用互联网信息技术获得解决问题的技能	14.81	29.01	39.29	14.21	2.68
经常使用互联网信息技术创新评价或考核方式	13.46	33.12	31.38	19.09	2.95
在进行课程设计的过程中会对数字资源进行整合	17.23	30.11	36.48	10.39	5.79
会制作数字资源帮助学生进行课程学习	17.31	26.88	32.57	21.53	1.71

在访谈中,有教师(英语教师,小学六年级,从教32年)谈道:"学校资源主要是基础性的,我们在备课过程中都会有自己的思路,所以常常会在网上找一些有用的资源,然后再根据我们自己的需要把它们综合在一起,应用到课堂教学中。我没有自己尝试过制作视频音频。学校里有个别老师录制自己的微课,但都是年轻老师为了参加比赛用的,平时也不会特地这样做。"其他受访教师也表示,虽然能够运用互联网技术开展教学,但一般是在确定了教学内容、安排好教学环节之后,才去考虑如何将互联网

技术融入其中，并非在整体教学设计中融入互联网技术。因此，乡村教师"互联网＋教学"组织能力整体水平还不高，多数教师都是将已有的互联网资源直接"拿来"用于教学，而不能自主制作课件和设计在线教学活动，特别是对个别教学和小组教学探索的力度还不够，教学策略应用也不充分。

4．"互联网＋教学"知识和技术的应用范围有限

当前，乡村教师"互联网＋教学"的应用范围还比较狭窄，一般局限于自己任教的班级以及自己所在学校的教师群体。问卷调查发现，77.36%的教师"经常使用网络社交工具与授课班级学生进行交流"，61.16%的教师"经常使用网络社交工具与本校同事进行学习或专业方面的交流"，但分别仅有33.04%和26.67%的教师会利用在线交流工具与其他学校同事或组织学生与外校学生进行交流学习（见表2）。在访谈中，一名教师（数学教师，小学一、三年级，从教10年）谈道："我课后与学生或者家长联系的方式一般就是打电话和发微信这两种。我会把教学重点专门发给班级的后进生，遇到考试考得不理想的学生，我也会给他妈妈打电话，看他哪里没听懂，我再在微信里面简单给他讲一遍。其他的方式倒是没用过。"在教师备课方面，有教师（语文教师，小学五年级，从教18年）谈道："备课我们都是各自备各自的，每年的集体备课是一学期一次，那个时候大家也是面对面，也没有用网络。"由此可见，教师一般使用网络通信工具与自己的学生、同事进行交流互动，使用范围仍然比较窄。

表2　"互联网＋教学"知识和技术应用范围

单位：%

题目	完全符合	比较符合	一般	比较不符合	完全不符合
经常使用网络社交工具与授课班级学生进行交流	30.23	47.13	18.21	3.89	0.54
经常使用网络社交工具与本校同事进行学习或专业方面的交流	19.77	41.39	21.76	11.23	5.85
利用在线交流工具与其他学校同事进行交流学习	11.21	21.83	39.37	21.98	5.61
利用在线交流工具组织学生与外校学生进行交流学习	11.55	15.12	22.09	35.67	15.57

四 提升乡村教师"互联网+教学"胜任力的对策建议

（一）完善政策和管理机制，为提升乡村教师"互联网+教学"胜任力提供支持

首先，建议各省级政府做好顶层设计，立足国家宏观层面的教育信息化政策，制定完善省内教育信息化发展规划、教师"互联网+教学"能力提升行动计划等，要特别注意对师资力量薄弱的乡村学校给予倾斜。同时，各市、县（区）和学校应组织编制本地区教育信息化发展规划、乡村教师"互联网+教学"能力提升计划及实施方案等，并负责层层落实到位。其次，建议各级政府在标准规范上下功夫，充分吸纳教育技术专家、教育学专家、一线校长、教师等的建议，制定符合本地区实际的乡村教师"互联网+教学"能力标准，构建系统完善的监测和评价体系，内容涵盖"互联网+教学"知识技术的掌握与应用、"互联网+教学"组织与评价、"互联网+教学"内驱力、"互联网+教学"态度与动机等各个维度，为当地乡村教师提升教学能力提供指引。最后，完善协同治理机制和督导机制。在推进乡村教师"互联网+教学"胜任力提升政策的过程中，应以教育行政部门为主导、以乡村学校及教师为主体、以信息技术为支撑，建立协同治理机制并促使各主体发挥积极作用。同时，完善督导机制，建议各地区开展专项督导，强化对项目实施进度和质量的动态监控和绩效考核，将乡村教师"互联网+教学"能力提升相关内容纳入年度对县（市、区）党政领导干部履行教育职责督导考核。

（二）开展针对性培训，持续提升乡村教师"互联网+教学"胜任力

首先，教育管理部门应结合"互联网+教学"知识技术掌握与应用、"互联网+教学"组织与评价、"互联网+教学"内驱力、"互联网+教学"态度与动机等各维度能力的具体内涵，通过制定评价指标体系监测本地区乡村教师"互联网+教学"胜任力水平，进而提供适用于不同类型教师的

针对性培训方案。例如，对于普通教师，应注重提升其"互联网＋教学"理论知识水平、教学工具使用技巧、教学技术与课程内容融合能力以及教学设计能力。对于优秀教师，应指导其提升建设网络教学资源库、创新"互联网＋教学"模式等更高层次的教学能力。其次，在培训方式方面，将固定场所培训、在线研修、线下学习交流等多种方式进行融合。一方面为乡村教师提供线下跨校、跨区域的学习机会，通过理论研修、专题研讨、教学竞赛、教学观摩、校本教研、总结反思等途径，在学习交流中形成专业学习与研修共同体，使其深入理解"互联网＋教学"的理论知识，并能够应用于教学实践；另一方面，开发并利用省市级在线培训资源，促使乡村教师学习如何应用在线资源平台、开展微课慕课教学等知识，进而提升其教学创新能力。

（三）强化资源投入与共享，为乡村教师"互联网＋教学"胜任力提升提供保障

各级政府应以教育优质均衡发展为目标，聚焦乡村教育短板问题——乡村教师教学能力提升，特别是在信息化背景下提升其"互联网＋教学"能力，以最大限度地惠及偏远地区乡村儿童。其一，建议中央财政逐步提高乡村学校生均公用经费水平，支持乡村学校教育信息化设备的日常运行维护和数字教育资源与服务的采购；进一步加大转移支付力度，增加教育信息化专项经费拨款，支持乡村义务教育薄弱环节改善、加强乡村教师"互联网＋教学"能力培训；同时，强化省级财政统筹，以及省、市、县和学校在信息化项目建设、乡村教师"互联网＋教学"能力提升项目中的财政责任。建议省级财政进一步加大投入力度，承担信息化平台基础环境、管理平台业务应用系统、在线课堂项目等建设资金；市、县财政承担信息化设备及资源应用等方面所需资金；学校承担信息化设备日常运行维护资金。例如，安徽省在2017～2019年投入教育信息化资金53亿元，其中70%的资金用于农村中小学；省级财政拨付1.5个多亿专款用于在线课堂教学应用，实现教学点全覆盖，促进了全省教育的优质均衡。其二，加大力度建设乡村学校信息化资源基础设施，包括互联网接入、教育云平台、在线互动教室、数字校园建设等，并配备充足的教学一体机、电子白板、投影仪、麦克风、摄像头等，满足乡村教师"互联网＋教学"需求和学生个性化学习

需求。其三，促进数字教育资源开放共享，建议政府、企业、公益组织等多元群体合作建设数字教育资源公共服务平台，包括各学科课程、课后服务、教师研修、家庭教育、教改经验、教材等多板块内容，逐步形成"企业竞争提供、政府评估准入、学校自主选择"的资源建设与共享机制，为乡村教师"互联网＋教学"提供更丰富、优质的教学资源。

（四）促进乡村教师自主学习和合作学习，改进"互联网＋教学"微观策略

首先，地方教育行政部门和乡村学校应为乡村教师创设条件，促进教师在"互联网＋教学"实践中强化自主学习，引导教师对照"互联网＋教学"知识技术掌握与应用、"互联网＋教学"组织与评价、"互联网＋教学"内驱力、"互联网＋教学"态度与动机等多维度特征及其行为描述，分析并诊断自身教学能力水平，从而制定提升教学能力的长短期规划，通过参与培训、自主阅读、探索并实践"互联网＋教学"创新模式、参与教学研讨等多种形式，开展自主学习活动，持续提升"互联网＋教学"能力。其次，地方教育行政部门、乡村学校等应积极促进乡村教师开展合作学习，充分利用"专递课堂、名师课堂、名校网络课堂"三个课堂，在授课过程中组建网络研修共同体，通过开展教学比赛、出版案例集、召开现场会、举办应用展示活动等方式，促进优秀教师带动普通教师水平提升，使优质资源得到更大范围的共享，提升乡村教师"互联网＋教学"能力。最后，在学习的基础上，地方教育行政部门、乡村学校等应促进乡村教师探索"互联网＋教学"模式创新、深入探究信息化赋能课堂教学的改进策略。例如，课前根据学生学情报告进行智能备课、在线编辑基于知识图谱的学习资源、开展共同体协同备课；课中即时测试、动态监控本地和远程学生的知识掌握情况，调整教学节奏；课后进行个性化的作业布置、智能批阅试卷等教学评价活动。

参考文献

陈凯泉、沙俊宏、郑湛飞、姜永玲，2020，《智能时代教师教学胜任力的特质与操作模型——对抗疫时期在线教学的思考》，《教师教育论坛》第 4 期。

郭春才，2012，《信息化教育环境下教师胜任力研究》，《中国远程教育》第 9 期。

韩学兵，2019，《"互联网＋教育"助力乡村学校师资均衡发展路径探索——以邯郸武安市为例》，《教育信息技术》第 5 期。

罗江华、王静贤、周文君，2018，《乡村教师参与网络研修：条件、问题及调整策略》，《教育研究》第 10 期。

孟性菊、刘军、王洪梅，2017，《"互联网＋"乡村教师专业发展应用模式研究》，《软件导刊》（教育技术）第 4 期。

任晓玲、杨丽娜，2017，《学校布局调整背景下农村小学教师胜任力水平研究——基于中部 T 省的调查分析》，《通化师范学院学报》第 1 期。

史颖，2018，《基于"互联网＋"的乡村教师信息素养培养研究》，《西部素质教育》第 5 期。

王卫军，2009，《教师信息化教学能力发展研究》，博士学位论文，西北师范大学。

徐建平、张厚粲，2006，《中小学教师胜任力模型：一项行为事件访谈研究》，《教育研究》第 1 期。

赵春凤，2018，《"互联网＋"时代乡村教师角色的定位与转换》，《福建广播电视大学学报》第 4 期。

赵秋兰、彭燕梅、黄振刚、覃永文，2019，《"互联网＋"环境下乡村教师的教学困境与对策》，《创新创业理论研究与实践》第 4 期。

钟秉林、方芳，2016，《"互联网＋"背景下的教学改革》，《教育与职业》第 19 期。

周珂，2016，《"互联网＋"：乡村教师专业发展的新路径》，《鸡西大学学报》第 9 期。

数字支教赋能乡村教育振兴：特征、问题与推进策略

辛雨轩　罗　阳*

摘　要：开展数字支教是推进乡村教育振兴的重要途径。为实现数字支教赋能乡村教育振兴，首先需要明确数字支教的内涵，认识到数字支教能推动乡村振兴与教育数字化战略相结合。数字支教呈现四重内在特征，同时，当前数字支教存在参与主体的数字素养有待提升、数字技术与教学表象式融合、数字课程资源相对匮乏、数字治理模式尚未成熟等问题。本文从打造数字支教生态圈的角度提出数字支教赋能乡村教育振兴的推进策略，以期为实现数字支教赋能乡村教育振兴提供理论参考。

关键词：数字支教；乡村教育振兴；数字化转型；基础教育

一　问题的提出

党的二十大报告提出"全面建设社会主义现代化国家，最艰巨最繁重的任务仍然在农村"。为了进一步巩固拓展教育脱贫攻坚成果，有效衔接乡村振兴战略，2021 年，教育部等四部门在《关于实现巩固拓展教育脱贫攻坚成果同乡村振兴有效衔接的意见》中指出，要建立对口帮扶工作机制，

---

* 辛雨轩，陕西师范大学教育学部硕士研究生，主要从事教育基本理论、教育数字化研究，E-mail：1099125247@ qq. com；罗阳，陕西师范大学教育学部助理研究员，主要从事教育社会学、教育政策与法规研究，E-mail：yluo@ snnu. edu. cn。

继续推进高校定点帮扶工作，持续实施高校对口支援工作，继续实施系列教师支教计划。随着教育数字化转型的发展，2021 年、2022 年，我国先后印发《数字乡村建设指南 1.0》《数字乡村发展行动计划（2022—2025年)》，强调要推进乡村教育信息化发展，帮助乡村地区学校师生实现优质教育资源共享。在上述政策背景下，数字支教赋能乡村教育振兴的重要性不断凸显，部分高校已经开始进行试点和探索，试图借助数字化技术、数字平台与教育资源弥合城乡教育之间的数字鸿沟，以赋能乡村教育，推进乡村振兴战略实施。

数字化赋能乡村教育振兴已经成为学界高度关注的学术议题。已有研究指出，智能技术作为乡村教育高质量发展的重要驱动力，能够为乡村教育教学赋智（彭泽平、邹南芳，2023）。教育领域新基建给乡村教育系统带来了创新和变革（罗江华、王琳，2023），不断升级改造数字化基础设施、稳步提升数字教育资源供给能力、推行数字技术支持的教育教学创新（祝智庭、胡姣，2022）。在培养乡村教师方面，我国通过建立网络研修共同体提升教师群体的整体教学能力和水平（曹宇星等，2023）。针对乡村地区艺术教师短缺的现状，我国尝试积极推动"互联网＋"艺术支教在西北民族地区的科学普及、有效推广与可持续发展（王玉芳，2023）。然而，当前乡村教育发展面临因信息化水平较低而形成新的质量发展瓶颈和教育不公平问题。我国东部与中西部青少年的数字素养差距明显，亟须提升青少年数字素养水平（李晓静等，2023）。传统线上的双师课堂教师角色分裂，使原有一维教学关系走向二维（张靖、郑新，2022）。此外，高校教育帮扶面临多元主体缺位、单向思维固化、实施措施粗放等困境（任一娇，2023）。因此，当前城乡教育发展的数字鸿沟亟待弥合，应依托外部的数字化教育资源供给开展有效帮扶，带动乡村教育内涵式质量提升。

为响应国家乡村振兴战略号召，部分高校尝试开展数字支教工作，与乡村地区的学校联合发起数字支教活动，以充分发挥数字资源优势，促进教育公平。数字支教，即教学主体（包括大学生志愿者、高校教师、中小学教师等）使用数字化、信息化手段与乡村地区的学校相互配合，共同开展教学工作。数字支教是基于前期对支教地的需求调研进行数字课程开发、志愿者招募与管理，形成支教课程的实施、总结与反馈的支教模式。数字支教赋能下的乡村教育是一种实地支教和网络支教相结合的混合式支教模式，师范生的网络支教在本地教师的协助下形成虚实结合的学习空间。

总体来看，现有研究更多探讨数字技术给乡村教育带来的变化，而较少从数字支教的视角探讨赋能乡村教育振兴的特征与推进策略。未来，随着数字支教定向帮扶乡村学校的稳步推进，我国区域、城乡、校际的数字鸿沟将会逐渐弥合（彭泽平、邹南芳，2023）。如何把握教育数字化转型的发展机会，推进乡村振兴与教育数字化战略相结合，借助数字支教为乡村教育振兴提供强大动能，亟须得到关注。因此，本文借鉴教育数字化转型赋能教育服务供给生态系统模型（郭绍青、华晓雨，2023），从数字支教赋能乡村教育振兴的四重内在特征出发，阐述数字支教实施遇到的问题并提出有针对性的推进策略，为实现数字支教赋能乡村教育振兴提供理论参考。

二　数字支教赋能乡村教育振兴的内在特征

高校依托数字支教开展教育帮扶有助于巩固拓展脱贫成果、接续乡村振兴（任一娇，2023），具有鲜明的内在特征。数字支教赋能乡村教育振兴由乡村学校、高校与企业共同参与，其依托自身提供的教师人才、数字技术、课程资源、治理能力等要素，聚焦乡村学校师生数字素养，兼顾网络可靠性、平台匹配性、形式多样性，注重课程的乡村特色、开放性、互动性，体现支教创新性、示范性、系统性，形成数字支教教育帮扶的作用机制，取得乡村教育振兴的成效（见图1）。

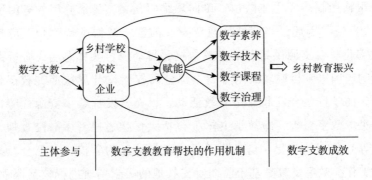

图1　数字支教赋能乡村教育振兴的运行模式

（一）参与主体：聚焦师生数字素养

对于教师群体而言，在数字支教过程中，教师数字素养的提升能够有效增强教师教育教学能力，实现自身及共同体的专业发展。遵循 2022 年我国教育部公布的《教师数字素养》教育行业标准，一方面，数字支教开辟了乡村教师提升数字素养的新途径，通过线上集体备课，教师有意识地将数字技术资源应用于数字支教的教学过程，产生创新性的教学模式、教学方法等，进而促使其主动融合数字技术与数字教学，开展教育教学实践活动。另一方面，面对数字支教实践遇到的挑战，教师群体坚持开展实践探索，发挥与其他教师交流的主动性，充分利用高校、企业提供的资源进行持续性学习，提升数字支教教学参与度。乡村教师与高校师范生志愿者互相促进，有效解决了教师的结构性短缺问题，提升了教师利用数字技术的水平（胡小勇等，2023），拓展了教师自我提升的渠道。

对于学生群体而言，学生数字素养在数字支教实施过程中得到有效提升。志愿者在教学中关注学生的数字意识、数字思维、数字能力以及数字伦理等方面的发展。一方面，依托数字支教平台丰富的知识呈现方式，学生的想象力、创造力得到充分发挥；另一方面，学生在教师精心设计的特色实践项目中主动发展数字素养。例如，学生在信息技术课堂学习图形化编程，在数字支教平台的创意实验室中让"小柴运动"，涉及移动指令、翻转指令等，这就培养了学生分步骤解决问题的能力。

对于管理者而言，数字化领导力的提升是数字支教的助推器。数字支教管理者包括专家教授科研团队、学校行政组织团队和帮扶县教育部门等，其中科研团队凭借深厚的理论基础和丰富的实践经验为数字支教提供指引。数字支教管理者利用广泛的社会关系资源进行协调沟通，管理者本着求真务实的精神，集思广益，群策群力，共同致力于数字支教赋能乡村教育振兴的发展。管理者的数字化领导力作为数字支教项目运行的关键能力，在实施过程中充分发挥技术育人的主体性价值，实现对传统支教活动的超越。

（二）数字技术：兼顾网络可靠性、平台匹配性、形式多样性

第一，网络基建的不断迭代为数字支教提供了新的动能。以 5G、F5G（第五代固定网络）、Wi–Fi 6、AIoT（人工智能物联网）为代表的新型网

络基础设施推动万物智能互联，有助于打破"信息孤岛"（罗江华、王琳，2023）。通过音频、视频、数据、信令实现对信息的存储、加工和传输，为支教服务参与主体的视音频交互、在线协作、文件互传提供支持，使数字支教依托网络基建设施得以开展。此外，技术人员还及时跟进调试设备，提供技术保障，为数字支教的顺利进行保驾护航。

第二，支教平台的持续搭建使数字支教迈入新阶段。乡村教师和支教志愿者在参与支教的过程中，以国家智慧教育平台为依托，以腾讯扣叮、腾讯 SSV 数字支教平台为媒介，呈现数字化的生动课堂。基于数字平台释放的海量数据价值促使教师和管理者的行动决策更加精确、适切。志愿者不仅能通过支教平台高效地将知识传递给学生，还能对平台捕捉的信息进行获取与分析，在教学与研学反思中更新教师的知识结构，推动技术人才的发展。

第三，教学技术的不断创新满足了数字支教的新需求。数字支教通过平台生动呈现教学内容，教学语言涵盖口头语言、书面语言、屏幕语言，将文字、图像、音频、视频、动画等生动形象的学习资源有机地融为一体，增强学习内容的理解性、趣味性，借助支教平台提供的交互功能、混合功能、游戏功能，增强志愿者教师与学生的可交互性，使学习效率大幅度提升，从而缩短了学习时间。此外，数字支教还通过实施大班课、小班课、个别化教学与混合教学四种教学组织形式，实现技术赋能人的个性化发展。

（三）数字课程：注重课程的乡村特色、开放性、互动性

一是数字支教呈现乡村特色的数字课程，关注乡村学生原有的知识基础。在数字支教过程中，志愿者教师充分利用乡村学校特有的丰富自然资源、生产资源、社区资源，发现乡村学校的在地课程资源，并将其转化为具有乡村特色的数字课程。课程聚焦乡村学生真实生活情境，选取并建构跨学科的内容主题或主题群（刘宝存、顾高燕，2023）。例如，美术课"吹塑纸板拓印画"一节中，教师在展示吹塑纸板花造型时采用向日葵的造型，贴近学生的生活，自我创作时学生们可选取乡村生活中常见的蝴蝶、植物，这样就可以培养学生发现美、创造美的能力。数字支教通过打造具有乡村特色的支教课程，拉近与学生之间的距离，提高数字支教的教学效果。

二是数字支教提供丰富开放的优势课程，激发乡村学生的创造力。一

方面，高校基于自身的专业特色在支教中发挥学科优势，通过动画演示、案例分析等方式拓宽学生的知识面，提高学生的综合素质。另一方面，针对乡村学校学科发展失衡的现象，数字支教可以弥补乡村学校艺术课程发展滞后的缺陷，进而实现乡村学生全面而自由的发展。信息技术学科的支教将人工智能与 STEAM 教育结合起来，音乐教育的支教发挥区域特色，如地方民歌教学，鼓励学生们开展音乐舞蹈表演实践等。此外，数字支教结合国家智慧教育平台与各高校提供的优质资源，赋予学生创造力，实现平台资源边界的拓展（袁振国，2023）。例如，信息技术学科的课程设置遵循学生思维发展特性，从"进入信息社会"，初识信息社会与人的关系，到"开始自主在线学习"，学习使用信息平台，再到"体验编程的乐趣"，通过图形化编程提升思考问题的能力，最后"课堂小结"用 PPT 分享在线学习过程与体会，为学生提供展示和表达自我的舞台。

三是数字支教构建师生教与学的互动课程体系，以数字技术为支撑彰显个性化学习。数字支教依托支教平台精准匹配适合乡村学生学习风格的教学资源，分析课堂学习行为，对学习路径进行模式识别，在师生教与学的互动中实现教师培养和学生发展。基于师生主体间性的教学互动，主体间的师生都既是主体又互为他者（郝文武，2019），这不仅体现了师生平等，而且增强了师生的主体性。在支教课堂上设置作品展示环节，既体现了师生互动，又展现了学生间的交流，进而形成良好的课堂氛围，促进了课堂知识向成果的转化。在数字支教课堂上，乡村学生的个性化学习成为可能，线上支教的教师从整体上把控教学进度和内容，当地教师可以在学生中间答疑解惑，关照到班上的每名同学。课程设置也根据任务的难度分成不同的"关卡"，学生们既有合作机会也有独立思考的空间，他们可依据自身的理解能力，自主选择不同难度的任务与完成方式。

（四）数字治理：体现支教创新性、示范性、系统性

数字支教赋能乡村教育振兴作为一个系统性项目，蕴含着多元主体的参与（见图2），主要涉及乡村学校、高校和企业三大主体，充分发挥数字支教的协同效应。学生与教师在支教平台中完成教与学的过程，并向企业反馈平台使用情况，企业则提供必要的技术帮助。高校负责组建志愿团队并向帮扶的乡村学校开展支教教学，高校依托数字支教项目培养师范生的

学科教学能力，提升高校育人质量。基于此，三方主体的有效协同能为数字支教的发展提供强大动能。

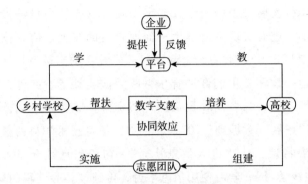

图 2　数字支教参与主体交互过程

第一，数字支教创新高校参与教育帮扶的新机制。一方面，数字支教根据帮扶学校及学生的实际需求提供一对一、一对多、多对多等形式各样的支教服务，探索应用数字化资源教育教学的有效形式，突破高校向帮扶县提供教育资源的时间与空间限制；同时向帮扶县中小学教师提供讲座、工作坊等教师专业发展培训，切实帮助被帮扶学校和学生解决实际问题。另一方面，数字支教为应用推广国家智慧教育平台提供借鉴，可在数字支教过程中摸索数据资产归属、知识产权管理、安全可靠运行等规则，提出数据安全保护举措，强化数字资产开发应用，发现系统平台的漏洞和风险点；充分发掘国家智慧教育平台的多样化使用功能，以国家智慧教育平台资源为核心，以乡村本土化特色资源为抓手，可实现对各种互链资源的有效整合。

第二，数字支教帮助形成数字支教志愿者招募培训体系。首先，积极动员、规范引导大学生参与。数字支教使大学生理解数字支教赋能乡村教育振兴的实际意义，了解志愿者服务中奉献、友爱、互助、进步的志愿精神，明确服务对象的基本情况和实际需求。其次，校内招募，严格把关。再次，培训指导，提升能力。数字支教帮助志愿者熟悉国家智慧教育平台、腾讯SSV数字支教平台等技术应用，充分认识到志愿者服务和乡村教育的实际需求，确保志愿者的政治素养、理论水平和教学能力能够满足数字支教需求。最后，强化责任，确保实效。数字支教建立志愿者工作的相关监督机制，明确相关考核办法，形成有负责主体、有规则制度、有反馈机制的志愿者培训体系。

第三，数字支教评估监测数字支教赋能乡村教育振兴课程教学全过程。数字支教动态监测"课前＋课中＋课后"三个阶段的教学和管理过程（见图3）。首先，课前充分利用网络交流工具，构建支教共同体。基于对乡村学生的需求调研，双方教师通过在线课程、配套的移动端课程和课程微信群开展协同互助学习与集体备课、填写学习导航单、试讲。课前提前完成数字支教各技术指标项的测试，做好授课环境的准备。其次，课中实施"授课＋评课＋督课（志愿者/专业教师）"模式。除了有专门的志愿者授课之外，数字支教还安排了高校专业教师评课，以及为小组其他志愿者设立"督教"岗位，全程观看并进行教学评价，课后提交教学评价表。最后，召开支教研讨会，总结教学经验。支教研讨会围绕志愿者备课与教学反思、集体讨论、专家点评、反馈教学建议展开，以反思促进教学。

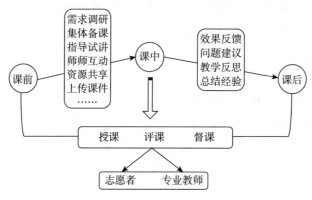

图3　数字支教课程教学实施过程

三　数字支教赋能乡村教育振兴的现存问题

数字支教是促进乡村教育振兴的重要方向与实践途径，数字技术的快速迭代加速了乡村教育的数字化转型。随着数字支教的开展，一些问题也逐渐凸显，如参与主体的数字素养有待提升、数字技术与教学表象式融合、数字课程资源相对匮乏、数字治理模式尚未成熟。这些问题造成数字支教未能在乡村教育振兴过程中发挥既定的赋能作用。

（一）参与主体的数字素养有待提升

首先，乡村教师和志愿者的数字素养有待提升。从乡村教师的数字素养来看，支教过程中发现乡村教师掌握智能技术的意愿不强，自身缺少与智能环境的协同意识（彭泽平、邹南芳，2023）。乡村教师在应对突发的技术问题时无法第一时间处理解决，进而耽误教学进度。从大学生志愿者的数字素养来看，支教教师需要有良好的信息素养和较强的线上教学能力。但在实际支教过程中，不同学科的志愿者数字素养存在差异，课堂上有意识地进行数字化意识传递、数字社会责任承诺的较少。

其次，乡村学生的数字思维能力较弱，尚需教师引导。数字支教要求乡村学生具备较强的自主学习能力和自控能力。然而，在数字支教教学中，部分乡村学生缺乏线上学习的自制力且合作能力较弱，适应数字化社会学习和生活所需的能力还不够强，较难适应在线学习的要求，部分学生无法在规定时间内完成老师布置的任务。

最后，管理者的数字化领导力仍需加强，以形成乡村教育振兴的驱动力。当前，数字素养仍停留在硬件层面，尚未形成数字支教环境下数字化领导力的能力框架，亟须内涵式质量提升（陈云龙、孔娜，2023）。数字化领导力仍停留在技术层面而未深入思维层面。管理者的数字化领导力水平将直接决定大学生志愿者培训质量、支教过程调控、支教综合考核等环节的实施效果。因此，提升管理者的数字化领导力势在必行，与乡村教育的发展密切相关。

（二）数字技术与教学表象式融合

第一，数字支教教学配套软硬件存在不足。支教平台的智能化不够，不能完全支持教师教和学生学。例如，在教学过程中教师端播放视频，教室端存在卡顿、不流畅的问题。此外，教室端摄像头位置与角度固定，使支教教师的注意力集中在位于画面正中间前排的学生，画面边角甚至画面外的学生则被忽略，不利于观察学生的学习效果。偶有课堂因为教室设备故障无法打开摄像头和声音，使一整节课成为支教教师的"一言堂"，数字支教的交互优势无法展现。

第二，数字支教教学内容不够凝练。首先是教学任务设置不合理，如美术课上，支教教师要求学生们快速用油画棒勾勒出世界名画的线条轮廓，一些学生无法在规定时间内完成布置任务，只能留到课后完成。其次是支教教师大部分是师范生，在授课过程中不注意教学语言的使用，习惯性地使用"口头禅"，语言不够精练显得教学重点不突出。最后是一些可操作性强的课程，学生没有实际动手操作，教学效果无法呈现，互动性也大大降低。例如，信息技术课堂上，教师演示腾讯扣叮平台的使用，但演示后没有为同学们预留练习时间就进入下一环节的教学。

第三，支教教师与当地教师的教学配合有待探索。教师之间的默契需要在课堂实践中不断磨合，在小组合作实践环节中，学生明显更依赖当地教师，需要随班老师组织并指导其有序开展合作与交流。在此过程中，支教教师处于相对静止状态，不能很好地跟进学生们的学习情况。数字支教线下师生的互动频率显著低于普通课堂，网络教育中教师与学生、学生与知识之间不再是主体和客体关系，而是"对话"关系（张靖、郑新，2022）。调研结果显示，受学校网络条件、学生年龄限制，授课之余师生间的互动基本空白，极少有支教教师与学生建立联络圈用以发帖讨论，或通过电子邮件沟通交流（王玉芳，2023），师生之间缺乏有效的交流和互动。平衡好支教教师、当地教师、学生三者之间的关系，是稳步推行数字支教的关键。

（三）数字课程资源相对匮乏

一是数字课程资源类型较为单一，碎片化的资源缺乏组织性。教师在教学过程中主要应用视频、课件等资源信息，对视频中的某一段或一节细粒度的知识点没有进行深入讲解，资源呈现缺失细节性，不利于乡村学生保持高效的学习状态。此外，平台教育资源呈碎片形态，各类资源孤立存在，资源之间缺少关联。数字支教团队庞大，在备课过程中，教师使用的课程资源有出入，缺乏统筹安排课程资源的机制，需要将这些碎片式的教育资源整合为巨大的关联网络，使其成为适合乡村学生学习使用的课程资源，进而提高资源的使用价值。

二是数字课程资源持续演进乏力，欠缺对课程资源的迭代管理。课程更新完善的速度和质量决定着教师使用资源的可能性，而现有平台难以实现资源的迅速更新，难以利用新知识补充和完善已有的学科知识体系。资源演进的时间差越大，城乡教育的"数字鸿沟"越难弥合，这将拖慢乡村教育振兴的步伐。面对平台资源持续演进机制不明确的现状，如何鼓励社会、企业、学校持续地贡献与优化教育资源，如何有效激励资源拥有方积极贡献资源，是平台当前发展面临的紧迫问题。

三是数字课程资源无法完全满足支教地学校和学生的需求。首先，数字支教在国家智慧教育平台和高校提供的教学资源支持下能解决乡村学校数字资源缺乏、乡村教师数字化教学能力不足、优质数字教育资源应用不充分、乡村学校课堂教学质量水平不高等问题（李华等，2022），但是受到资源来源的限制，体现地区性的资源较少，难以开展乡村特色课程，乡村学生的需求被忽视。其次，支教教师作为教学主体，难以将数字技术与传统乡村教育资源深度融合，打造沉浸式、智能化的师生交互模式。最后，帮扶县的学校之间交流较少，尚未实现深度互联的乡村教育信息网络，乡村教育资源在区域间和区域内校际的分布存在不均衡的情况。

（四）数字治理模式尚未成熟

首先，数字支教尚未形成乡村学校、高校、企业多元协同治理模式。数字支教涉及帮扶县的相关教学单位、大学教师与志愿者团队等多方机构，协调多方力量需要建立良好的沟通保障机制与监督机制，保障工作的高质量完成。数字支教需要构建多元协同治理结构，从而提高数字支教教育治理效率与治理效能，增强数字支教赋能乡村教育振兴治理主体的多元协同治理能力，推进乡村教育治理体系和治理能力现代化。

其次，数字支教过程中的治理手段仍需创新。乡村学校的管理团队对于"数据治教、数据治学"（罗江华、王琳，2023）的认识较为浅薄，基于数据开展学校治理与教育服务的能力有待进一步提升。管理人员尚未形成多维教育数据的协同化观念与数字支教教育治理的系统化理念，仍需深挖乡村教育数字治理的构成要件、厘清各类治理要素之间的逻辑关系。如何实现对乡村教育数据采集、分析、运用等过程的治理，培育乡村教育治理主体的数字适应能力，仍需不断探索。

最后，支教团队的组织与管理有待规范。数字支教对开展数字支教"增加培训、认可与支持、专业知识的共享、网络学习政策、研究、学习工具合作开发、教学"（李树培、王荣良，2009）等尚无明确的要求，致使高校进行支教师范生的选拔、组织和教学过程中没有明确的参照标准，形成了以教师和学生自主探索为主的尴尬局面。因此，应在支教过程中完善监管机制和支教教学的反馈机制，以逐步推动数字支教治理流程的动态优化。

四　数字支教赋能乡村教育的推进策略

数字支教有序运行与推广的核心是打造赋能乡村教育振兴的生态圈（见图4）。数字支教应遵循教育生态的基本要素：一是引入共生单元；二是打造共生模式；三是营造外部环境（张立国等，2023）。针对参与主体的数字素养有待提升、数字技术与教学表象式融合、数字课程资源相对匮乏、数字治理模式尚未成熟等问题，数字支教在前期充分调研、支教教学实施、反馈总结的基础上，形成具有可推广性、可操作性的数字支教模式，构建体系化实施方案与质量保障机制，打造具有创新融合和可持续性的数字支教生态。

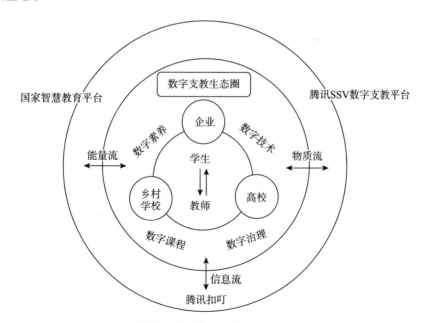

图4　数字支教赋能乡村教育振兴的生态圈

（一）以"教"促学，增强数字素养意识

①重视教师数字素养培育。一是要增强支教教师和乡村教师对数字支教的认同感，使其具有使用数字化资源的意愿；二是积极开展与数字支教主题有关的研修交流活动，让支教教师和当地教师共同参与学习，双方通过在线课程、配套的移动端课程和课程微信群开展协同互助学习，通过构建实践共同体应用数字技术来推动教育变革；三是开展教育数字化培训课程，提高教师的数字胜任力，使其主动创造新知识、链接新资源；四是将支教成效纳入教师专业考核标准，以激发教师应用新技术改进教学实践的内生动力。

②挖掘学生数字素养潜能。数字支教应该重点培养学生的数字意识、数字思维、数字能力、数字伦理等。一方面，数字支教应为乡村学生开设数字化综合课程，支持学生在特色化项目实践活动中主动培育数字能力与数字素养，如美术课设计特色实践项目，探索当地的特色文化；另一方面，数字支教应建立数据驱动的数字素养评价体系，通过评价方式的转变实现学生数字化学习能力的提高，进而全面推动学生数字素养提升。

③提高管理者数字领导力水平。一是注重理论层面，加强对数字支教模式及要素的深入研究，制定教育管理者数字化领导力框架。二是注重实践层面，在实践中培养教育管理者统筹与应用信息技术重塑教学与管理、有效引导乡村学校开展组织变革与创新的能力。数字支教应加大教育管理者数字治理能力的培训力度，通过系统的课程培训提升教育管理者的数字治理能力，提升教育领导者的数字领导力。

（二）以"技"提质，凸显乡村教育魅力

一是探索适合乡村学校的数字化教学模式，发挥实地支教与网络支教的优势，积极创新学科教学模式。教学采用"学习领域＋学习内容"的模式，根据乡村学生的身心发展特点，对课件进行修改优化和合理再创造，突出重点，删除冗杂的部分，提前在系统中完成备课、素材上传等工作。教学过程中应有意使用农村小学生听得懂的语言，避免相对抽象的概念或术语等。调整机位，可以通过增加摄像机、使用人脸识别技术等对学生的学习状态进行追踪，使支教教师通过学生面部神态变化及时掌握其学习状

态，通过提问的方式活跃课堂氛围。在线上支教开展的同时，可以结合线下支教开展各种类型的活动，如趣味运动会、文艺会演等，从而增进支教老师与学生的面对面交流，弥补线上支教不能充分进行面对面互动的缺陷。

二是将数字素养融入支教教学活动过程中。数字支教应将数字素养融入各学科的教学内容，融入方式可以包括整合式融入、专题式融入、渗透式融入（刘宝存、顾高燕，2023）等。支教应采用诊断性评价与形成性评价相结合的方式，建立学生数字素养评价手段和策略；尽快充实支教平台中前沿课程内容，为学生提供与时俱进、贴合时代要求的信息科技教育，融入跨学科教学理念，提高学生数字技术学习与应用的积极性；充分利用国家中小学智慧教育平台开展课前预习、课堂互动、课后答疑等教学活动，促进师生间的实时互动与及时反馈，探索多元化的线上线下教学实践。

三是因地制宜，开展持久落地的数字支教课堂。支教教师与当地教师优势互补、共同进步。当地教师应积极组织，在教室内针对支教教师提出的问题展开讨论，让学生能够积极参与其中，从而填补情感交互的空白。双方教师在集体备课时要做到精确设计每次提问与讨论，把握好提问时机，以达成一种"线上提问、思想碰撞、共同参与"的理想模式。数字支教课堂应创造条件发挥线上教师与乡村教师的能动性，增强乡村教师的教学体验，进而激发其工作动力，以更好地服务于课堂教学，为支教教师的"教"与学生的"学"提供支持，使其在交流、观摩中共同进步，在合作、互动中共同发展。

（三）以"链"提课，组建优质资源库

首先，实现细粒度的资源组织和广泛链接。数字支教应发挥高校的智力资源优势，针对形式多样、来源多样、模态多样的各种资源，进行细粒度的资源切分、识别、关联与组织，支撑细粒度资源的有效存储与索引、高效检索与访问，以提供精准教育服务（袁振国，2023）；构建支教学科的数字资源目录和资源地图，加强数字教材的建设和应用，推动教学资源云端共享（李晓静等，2023）；破解教育不均衡的发展难题，打破由地域物理环境限制导致的教育资源分布壁垒，从而促进教育公平（王天平、李珍，2023）。

其次，建立人机联动的智能教育系统，促进教育要素通过价值链与生态场实现优质教育资源重组。数字支教应将教育资源与学习需求、教学过

程进行智能联结，利用知识图谱、计算机图形学、模式识别和智能代理等技术手段支持教学内容归并重组（谢幼如等，2021）；系统整合各种教学资源，提高资源的质量与利用效率，为学生品质养成与素质提升提供适宜的智能教育环境，为教师提供智慧化的教研环境与管理环境。

再次，设计与开发多模态数字资源库。一方面，数字支教应利用大数据、云计算、物联网等数字技术集成各类乡村教育资源，不断优化乡村教育资源的结构体系，丰富乡村教育资源种类。另一方面，数字支教应建设智能交互学习资源环境，促进资源服务生态的升级发展，为乡村学生提供自主、交互、协作、探究的智能学习空间。此外，数字支教还应加强支教平台的互动交流，提升数据采集和应用的深度和广度；以学生学习行为分析为基础进行个性化教育指导；利用大数据平台资源，运用知识图谱和用户画像等先进技术，建立完整的学习者和教育者画像框架；提供学习路径规划、教与学辅助、学情洞察、教学评估、学情诊断等环节的数字化教育服务；借助移动终端设备、虚拟实验平台、优质课例视频教程及各种数据分析软件提供教育资源，促使乡村学生在数字支教项目之外还可以受益于共享的教育资源，提高信息素养和学习能力。

最后，课程资源回归"乡土"教育特色。一方面，支教教师应与乡村教师共同发掘地方教育资源，如将当地非物质文化遗产纳入校本课程，注重乡村特色传统工艺的传承与总结，为传统文化的创造性转化和发展做出贡献。另一方面，数字支教应建立深度互联的乡村教育信息网络，对乡村教育资源基础、结构与内容等要素进行全面感知与智能获取，进而构建开放、互联、共通的数字教育资源协同共享模式，使乡土课程进一步流转，充分实现乡土课程的使用价值。此外，数字支教还应重视发展乡村学生自主学习能力和终身学习能力、思辨能力、审美情趣、科学素养，为乡村学生潜能的开发提供可能性，促进学生高阶思维的发展。

（四）以"管"增效，构建协同治理模式

一是要构建多元主体协同治理模式。面对乡村学生的多样化需求，企业、高校、乡村学校等各主体应坚持共建共享原则，合作建设数字教育资源公共服务平台，在保护知识产权的基础上，让更多人参与数字教育资源开发，让优质数字教育资源惠及范围更加广泛，确保教育公平和包容。数

字支教通过线上支教平台为乡村教育治理主体解决教育信息缺失、割裂、不对称与碎片化等问题。例如，使用区块链技术助力多元主体协同，以数据流驱动多元主体协同处理各类教育公共事务（郑旭东等，2022），推动乡村教育治理主体利益表达的民主化。多元主体的协同治理能够促使企业不断完善支教平台，乡村学校实现优质资源共享，高校依托教育帮扶提升师范教育的水平。

二是要培育具备精准分析能力的治理人才。数字支教应使用数字技术进行支教管理，培育具有数字化分析能力的人才，实现兼顾教育治理能力与治理效率。以高校和企业为主的技术人员应对接帮扶县的管理人员，结合乡村教育资源分布状况、乡村地区经济发展水平、乡村学校办学条件等现实情况，以机器学习、模式分析、学习分析为技术支撑，精准分析乡村教育治理要素，基于数字技术生成数字支教下的教育教学评价方式、学业评价形式、质量评估模式等，以理性分析乡村教育系统的发展现状，构建数字支教的价值链和生态场，提高数字支教教育治理实效。

三是要搭建数字支教志愿者团队的组织架构。国家应尽快出台相关规定，完善高校志愿者选拔、管理、专业培训的流程。例如，制定志愿者考核办法，督促大学生志愿者高质量完成支教任务，为乡村教育振兴做出贡献。相关规定应对支教时间、专业培训安排、支教期间的具体事宜等做出明确说明，从支教前、支教中、支教后明确规定志愿者参与数字支教的行动方案与注意事项，为志愿者顺利开展支教活动提供参考。此外，支教活动还应为志愿者提供教学设计与反思示例，以便志愿者开展备课、授课后反思，将遇到的问题转化为经验，为下一次授课做好准备。

五　总结

数字支教不仅是高校开展教育帮扶的必然选择，也是促进乡村教育振兴的重要抓手。数字支教教育帮扶有利于推动乡村教育振兴与教育数字化战略行动相结合，积极发挥大学生在教育帮扶中的生力军作用，为乡村振兴提供强有力的人才支撑，也为在校大学生搭建施展才华和奉献社会的舞台，体现支教育人的反哺作用。数字支教立足于帮扶县乡村教育发展的实际问题与需求，以信息化技术为媒介，探索适合乡村学校的数字支教模式。借助数字化技术和国家智慧教育平台，不仅能够扩大教育帮扶方阵，优化教育帮扶平台，还可以扩展定向支教项目。在数字技术的支撑下，数字支教建立高校与帮扶县突破时空限制的教育帮扶工作机制以及精准定向的数字教育资源供给方式，为乡村振兴工作提供了借鉴。

参考文献

曹宇星、陈孝然、谢雯婷、龚文丽、胡小勇，2023，《网络学习空间中教师集体效能优化模型构建及其要素关系性研究》，《教师教育研究》第 1 期。

陈云龙、孔娜，2023，《我国教育数字化转型的基础、挑战与建议》，《中国教育学刊》第 4 期。

郭绍青、华晓雨，2023，《教育数字化转型助推城乡教育公平的路径研究》，《国家教育行政学院学报》第 4 期。

郝文武，2019，《主体间师生关系及其教师责任》，《教育发展研究》第 10 期。

胡小勇、李婉怡、周妍妮，2023，《教师数字素养培养研究：国际政策、焦点问题与发展策略》，《国家教育行政学院学报》第 4 期。

李华、孙娜、马小璇，2022，《数字教育资源校本化的研究、实践与未来发展》，《中国电化教育》第 8 期。

李树培、王荣良，2009，《美国中小学网络教育评价述评》，《外国中小学教育》第 3 期。

李晓静、刘祎宁、冯紫薇，2023，《我国青少年数字素养教育的现状问题与提升路径——基于东中西部中学生深度访谈的 NVivo 分析》，《中国电化教育》第 4 期。

刘宝存、顾高燕，2023，《基础教育课程现代化的国际经验与中国道路》，《现代远程教育研究》第 4 期。

罗江华、王琳，2023，《新基建赋能教育数字化转型的逻辑、挑战与实践路向》，《中国电化教育》第 3 期。

彭泽平、邹南芳，2023，《智能技术赋能乡村教育高质量发展：理念诠释与治理逻辑》，《中国电化教育》第 2 期。

任一娇，2023，《高校教育帮扶赋能乡村振兴的推进策略探析》，《教育理论与实践》第 6 期。

王天平、李珍，2023，《乡村教育数字化转型的价值取向与实践路向》，《重庆高教研究》第 4 期。

王玉芳，2023，《西北民族地区"互联网＋"艺术支教的现实困境与改进策略》，《电化教育研究》第 2 期。

谢幼如、邱艺、刘亚纯，2021，《人工智能赋能课堂变革的探究》，《中国电化教育》第 9 期。

袁振国，2023，《教育数字化转型：转什么，怎么转》，《华东师范大学学报》（教育科学版）第 3 期。

张靖、郑新，2022，《教学关系视域下的双师课堂：特征、问题与优化策略》，《电化教育研究》第 10 期。

张立国、梁凯华、刘晓琳、周釜宇、康晓宇，2023，《共生视角下的"名师课堂"：本质、现实困境与破解路径》，《电化教育研究》第 5 期。

郑旭东、狄璇、岳婷燕，2022，《区块链赋能区域教育治理：逻辑、框架与路径》，《现代远程教育研究》第 1 期。

祝智庭、胡姣，2022，《教育数字化转型：面向未来的教育"转基因"工程》，《开放教育研究》第 5 期。

农村教育现代化治理

"逆整体性治理"：农村基础教育治理中的悖论现象

——基于山镇基础教育治理实践的考察*

魏　峰**

摘　要：教育治理体系的优化和治理能力的提升是农村基础教育高质量发展的保障。为应对治理碎片化现象，学界提出了"整体性治理"的概念。理论上，整体性治理是教育行政部门以外的多元主体协同为教育系统解决问题。然而，农村基础教育治理实践经常出现教育行政部门以外的其他行政主体以教育系统为工具实现本部门目标的"逆整体性治理"现象。农村基础教育中的"逆整体性治理"将教育系统整合进庞大的行政体系中，让教育系统承担了诸多非教育性事务，加剧了教育系统的负担。在总体性社会治理模式下，基层教育系统面临目标责任制和锦标赛体制的压力，加之学校办学自主权没有得到有效保障，导致农村基础教育治理中"逆整体性治理"现象的出现。

关键词：农村基础教育；教育治理；整体性治理；逆整体性治理

一　问题的提出

党的二十大报告提出，到 2035 年"基本实现国家治理体系和治理能力

---

*　基金项目：2017 年度国家社会科学基金教育学国家一般项目"农村义务教育治理体系优化与治理能力提升的 M 县个案研究"（项目编号：BFA170060）。

**　魏峰，上海师范大学教育学院、长三角教育发展研究院、终身教育政策研究中心教授、博士生导师，主要从事教育政策研究，E-mail：weifeng1980@126.com。

现代化"。治理体系的优化和治理能力的提升既是包括教育事业在内的各类公共事务的追求，也是各类公共事务发展的保障。在传统的统治体系内或者现代政府管理中，权力的实施是从统治者（管理者）向被统治者（被管理者）单向实施的。同时，这种统治或管理是在封闭的政府体系内部实施的，与外部社会相对隔绝。为了改变这种状况，20世纪下半叶，西方社会兴起了治理理论，让社会力量参与政府的公共事务。

在治理理论的发展历程中，研究者基于不同的问题意识和学术立场发展出协同治理、整体性治理等理论分支。其中，整体性治理理论针对跨部门合作中存在的条块分割、各自为政、目标冲突等问题，旨在有效解决治理碎片化和跨部门合作难题，重视政府系统的一致性政策目标对各参与主体的导向作用，并通过纵向层面权力的相对集中和等级式的适度控制，促使政府在治理过程中实现主体性回归，为各部门和机构间的协调与整合创造有利条件，最终实现治理活动从破碎迈向整合、从局部迈向整体（丁建彪，2020）。整体性治理在理念上试图克服不同部门之间在治理目标、方式上的分裂，整合不同的力量共同作用于同一目标。但是在现实中，由于各部门主体在公共事务中拥有的权力和资源水平不同、目标的序列差等以及党政领导注意力配置等，整体性治理不能达到预期的效果，甚至适得其反。

近年来，笔者一直在乡村教育学校和管理这些学校的基层教育行政部门开展调查研究。在对乡村基础教育治理的调研中，笔者观察到诸多以看似整体性治理的模式开展教育行政管理工作的案例，但事实上其并未实现整体性治理效果，甚至走向了反面。本文试图在对农村基础教育治理实践案例进行分析的基础上，提出"逆整体性治理"这一概念，用于解释多部门的"整体性治理"对基础教育行政产生的负面影响，并剖析出现这类现象的深层次原因。

二　文献综述：从治理到整体性治理

治理理论自20世纪80年代兴起以来，成为影响国际政治理论发展的重要思潮。全球治理委员会对治理作出如下界定：治理是或公或私的个人和机构经营管理相同事务的诸多方式的总和。它是一个使相互冲突或不同的利益得以调和并且采取联合行动的持续的过程。它包括有权迫使人们服从的正式机构和规章制度，以及种种非正式安排。而凡此种种均由人民和机构或者同意或者认为符合他们的利益而授予其权力（俞可平，2000：270～271）。治理强调正式机构和制度以及各种非正式安排，承认非正式安排的合理性，同时也强调需要人民授权才能实施治理。本文所涉及的种种农村基础教育治理现象可能出于正式机构的非正式安排，农村基层教育治理更具复杂性，而被治理对象是否参与授权，则是疑问之处。格里·斯托克（Gerry Stoker）认为，治理发挥作用，要依靠多种进行统治的以及互相发生影响的行为者的互动。治理明确肯定涉及集体行为的各个社会公共机构之间存在的权力依赖，治理是指行为者网络的自主自治（斯托克，1999）。在斯托克看来，公共机构之间的权力关系和行为者的网络都是治理必须依赖的力量。

综合既有文献，笔者理解的治理有以下几个基本特征。首先，治理的目标不是控制和支配资源，而是通过协商共同解决现代社会面临的难以由政府单独解决的复杂公共问题。其次，治理主体是多元化的。治理与传统的统治或管理的区别在于，统治或管理是以政府为单一主体的，治理则是除了政府之外公司、社会组织和家庭等参与的，政府不再是公共事务中的唯一或当然主体。再次，治理权力来源多元化。权力不仅来源于既定的正式规章制度，也来源于非正式制度，还可以来源于主体间的协商合作。复次，治理手段具有多元性。新的技术和工具在治理中广泛使用。最后，治理是一个动态的过程，需要多元主体间不停地博弈、互动，以建立治理网络。

治理理论重视政府以外多元主体的参与，这是治理的首要特征。然而，以鲍勃·杰索普（Bob Jessop）为代表的治理研究者提出国家在治理中的重要作用甚至是核心作用。杰索普的"元治理"理论认为，有效的多元运行需要基础的秩序保障者，"这个元治理的角色应当由国家承担"，"国家不过是更广泛更复杂的社会的一部分，但它同时又按常规承担着保证该社会的机构制度完整和社会凝聚力的责任"（杰索普，1999）。还有一些研究者直接采取了国家主义立场，认为治理问题中最核心的是政治权力的使用方式和效果，国家的存在和影响力广泛地体现在经济社会的各个方面，其他治理行动者的自主权受制于此，推动构建治理秩序的愿望越强烈，越需要强调国家在治理中的重要作用（李洋，2020）。徐勇（1997）也认为，"治理是对公共事务的处理，以支配、影响和调控社会。而要达到治理的目的，必须借助公共权力。因此，在治理的逻辑结构中，公共权力是最为核心的概念"。笔者认为，吸纳政府以外组织（企业、慈善组织）和家庭等多元主体的参与是教育治理实践的进步。但在中国的政治语境中，我们更需要坚持政府在教育治理体系中的主导地位。舍此，多元主体的参与几乎没有可能。政府以外的其他主体都需要在政府的支持和引导下获得参与治理的空间，这是中国政治和治理的实践逻辑。

治理实践具有协商性和协作性（科尔巴奇，2014）。多元主体之间的协同、协商和协作是治理的重要特征。治理的出现是现代政治发展中"政府失灵"和"市场失灵"双重困境的产物。政府与多元主体的协同治理从根本上可以克服市场、政府和社会组织单一主体治理的局限性。协同治理是具有自主性的多元化行为体为解决共同的社会问题，在任务、资源、技术等方面高度相互依赖的条件下进行合作的行为和过程（余亚梅、唐贤兴，2020）。在治理实践中，协同治理主体间合作的状态并非总是令人满意的。如果有关行为体的合作意愿不够强烈，行为体之间的地位严重不对等，那么行为体之间虽然相互依赖但治理目标的互惠性程度不够，这些会影响治理主体进行有效合作。根据协同治理的特点和要求，各行为体一般都是作为自主的、平等的治理主体"基于特定的互惠性目标"实现合作的，这是一种共治格局（张康之，2012）。在协同治理中，越是能建构起较为平等的合作关系，越是能强化相互依赖关系中的互惠性目标，行为体之间的政策互动能力就越有可能得到提升（余亚梅、唐贤兴，2020）。

尽管协同成为治理的重要特征，但是现代官僚体制分工过细，导致治理出现"碎片化"特征，即当面对共同社会问题时，不同职能部门间处于各自为政、缺乏沟通与协调的分割状态（Perri et al.，2002：56）。为了改变治理碎片化的状态，学者们提出了"整体性治理"的概念。整体性治理是指以公民需求为治理导向，以信息技术为治理手段，以协调、整合、责任为治理机制，对治理层级、功能、公私部门关系及信息系统等碎片化问题进行有机协调与整合，为公民提供无缝隙且非分离的整体性服务的政府治理图式（曾凡军、江晓翠，2019）。整体性治理以协调与整合为关键手段来摆脱政府各部门分散的、碎片化治理的困境。协调被看作一种斡旋的过程，旨在创造出合作的可能性；整合则是明确不同参与者使命、义务和策略选择的过程（丁建彪，2020）。整体性治理理论可以帮助我们更深刻地理解各级政府中与教育事业发展相关的行政部门在教育治理中扮演的角色，同时把教师、学生及其家长等教育利益相关者纳入治理体系，为教育治理提供更多的资源和支持。

三　山镇农村基础教育治理的实践

（一）研究背景

笔者进行田野研究的山镇（化名）是华东地区的一个乡镇。山镇所在省份经济社会发展水平较高，处于全国领先水平。但是由于所处区位环境和历史原因，山镇所在的县——朴县（化名）整体发展在省内处于较为落后的地位，这也导致该县教育事业发展在经费和管理等方面比较落后。例如，2021年山镇共有小学教师 394 名，其中代课教师占 1/3，而代课教师的月薪仅有1200 元，远低于省内经济发达地区代课教师水平（5000 元）。更重要的是，较低的经济社会和教育发展水平影响了教育管理者的心智结构和视野，优秀的师资会离开本地农村，去县城或省内外发达地区工作。

朴县的教育领导管理体制经历了复杂的变革。21 世纪初，在实行"以县为主"的背景下，县级教育行政部门在农村义务教育管理中至关重要。朴县教育局内设基础教育科①、人事科、体卫艺科、计财科、基建科、安全科、技术装备科等科室，共有约 120 名工作人员。这些科室的业务直接影响到山镇学校的人、财、物、事管理尤其是资源配置。朴县教育局还有一些直属机构，如教研室、电教馆等，这些机构与教师的专业发展密切相关。山镇设置教育管理办公室（以下简称"教办"）直接管理山镇小学各项事务。教办管理本镇范围内的中心小学、村小和幼儿园（山镇的两所初中由县教育局直接管理）中的 400 余名教师和 7400 名学生（幼儿），校长的任命、教育经费的分配和教师的奖惩晋级等均由教办决定。然而，事实上，在教育治理的实践中，教办只是教育局和其他政府部门或党群部门各项政

---

①　虽然这些机构名为"科"，但在行政体系里其实是股级单位，朴县教育局才是正科级单位。

策和命令的执行者。

2018～2022 年，笔者每年都在山镇开展为期一个月左右的田野调查。在此过程中，笔者多次走进山镇教办及其所辖九所小学，考察教育行政管理和学校管理状况，观察教办领导和工作人员的工作方式与工作状态，参与其日常工作会议及其在各小学开展的检查、评比和教研等日常活动。其间，笔者访谈了朴县教育局局长和局科室负责人，多次访谈了山镇教办工作人员以及各小学的校长、副校长、中层干部，多次就教师工作负担、教师专业发展等专题召开教师座谈会，也就一些话题对教师进行了个别访谈。本文的素材即源于这些田野调查。

（二）山镇的基础教育治理实践——以"整体性"为视角的考察

与其他地方的农村基础教育治理一样，山镇的基础教育治理也围绕各项教育教学任务的完成配置师资、经费和设施等各种资源，对人、财、物、事开展日常的教育管理工作。结合本文的主题，笔者在此只关注与"整体性治理"相关的教育治理实践案例，即教育局、教办等教育行政部门或者学校与县里的其他机构发生"协同"关系的各类活动。

在教育治理实践中，教育行政部门得到其他行政部门和组织的支持。县级政府及其行政部门在发展基础教育的过程中，协调和整合各种资源，如教育局与人力资源和社会保障局合作，每年招聘数百名不具有编制的合同制身份教师，从而缓解代课教师过大的压力；山镇党委书记到现场办公，推动村小学教学楼的建设；山镇政府出面协调解决中心小学周边土地置换问题；乡镇电力管理部门对接服务中小学的电路改造；卫生防疫部门主动参与学校的新冠疫情防治，保障学校在疫情期间的正常运转。

当然，政府协调包括教育行政部门在内的各个行政部门合作完成的事情，并不都是教育系统的"主业"。例如，朴县创建文明城市（简称"创文"）时，在朴县党委政府的主导下，全县所有部门都"动起来"，协同攻关。在此过程中，教育系统人数众多、容易组织与动员，因此承担了重要的任务。当地教育局、宣传部等部门发布了《教育系统 2020 年全国文明城市创建工作方案》，将"八礼四仪"、文明校园"六个好"、中小学生守则等列为师生"应知应会"内容，山镇的小学曾停课来教学生背诵这些内容。2021 年，因为在创建文明城市过程中表现优异，"不忘初心、埋头苦干、工作扎实、成绩突出，为夺得文明城市这一金字招牌做出了积极贡献"，山镇教办作为先进集体受到表彰，部分老师获得了奖励。

创文这样的大事需要举全县之力来完成，教育系统当然是重要的参与者。除此之外，社会治理的各项活动都需要教育系统的参与或者支持。山镇教办主任向笔者展示了县教育局教办主任工作群的任务布置状况，从2021 年 10 月 8 日国庆假期结束后上班到 10 月 31 日，20 多天的时间里共收到教育局各科室转发的通知 62 份，而其中关于教育教学工作的不到 1/3，更多的是与社会治理有关的各项工作，诸如"关于组织观看脱贫攻坚主题影片《迟来的告白》和《出山记》的通知""关于举办 2021 年朴县全民终身学习活动周启动仪式的通知""关于开展居民阅读指数问卷调查的通知""朴县第六届学宪法讲宪法活动的统计""关于组织家长观看反诈骗宣传视频、下载国家反诈中心 APP 的通知"等。此处仅举三例。

---

1. 通知

各校：10 月 14 日在办公 OA、城区创文（"创建文明城市"的简称）群、教育局德育工作群转发的《关于开展幸"盔"有你，与爱同行征文大赛的通知》（通知内含有骑电动车戴头盔调查问卷），现在把通知再转发一次给你们，希望尚未落实工作的学校尽快落实，特此通知！

2. 紧急通知

各单位：

省级安全发展示范城市创建迎检在即，学校是必查单位，从安保科督查和县领导检查反馈情况看，目前存在的主要问题有：档案资料严重缺失，创建宣传氛围严重不足，学生对创建的知晓率极低，10 月 25 号专家到达，请各校严格按照创建标准迅速整改到位，确保检查不失分，否则出问题严肃问责。

3. 通知

各学校幼儿园：

接上级通知，为保障国家公民不上当受骗，全民反诈。要求每位教职工、每位学生家长全部注册国家反诈中心 APP。国家反诈中心 APP 注册信息由各个班级班主任汇总统计，然后各校园汇总统计发送到教办 E-mail。提醒每个注册者保留截图。各单位把截图打包和汇总表一起发送。

在山镇，处理这些工作的一般流程是，教办（副）主任转发给小学校长，再由小学校长布置给班主任，班主任通过电话、短信或微信向家长或学生发出通知，学生或家长作出反馈并截图上传，班主任汇总班级的反馈截图并发送给学校，小学校长将本校的通知和反馈情况截图上传到教办，教办（副）主任再将截图汇总上传到教育局。但是，"终身学习""全民阅读""学宪法""脱贫攻坚宣传"的效果如何，其实无人过问、无人关心，也无法评价。除了准备烦琐的文字资料之外，每次迎接检查学校前期都需

要花费很多时间整治校园环境，接受镇教办和教育局相关科室的检查，甚至有些学校停课带领学生练习如何接受检查。此外，学校教师还是县、镇各种大型活动的参与主体。例如，2020～2021学年，学校组织部分老师参与了县里和镇里组织的庆祝中国共产党成立百年的歌咏比赛、教师节和六一儿童节庆祝活动、山镇"教育系统一家亲"元旦迎新晚会、山镇"××节"开幕演出等。

在一定意义上，这些农村基础教育治理实践在形式上符合"整体性治理"的某些特征。首先，在治理过程中有多元主体的参与。虽然看上去是教育行政部门的行动，但是需要协调多个部门，如教育、宣传、司法、卫生、交通等。在此过程中，借助党委政府的力量，整合诸多部门的行政资源，教育和其他不同的行政部门与群团组织之间形成了协调机制，实现了信息的顺利传达，促成了各项相关政策的执行。多部门的协作共同解决了社会问题，如学生对家长的监督与动员提升了"骑电动车戴头盔"的比例，进而提升了交通安全水平；借助师生的力量，朴县成功获得了"文明城市"称号，提升了城市形象。从工作机制来看，这些教育治理行动的开展很多时候并不是自上而下单向的、命令式的决策机制，而是横向的多部门协商的决策机制，具有"整体性治理"的特征。

四　农村基础教育"逆整体性治理"的内涵与表征

"整体性治理"在帮助基础教育学校解决问题的同时，也将基础教育学校强行整合进一个庞大的、整体性的行政体系中，使其受到这个体系的各种干扰。从山镇的实践来看，政府及其行政部门和各类党群部门作为协同主体共同参与了山镇小学的教育治理，将原本较为封闭的学校带入了内容丰富、事务繁多的基层行政之中。虽然教师和学生在参与各类活动中提升了能力，也帮助教育系统内外的诸多部门实现了各种社会治理的目标，但不可否认的是，这些事务也占据了教办管理者、学校校长和教师大量的工作和休息时间，加剧了教育系统各类人群的负担。前已述及，西方学者在应对碎片化治理的状况时提出"整体性治理"的概念，其核心思想是各个行政部门协同解决共同面临的问题。但在上述农村基础教育实践中，我们可以看到，由于在主体、目标和结果等方面面临种种问题，看上去像"整体性治理"的实践出现了悖论性的后果。笔者暂且将这种与"整体性治理"相悖的现象称为"逆整体性治理"。

在本源的意义上，我们通过多元主体协同的"整体性治理"实现教育事业的发展目标，如促进教育优先发展、优化教育资源配置、提升教育质量、促进学生全面发展、助力教师专业发展、减轻教师负担等。但是在山镇乃至朴县的农村基础教育治理实践中，我们看到的是教育系统成为社会治理的工具，为实现党委政府区域治理的整体目标或者宣传、经济发展、卫生健康、交通安全等部门的目标努力做出贡献。在处理这些事务的过程中，教育事业自身发展的目标被置于并不重要的位置，甚至在一些特殊的时候需要放弃，如为迎接检查而停课是以影响教育教学质量为代价的。之所以需要教育系统的参与，是因为教育系统人数众多且易于组织和管理。创文这样的全局性工作，教育系统处于首要位置。交通安全治理和反诈骗宣传等原本并不是教育系统的本职工作，但在锦标赛体制下，各地公安机关承担指标性任务，而教育系统人数众多且能通过有组织的方式开展"小手牵大手"活动进而影响庞大的家长群体，可以迅速增加政策目标群体的反馈数量，因此教育系统也被整合进这些任务中，助力公安部门完成上级布置的指标性任务。

在"整体性治理"的框架下，教育行政部门作为教育治理主体，应该主要与财政（教育经费的来源）、人力资源和社会保障（教师编制与招聘）等部门协同合作，解决教育系统人事与经费问题，助力教育事业的发展。教育行政部门也可以与交通安全部门协同解决学校门口师生出行的安全问题；与卫生健康部门协同组织体检和健康教育等活动解决学生的身体健康发展问题；与公安部门和法院、检察院、司法局等法治部门协同通过普法教育等形式解决学校里的法治教育和学校面临诉讼等法律问题。然而，在上述案例中，我们看到公安、交通安全、卫生健康等部门并不仅仅以支持教育事业发展的主体身份参与教育的"整体性治理"，还借助教育系统实现自己的目标。在此意义上，教育的"整体性治理"不是平等的多元主体之间的协同，而是强势行政部门对教育行政部门的"越界指挥"。这种"越界"模糊了教育治理的界限。

"整体性治理"的初衷是各部门协同解决共同面临的问题。然而，这种强势部门对教育行政部门"越界指挥"的结果是，政府的各个行政部门和党群部门并未为教育系统解决问题，而是共同给教育系统制造了问题。教育系统和学校师生完成各种社会事务无疑增加了教师和学校管理者以及学生的负担。为应对各种外部的任务，教育教学的正常秩序被打乱，教师专业发展的时间被占据，教育行政部门管理者思考教育发展的时间被琐碎的行政事务占据，影响了教育事业的发展。在笔者的访谈中，一位青年教师说："如今的教育路上，'压倒'教师的从来都不会是教学上的难题，基本上是各种检查与活动。各种类似于形式主义的事情，已经把精力分散得差不多了，真的身不由己。"

五　基础教育"逆整体性治理"之成因

作为一项公共事务的教育事业是中央和地方政府职能的重要组成部分，教育治理也是政府治理体系的重要构成。教育领域出现的"逆整体性治理"现象并不仅仅是教育系统自身的问题，还是社会治理体制在教育领域的具体体现。

其一，总体性社会的运行机制在学校单位组织运行中的反映。当下的中国社会是一种党政协同的领导体制，是一种执政党通过政治领导在组织和意识形态层面深刻塑造并融入中国特色政府体系形成的集中统一的党政结构（王浦劬、汤彬，2019）。在县级层面，政治与行政的二分体现为党委领导下的政府行政体系执行。党委往往通过融合政府部门领导在内的领导小组等形式对行政事务进行统领，推行重要党政事务。例如，在创文过程中，各地都会成立以党委主要领导为组长，以政府、人大、政协"三套班子"领导为副组长，以党政系统内部各部门负责人为组员的领导小组，其他重要的工作莫不如是。这样的组织结构在事实上形成了"一体双轨"的"党政双轨行政结构"（胡伟，1998：292~295），从组织上和体制上实现了对包括基层教育治理在内的各项社会事务的总体性控制。因此，我们能够看到，"创文""交通安全月""脱贫攻坚宣传"等活动虽然不是教育行政部门的主要工作，但由于是党委政府在某一时期内的重要工作，教育行政部门作为政府的下属部门，需要服从大局，全程参与并配合其他相关部门的工作。

在日常治理实践中，行政体系借助"单位制"组织管理各项社会事务，整个社会的运转表现为各种组织单位的运行，并呈现向上负责的特征。任何单位组织都有完成社会职能、满足成员需要及组织自身发展三个目标。如果单位没有自有资源，缺乏自我发展和满足成员需要的能力，就只能依赖上级单位配置资源。为了达到发展的目的，唯一的手段是出色地完成上级下达的任务以提高自己的地位，从而获得奖励。为此，单位借助党群组织并通过增加对总体目标和组织荣誉的认同对其成员进行思想政治动员（孙立平等，1994）。尽管当下"单位"的概念逐渐淡化，但是在像公立学校这样的事业单位里，单位制的特征依然保留了下来。在党委政府向师生分配各种任务的时候，尽管学校管理者会因负担过重而产生抵触情绪，但是其作为"单位人"，尤其是"单位负责人"，又不得不接受任务并将其布置给教师、学生及其家长。

其二，目标责任制和锦标赛体制下形成的压力型体制以及由此产生的运动式治理模式。各级单位在行政体系中的地位竞争演化为目标责任制，"将构建目标体系和实施考评奖惩作为运作的核心，在权威体系内部构建出'责任－利益'联结关系"（王汉生、王一鸽，2009），由此形成组织系统内的压力型体制，即下级为在一定期限内完成上级下达的各项指标而采取的数量化任务层层分解的管理方式和物质化的评价体系（荣敬本等，1998）。在压力型体制下，学校等单位不但要完成上级布置的任务，还要在同类单位和地区中开展竞争，要比周边的单位、地区或部门完成得更好更快，从而在锦标赛体制（周黎安，2007）中获胜，赢得上级部门的认可并获得奖励，单位的负责人由此可以实现晋升，获得上级部门的其他资源支持。为了防止在锦标赛体制中落后，不同的学校单位在接到任务后均需要极力推进，在此过程中不得不采取运动式治理的方式。在部门利益冲突、行事路径僵化的情况下，运动式治理能打破部门边界，让部门利益暂时让位于更急迫的任务，科层体系的运作方式被重组，从而使上级政策能够快速、有效、强力地推行（冯仕政，2011）。这种非常规、全面动员的治理模式实际上在短时期内将高度分化的科层结构重新整合，让各个部门的原有目标让位于紧急型运动，同时给予强大的正面或负面激励，并严格管控各部门的行动空间，让各部门能够在目标、激励、约束等多方面整合一致，完成上级分配的任务（陈家建等，2013）。单位制、目标责任制、压力型体制、锦标赛体制和运动式治理在具体教育治理实践中的"完美组合"，使基层教育部门和学校处于被动地位，只能被整合进一个庞大的行政体系中，执行上级安排的各项任务，而无论这些工作在教育体系中扮演什么样的角色。

其三，教育行政部门和学校之所以扮演被动执行的角色，归根到底是由于其在行政体系中处于较为弱势的地位甚至是附庸，失去办学自主权。教育行政部门和学校在公共资源分配中处于依附性地位，依赖党委政府拨发人事和经费资源，而不能像经济部门和交通安全部门那样产生显而易见的经济价值。教育、医疗、环保等公共服务相较于基础建设，具有投资周期长、见效慢、外部性强的特征，难以在短期内彰显地方官员的"政绩"，因此往往难以在其价值序列中占据优先地位（蔡茹、姚继军，2018）。这导致党委政府对教育事业的管理存在两个突出的问题。一是"管得不够"，在教师队伍建设额编制和教育经费等核心资源的配置上不足。比如，在笔者调研的朴县，教师队伍中代课教师比例高、教办和学校经费匮乏，同时日常工作中对此的重视程度不足。在朴县党政主要领导的工作报道中，关于招商引资、视察企业和城市建设工地的报道比比皆是，但只在学校开学、教师节、中考高考等特殊时间节点到学校调研、检查。二是"管得过多"，"各种督查检查评比考核等事项名目多、频率高；各类调研、统计、信息采集等活动交叉重复，有的布置随意；一些地方和部门在落实安全稳定、扫黑除恶、创优评先等工作时，经常向学校和教师摊派任务。这极大地干扰了学校正常的教育教学秩序"①。政府对教育系统和学校的干预过多，抑制了学校办学的活力。2020 年，教育部、中组部、发改委等八部门联合发布了《关于进一步激发中小学办学活力的若干意见》，提出"围绕对学校管得太多、干扰太多、激励不够、保障不够等突出问题，深化体制机制改革，着力破解影响和制约中小学办学活力的困难和问题""完善宏观管理。依法依规明确党委政府和教育主管部门对学校的管理事项"，同时保障学校教育教学自主权、扩大人事工作自主权、落实学校经费使用自主权。由此可以看出，在教育治理实践中，如果党委政府对教育的管理事项不够明确，那

---

① 《关于减轻中小学教师负担进一步营造教育教学良好环境的若干意见》，www. moe. gov. cn/jyb_xxgk/moe_1777/moe_1778/201912/t20191215_412081. html，最后访问日期：2024 年 6 月 13 日。

么学校的自主权是不能得到有效保障的。因此，农村基础教育治理中出现多部门合力增加教育系统负担的"逆整体性治理"现象也就不难理解了。

参考文献

蔡茹、姚继军，2018，《地级党委常委集体特征对教育财政支出影响的实证研究》，《教育发展研究》第 17 期，第 15～20、42 页。

陈家建、边慧敏、邓湘树，2013，《科层结构与政策执行》，《社会学研究》第 6 期，第 1～20、242 页。

丁建彪，2020，《整体性治理视角下中国农村扶贫脱贫实践过程研究》，《政治学研究》第 3 期，第 113～128 页。

冯仕政，2011，《中国国家运动的形成与变异：基于政体的整体性解释》，《开放时代》第 1 期，第 73～97 页。

胡伟，1998，《政府过程》，浙江人民出版社。

杰索普，鲍勃，1999，《治理的兴起及其失败的风险：以经济发展为例的论述》，《国际社会科学杂志》（中文版）第 1 期，第 31～48 页。

科尔巴奇，H. K.，2014，《治理的意义》，载王浦劬、藏雷震编译《治理理论与实践：经典议题研究新解》，中央编译出版社。

李洋，2020，《西方治理理论的缺陷与马克思治理思想的超越》，《哲学研究》第 7 期，第 48～57 页。

荣敬本、崔之元、王拴正、高新军、何增科、杨雪冬等，1998，《从压力型体制向民主合作体制的转变：县乡两级政治体制改革》，中央编译出版社。

斯托克，格里，1999，《作为理论的治理：五个论点》，《国际社会科学杂志》（中文版）第 1 期，第 19～30 页。

孙立平、王汉生、王思斌、林彬、杨善华，1994，《改革以来中国社会结构的变迁》，《中国社会科学》第 2 期，第 47～62 页。

王汉生、王一鸽，2009，《目标责任制：农村基层政权的实践逻辑》，《社会学研究》第 2 期，第 61～92、244 页。

王浦劬、汤彬，2019，《当代中国治理的党政结构与功能机制分析》，《中国社会科学》第 9 期，第 4～24、204 页。

徐勇，1997，《Governance：治理的阐释》，《政治学研究》第 1 期，第 63～67 页。

余亚梅、唐贤兴，2020，《协同治理视野下的政策能力：新概念和新框架》，《南京社会科学》第 9 期，第 7～15 页。

俞可平，2000，《治理与善治》，社会科学文献出版社。

曾凡军、江晓翠，2019，《征地冲突：治理碎片化与整体性救治——以 N 市为例》，《湘潭大学学报》（哲学社会科学版）第 4 期，第 35～40 页。

张康之，2012，《合作治理是社会治理变革的归宿》，《社会科学研究》第 3 期，第 35～42 页。

周黎安，2007，《中国地方官员的晋升锦标赛模式研究》，《经济研究》第 7 期，第 36～50 页。

Perri, Diana Leat, Kimberly Seltzer, & Gerry Stoker. 2002. *Towards Holistic Governance*：*The New Reform Agenda*. Basingstoke：Palgrave Press.

乡村义务教育质量评价的困境及破解之道[*]

朱成科　李东青[**]

摘　要：当前我国乡村义务教育质量评价政策存在诸多问题。按照由政策到实践的线索分析，可发现国家教育政策向区域教育政策的转化过程与乡村义务教育质量评价问题之间存在内隐性关联。例如，地方教育政策与国家教育政策理念的协调性欠佳、部分地方教育主管部门对国家教育政策的再开发能力较弱、基层教育政策执行的完成度较低，这导致乡村义务教育质量评价工作出现过程复杂的简单化、手段的形式化以及制度建设的延迟化等问题。除政策因素外，乡村义务教育质量评价还受到乡村教育及乡村学校"向城性"价值取向、"役物化"工作倾向以及"孱弱式"自我发展能力的影响。对此，乡村义务教育质量评价工作要树立面向乡村学生个性发展的动态性评价理念、建立符合乡村学校自身条件的多样性评价形式、确立弘扬乡村文化的乡土性评价标准，以适应乡村教育的特殊性，推动乡村义务教育优质均衡发展。

关键词：教育质量；乡村义务教育质量评价；教育质量评价政策

乡村义务教育质量评价是指对乡村义务教育的质量进行系统、科学、全面的评价，其工作效果将直接影响乡村义务教育质量乃至全国基础教育

＊　本文系国家社会科学基金"十三五"规划 2019 年度教育学重大招标课题"新时代中国教育高质量发展的路径和对策研究"（项目编号：VFA190004）的阶段性研究成果。

＊＊　朱成科，教育学博士，渤海大学研究生院院长、教授，辽宁基础教育研究院院长，主要从事教育哲学与基本理论、教师教育、农村教育研究，E-mail：zhuchk70s@ 163.com；李东青，渤海大学教育科学学院硕士研究生，主要从事农村教育研究，E-mail：l2021001016@ 163.com。

质量的提升。《深化新时代教育评价改革总体方案》（以下简称《总体方案》）、《义务教育质量评价指南》（以下简称《评价指南》）等政策文件的颁布，为全国开展教育质量评价工作提供了参考蓝本。实施教育质量评价政策是一个自上而下的过程，县级以下的乡村教育是政策落实的终端。在这个过程中，有学者指出，"在明确的教育方针和具体的教育实践之间似乎存在着一个落差"（辛涛、姜宇，2017）。这种落差使政策理想与现实之间产生错位，该问题在乡村教育中表现得更为突出。因此，弥补这种落差成为解决乡村义务教育质量评价问题的关键环节。换言之，教育质量评价政策与乡村义务教育质量评价之间存在一定的内在关联。

当前围绕教育质量评价主题的研究颇多，以教育质量评价政策为主题的研究是热点之一，其涵盖了理论和实践两个方面。通过对这些研究进行梳理，可将其概括为以下几个方面。

首先，学者们明确肯定了实施教育质量评价政策的立意。他们以国家印发的几个重要教育质量评价政策文本为依托，进行了经典解读和深入剖析，从不同角度论述了教育评价"指挥棒"与"体检仪"的两项核心功能，指出"促进学生全面发展、提高学校教育质量、推动教育优质均衡发展"是教育质量评价的应有之义（李勉、罗良，2021）。其次，一些学者总结了我国实施教育质量评价政策取得的阶段性结果。比如，有研究者通过梳理国家基础教育质量监测与评价体系的发展历程，得出"我国教育质量评价工作已经走过了萌芽期和探索期"的结论（陈慧娟、辛涛，2021）；还有研究者进一步指出，我国教育质量评价工作正在向更高水平迈进，逐渐呈现注重内涵发展、综合性评价、多元化评价的趋向（郑美良、范国睿，2021）。最后，教育质量评价工作在取得阶段性成果的同时也暴露出诸多问题，有学者对教育质量评价政策及实践中存在的不足展开了探讨。如有研究者从组织机构的角度指出，"我国已初步形成了全国范围内的监测评价工作网络，但各级监测部门存在认知不清、权责不明和工作内容杂乱"等现实问题，尤其是市县层面自发开展的区域教育质量评价往往各自为政，缺乏顶层设计（陈慧娟、辛涛，2021）；也有研究者从制度构建角度指出，我国基础教育评价实践中存在"制度共识的异化、评价制度的内部动力不足、评价制度的多元性不足、制度功能迷失、外部评价制度不健全"等问题（袁建林、熊颖，2022）；还有研究者认为，"教育评价中剑指政府的评价取向，无法从实际效果的角度对政策举措进行精准评价"（李刚等，2023）。对于以上问题，学者们从不同角度予以回应。在政策制定方面，应该发挥教育测评、大数据等数字技术在教育评价中的作用，通过数据处理和分析挖掘信息、诊断问题来优化教育政策（张家勇，2021）。在体系建设方面，有几位研究者从教育本体论的角度指出，各级各类教育质量评价必须回归教育的本质，教育评价体系的设计应该在尊重不同地区、不同学校差异的基础上，以评价带动学校的内涵式发展（邬志辉等，2022）。有研究者基于国家顶层设计，指出应构建中小学与高中阶段评价工作流程的融通机制（辛涛、张彩，2018）。在相关利益主体的关系方面，有研究者通过论证地方政府、社会与学校在教育质量评价中的角色定位，指出在教育质量评价中，政府和社会应该"确权定责""放权赋能"，以释放学校内部的发展活力（郑美良、范国睿，2021）。

以上研究推动了教育质量评价政策的进程，揭示了教育质量评价政策在落实过程中存在的问题，为进一步改进教育质量评价工作、提升教育质量奠定了一定的基础。但经过系统梳理可以发现，基于政策与实践角度的论证还较为零散，涉及乡村义务教育质量评价问题的研究还较为粗浅。从理论逻辑来看，乡村义务教育质量评价工作与教育质量评价政策的完成度之间存在一定的关联。目前，有少数研究者站在乡村义务教育质量评价的立场，提出"教育评价政策设计充分考虑学校场域中行政逻辑与教育逻辑的有序衔接"的观点（闫闯，2022）。但他们更侧重于解释乡村学校在评价政策中的捆绑问题，缺乏对教育评价政策与乡村义务教育评价实践内在逻辑的双重论证。综上所述，从教育质量评价政策角度分析乡村义务教育质量评价问题兼具理论意义和现实意义。厘清教育质量评价政策与乡村义务教育质量评价实践之间的关系，有助于改进乡村义务教育质量评价机制，推动乡村义务教育质量提升。

一 国家教育政策向区域教育政策转化
过程中的内在隐患

国家教育政策为全国教育工作提供了基本准则，与之相匹配的区域教育政策则推动着国家教育政策的落地。但国家教育政策向区域教育政策转化的过程中往往会产生种种偏差，影响着政策实施的效果。

（一）地方教育政策与国家教育政策理念的协调性欠佳

教育质量评价政策具有行政导向的属性。基础教育质量监测与评价指向宏观的教育质量管理，是根据国家制定的有关方针、政策、法令和法规，定期对基础教育质量进行评估与判断（陈慧娟、辛涛，2021）。因为教育质量评价政策面向全国教育系统，所以其表达具有高度凝练性以便提供宏观指导。如《评价指南》指出"各地可结合本地实际，制定义务教育质量评价实施细则"，《总体方案》提出"坚持统筹兼顾，针对不同主体和不同学段、不同类型教育特点，分类设计、稳步推进"。这些概括性的政策表述给予各地教育主管部门较大的自我发挥空间，目的是希望各地基层部门能够把地方特殊性纳入工作范围，因地制宜形成本土性的教育质量评价政策，最终使全国教育质量评价工作形成错落有致的格局。但在实际操作中，这种人性化留白的落实会面临一些挑战，如地方基层部门的执行效果可能因受多种因素影响而存在些许差异。换言之，地方基层部门未能有效制定体现区域特色、具有实操性的地方性教育质量评价政策以填补这部分留白，而是选择直接执行高度凝练的国家教育质量评价政策，进而隐匿了地方教育质量评价工作的特殊性和复杂性。反映在乡村义务教育质量评价工作中，则表现为它未凸显乡村与城镇的差异特色，而是与城镇教育质量评价工作雷同，最终使全国教育质量评价工作呈现整齐划一的局面。

（二）部分地方教育主管部门对国家教育政策的再开发能力较弱

教育政策主体往往把教育政策所表达的实质性内容蕴含在不同格式的合法化的文本之中，通过人们对文本的理解和遵守达到自己的目的（刘复兴，2003：37）。地方政府部门在理解政策文本的过程中，会因各种因素产生对政策文本的误解及曲解。以教育质量评价理念为例，我国的教育理念始终强调以人为本、注重培养学生的综合素质，相关的教育质量评价政策继承了这种教育理念，以学生综合素质发展为核心，致力于"破五唯"、扭转教育评价的功利化倾向，如《总体方案》指出"不得将升学率与学校工程项目、经费分配、评优评先等挂钩"。这些文本描绘了我国教育质量评价工作的理想蓝图，但问题在于，政策文本或描述内容具有一定的抽象性，部分地方教育主管部门对抽象内容的具象化解读和开发能力欠佳。以学生发展质量评价为例，它包含的 12 项关键指标中涉及理想信念、创新精神等隐性内容。这些内容无法用纯理性工具测量，而且评价工作存在偏差会在一定程度上影响数据的真实性，而地方教育主管部门又难以制定与之相匹配的评价方式，最终会使其不自觉地滑向对成绩、排名等直观数据的评价。类似地，相关教育质量评价政策文件中所倡导的改进结果性评价、创新过程性评价、开展增值性评价和特色评价等评价方式，在为教育质量评价工作提供新思路的同时，其实也是对地方教育主管部门能力的考验，甚至变相地增加了乡村义务教育质量评价工作的内容和负担。

（三）基层教育政策执行的完成度较低

实施教育质量评价政策旨在提升教育质量，但目前无论是在政策本身层面还是在学术探讨层面，它们的重心均集中在对评价内容、方式"应是什么"的过程性讨论，对反思评价结果及改进效果的关注度较低。而政府政策本身是集政策制定、政策执行和政策评估于一体的闭环流程。况且评估并非一个完整政策周期的终结，它因反馈而更具意义，而反馈以作用于政策改进为价值旨归，"评估—反馈—改进"三者的循环构成了"政策执行生态"（阳荣威、刘伟豪，2023）。当前我国教育质量评价政策在设计上存在这种"政策执行生态"的缺失，导致教育质量评价的评估反馈工作存在先天性不足。在后期的评估反馈过程中，地方基层发挥着起承转合的重要作用，这种自下而上式的反馈能够充分反映政策执行的状况。但在现实中，它们的工作重心主要在于推进政策落实方面，构建监督反馈机制的意识较为薄弱，因此会出现教育质量评价工作"落而不实"的情况。这种错误认知让教育质量评价工作始终缺少一个环节，教育质量评价政策也因此并没有真正得到落实。随着教育质量评价工作的深入开展，这种"落而不实"的情况最终会使其流于形式化。乡村义务教育质量评价作为政策执行的最底端，形式化的落实表现更为突出。而这种形式化难以保证乡村义务教育质量评价工作结果的真实性，因而也大大降低了它的反馈作用。

二 当前我国乡村义务教育质量评价的现实困境表征

随着教育质量评价工作的整体推进，教育质量评价在取得阶段性成果的同时也产生了一些问题。在政策的内在隐患和乡村义务教育特殊性的双重影响下，乡村义务教育质量评价工作存在一些更加复杂的现实困境。

（一）乡村义务教育质量评价过程复杂的简单化

如前所述，鉴于各级各类教育的差异性，国家层面的教育质量评价政策给予基层一定的自我发挥空间，以促进各地本土性政策的生成。但受到能力和眼界的限制，乡村义务教育质量评价通常使用的是城乡共用型的评价体系。这种操作直接简化了乡村义务教育质量评价工作的复杂性，其最直观的表现为"一刀切"问题。首先，在制定评价标准时，乡村学校的教育质量评价标准存在强硬对标城镇的现象，表现为忽视乡村学生的成长环境、教育资源以及社会背景等起点差异，以各种统一指标来衡量，降低了评价的合理性和可信度，难以体现教育的公平性。其次，在实施评价过程中，乡村义务教育质量评价工作呈现单一且空洞的特点。外部评价和量化的结果性评价方式以一概而论的形式概括了乡村义务教育质量差的状况，缺少对乡村学校和乡村教育的历史原因、现实因素、社会环境等细节的分析和把控，难以对乡村义务教育质量评价形成全面且正确的认识。最后，在评价结果中，乡村义务教育质量评价工作存在过于注重学生学习成绩、忽视乡土特色内容的问题。有学者明确指出，乡村教育质量评价既应该将一般性的教育质量监测作为基础，更应该将地区性的乡村社会文化发展特点和需求作为重要的乃至决定性的组成部分（李怡明、刘延金，2017）。目前，乡村义务教育质量评价工作存在的问题恰恰是未能实现对乡土情怀、乡土文化传承等关键部分的切实关注。相关政策文件以及学者们提出在教育质量评价中应注重乡村教育特殊性、尊重起点差异、肯定过程性结果、开展多元评价等建议，这是正视乡村义务教育质量评价工作复杂性的表现，同时也意味着未来开展乡村义务教育质量评价工作需要投入更多的精力。

（二） 乡村义务教育质量评价手段的形式化

教育质量评价是对教育目的与结果之间匹配程度的一种事实和价值的评判，其工作意义在于"发挥评价结果对提高义务教育质量的引领和促进作用"（杜明峰，2022）。但在现实中，乡村义务教育质量评价往往忘记工作初衷，止步于评判本身，最终演变成一种形式化工作。首先，评价工作多数停留在以获取成绩为核心的数据层面。这种工作仅揭示了"乡村教育质量差"的事实，缺乏对数字背后深层含义的挖掘。况且，由于在评价过程中存在简化、异化等现象，数据的真实性也有待商榷。其次，以考试为主的评价手段将开展乡村义务教育质量评价工作的意义窄化成对学生学习成绩的提升，让教育质量评价最终沦为测量成绩的工具，从而忽视了乡村学生的个性发展。这种"为了评价而评价""为数据竞争"的行为，不仅不能提升、促进和引导教育的发展，反而把对教育本质的追求、内涵的发展削弱和冲淡了（叶赋桂，2019）。最后，乡村义务教育质量评价工作存在重结果的假象。一个完整的评估过程必然包括对评估结果的质量进行检验、对评估结果的意义做出解释、对评估结果进行反馈和有效利用等（时艳芳，2022）。但乡村义务教育质量评价注重数据检测的结果，而非质量评价之后的质量提升效果。由于我国大部分地区还未建立有效的评价结果使用机制，该现象仍未能得到有效遏制。为解决以上问题，一些措施（如开展增值性评价、特色评价等多元评价方式）被陆续提出，但改革评价方式意味着乡村义务教育质量评价工作需要更新工作观念、内容和方式等，在这个实践过程中，很难保证它不会变成另一种形式化。

（三） 乡村义务教育质量评价制度建设的延迟化

一套完善的教育评价制度是保障教育评价工作顺利进行的重要因素，有学者指出，"新时代教育评价改革是制度创新的过程，研究改革的核心就是研究制度，制度是保障改革有序开展和稳步运行的物质载体"（张辉蓉、盛雅琦，2022）。但制度建设具有滞后性的特点，由于乡村教育处于教育系统的末端，这种滞后性更为明显。乡村义务教育质量评价制度建设的延迟与困难表现在诸多方面。首先，制度建设初期需要经过一系列的理性探讨，这离不开学术层面的推进。学术研究在一定程度上可以反映某个问题获得关注的程度。纵观现有的关于教育质量评价制度的学术研究，它们多数集中在高等教育、职业教育、学前教育等领域对评价内容、指标、方式等具体要素的研究，鲜有针对乡村义务教育质量评价制度建设的探讨。这说明，学术研究对乡村义务教育质量评价制度建设的推动作用还未得以充分发挥。其次，制度建设属于上层建筑范畴，离不开相关政府部门的努力。在积极构建教育质量评价制度体系的宏观背景下，地方基层部门在领导力方面或许存在一些局限性，这在一定程度上让义务教育质量评价制度的建设还停留在理念倡导层面。最后，制度建设需要相关主体有意识地主动参与，这种主动参与具体表现在自我认知、表达诉求、创新能力等诸多方面。乡村学校作为乡村义务教育质量评价的直接相关者，缺少参与建设教育质量评价制度的底气和能力，难以建立一套与实际情况相匹配的校级评价制度。总之，制度建设需要一定的时间，且是环环相扣的，需要各相关利益主体的相互配合，而乡村教育的复杂性使乡村义务教育质量评价制度建设道路变得更为艰巨。

三 当前我国乡村义务教育质量评价问题的原因剖析

综观全局，乡村义务教育质量评价工作中的问题受多方因素的影响，但主要原因在于其自身。乡村教育和乡村学校自身内部的缺陷，随着乡村义务教育质量评价工作的开展逐渐凸显。

（一）"向城性"价值取向导致城乡评价工作的趋同

我国地域广，地区差异、城乡差异大，而长期奉行整齐划一的思维模式，事实上造成了我们在教育取向上的单一化。教育的话语权、决策权多集中在城市阶层，潜在地使我们的教育政策和主流教育话语权更多地带有"城市取向"（刘铁芳，2008：18）。乡村义务教育质量评价工作同样受到城乡二元思想的束缚，以城镇为导向的发展理念让城乡教育质量评价工作走向趋同。首先，乡村学校通常将城市学校作为自我发展的参照对象，在发展认识上存在"城市偏向"，即习惯以城市教育的标准去衡量、评价乡村教育（冯建军，2021）。这种"向城性"背后隐藏的是追求同一化的逻辑，是不计起点差异、否认特殊性的病态发展观。在这种价值取向下，乡村义务教育质量评价工作通常会忽略乡村学校的自身差异和特色，参照城镇学校的标准来开展教育质量评价工作。其次，长期以城镇为导向的发展理念，抑制了乡村学校独立发展的能力，跟随城镇开展评价工作仿佛成了第一选择。而基层教育主管部门能力有限，未能对其提供有序的引导。在这种双重作用下，乡村义务教育质量评价工作难以走出一条独立的道路。最后，即使处于破解城乡二元对立、"破五唯"的教育理念转变的历史进程中，由于深受"唯分数"论的惯性影响，乡村义务教育质量评价工作在转换工作理念及方式时存在一定的滞后性，在教育质量评价过程中仍会不自觉地保留"向城镇看齐、以成绩为核心标准"的工作倾向。简言之，"向城性"价值取向抑制了乡村学校的自我能动性，使其在教育质量评价工作中不自觉地追随城镇的步伐。这种与自身实际不符的工作形式加剧了其负担，因而暴露出更多问题。

（二）"役物化"工作倾向导致评价工作的偏离

现行教育评价制度中一个被广泛诟病的问题就是忽视评价对象的特殊性，评价过程存在比较严重的"标准化""一刀切"问题，导致各级各类教育共同存在的同质化或趋同化现象，进而引发教育系统的"攀比风""升格风"（石中英，2020）。教育质量评价工作的异化与物化既是教育质量评价的问题，也是使教育质量评价工作发生偏离的原因。首先，评价作为一种教育质量监测的手段，本身带有工具理性的性质。在诸多教育质量评价标准和内容中，以成绩、升学率、排名为代表的数据监测最为直观，因此难免会形成以成绩为核心的评价标准，忽视对乡村学生的成长环境、教育资源以及社会背景等前提性因素的理性思考。其次，不同于考核成绩的易操作性，对乡村特色、乡土文化传承、学生综合素质、个性发展此类抽象内容难以制定合理有效的衡量标准和形式进行监测。对比二者，以学习成绩为衡量标准似乎成为省时省力的最佳选择，评价因此变成只追求成绩的形式化。最后，缺乏评估环节是造成评价工作"役物化"和形式化的主要原因。无论是在政策制定前、政策制定过程中还是在政策实施过程中以及实施后，乡村义务教育质量评价的作用都未得到充分的发挥。没有形成完善的评估制度和成熟的评估组织机构，造成乡村义务教育质量评价工作出现

"只管'做',不管'效果如何'"的现象。而以上这些问题的根本原因在于政策理想与现实的脱节。实施教育质量评价政策是为了扭转以学业成绩为单一评价标准的现状,其根本目的是提升教育质量;但即使有"破五唯"理念的倡导,实际中以分数论质量的做法仍然盛行。这种理想与现实的割裂,让乡村义务教育质量评价工作陷入追求成绩还是追求质量的两难困境。

(三)"孱弱式"自我发展能力影响评价工作的推进

国家政策所释放的活力其实是对基层部门的一种考验,基层对国家政策的解读与开发能力影响政策的实施效果。教育质量评价工作中的基层主要指基层教育主管部门和乡村学校。一方面,就基层教育主管部门而言,可能因将自身角色局限于政策执行者,其对乡村义务教育质量评价工作发挥实践指导和监督监管的作用较小。此外,国家政策在逐级传递的过程中也存在客观的偏差。这些因素不仅是制约乡村义务教育质量评价工作的主要因素,而且增加了出现问题的概率。另一方面,就乡村学校而言,教育质量评价工作对它来说更像是一项被迫承担的任务。乡村学校在组织管理能力、制度体系保障等方面存在天然劣势,这些因素通常会影响到乡村学校开展教育质量评价工作的水平。这种劣势地位使乡村学校自我表达的声音被外部掩盖,在教育质量评价过程中难以与外部力量抗衡,评价结果对学校的发展影响较小,大大抑制了其评价工作的主动性和积极性。另外,即使倡导发挥乡村学校在教育质量评价中的自主性,但长期依赖外部支持和指导的惯性让其在短期内难以有自主驾驭的能力。有限的组织管理能力使其缺乏对教育质量差的原因、改进措施、未来发展等方面的专业分析能力,使乡村学校在教育质量评价中难以准确地把握自身的发展方向。总之,基层教育主管部门和乡村学校的自我发展能力影响了其自我剖析、自我表达和自我构建,使乡村义务教育质量评价工作处于被动地位。

四 我国乡村义务教育质量评价困境的破解之道

乡村教育以及乡村学校的特殊性,决定着乡村义务教育质量评价工作应立足乡村实际,面向乡村学生和乡村学校,在尊重乡土特色的基础上有序开展。

（一）树立面向乡村学生个性发展的动态性评价理念

在以成绩论高低的角逐中，乡村学校紧盯学生学业成绩却收效甚微，同时忽视了学生综合素质的培养。而"是否实现学生德智体美劳全面发展"以及"是否满足学生个体发展的需求"才是衡量教育质量的关键指标。相应地，乡村教育高质量发展的核心应定位于促进乡村儿童全面发展，乡村义务教育质量评价工作则应以"满足农村学生未来生存发展"为核心开展。在全面发展以及终身教育理念盛行的当下，综合素质成为衡量学生发展质量的关键指标。当前我国基础教育质量评价工作明确表示要向学生的品德发展、学业发展、身心发展、审美素养、劳动与社会实践五方面内容倾斜。这些内容仅为开展教育质量评价工作提供了大致的方向和范围，具体工作还需进一步探索。例如，开展乡村义务教育质量评价工作，首先应该思考如何将这种指导理念区别于常规数据计算的形式，自然地融入实际教育质量评价工作中，成为符合乡村学生发展特质的内容，最终形成对乡村学生素质的综合性认识和评判。其次，由于综合素质评价是"在关注学生整体发展的基础上，不断诊断、发现或指出学生潜能发展的可能性、特定性和可测性"（李志厚、莫嘉敏，2016）的一种评价，而学生未来发展的不确定性和后延性决定了教育质量评价不应单纯地拘泥于一时的结果。乡村学生发展的特殊性意味着乡村义务教育质量评价在面对综合素质等隐性评价内容时，应有意识地规避确定性的描述，避免追求精确性的单一结果，而应该具备一种面向乡村学生未来发展的、可预见性的动态思想。这种评价思维为乡村义务教育质量评价工作提供了崭新的思路和方向，同时对改变当下教育质量评价工作中重形式轻内容、重结果轻过程的现状具有重要的现实意义。最后，归根到底，实则是在要求乡村义务教育质量评价工作应该表现出一种敢为人先、特立独行的行事作风。但这种特立独行不是恣意妄为，而是基于乡村学校和乡村学生发展个性的特立独行，是对以往循规蹈矩式评价工作的修正。

总之，"为了评价而评价"式的工作是缺乏理念指引的结果，树立面向乡村学生个性发展的评价理念，是从理念层面对乡村义务教育质量评价工作自我意识的唤醒，是其初衷以及最终的落脚点。

（二） 建立符合乡村学校自身条件的多样性评价形式

乡村学校尤其是乡村小规模学校"小而差"是其难以撕掉的既定标签，且这种"小而差"因所处地理位置、行政区域（一般以县域为单位）的差异而具有不同的表现。因此，乡村义务教育质量评价工作应制定多样性评价形式以充分反映县域的实际情况。这需要县域内的教育部门以及乡村学校积极承担责任，推动自我改革，以满足自身教育质量评价工作的需要。

首先，乡村学校及教师应认清自身"小而差"的事实。乡村教育质量差是在教育评价工作以成绩为主导情况下的事实判断，这种既定的事实让乡村教育事业苦苦挣扎而不得逃脱。对此，乡村学校和教师应该跳出以成绩为导向的传统结果性评价的怪圈，另行寻找特色的评价方式以肯定自身努力过程，发挥评价制度的正向导向和激励作用，增强工作自信心。其次，在接受自身局限的同时应该学会"因势导利"，发挥自身小规模的优势。当前提出的诸多创造性的评价内容和形式，为乡村学校的教育质量评价工作提供了机遇：小规模的结构特点使其在开展特色、个性化评价项目的实施、管理、监测、反馈等过程中具有一定的先天优势。它在一定程度上可降低乡村学校开展教育质量评价工作的复杂程度，有利于直接揭示真实问题、提升工作效率，帮助乡村学校实现由"小而差"向"小而优"的转变。最后，乡村学校要想实现"小而优"的转变，需要构建一套符合自身条件的独特的教育质量评价体系。当前倡导的增值性评价、过程性评价、特色评价等形式已经为其提供了参考方向，乡村学校所需要做的就是探索如何实现这些形式与自身有效结合。例如，有效开展增值性评价工作的前提是乡村学校需要对前期教育质量形成正确的认识，在此基础上结合阶段性结果形成一个短期的过程性评价，这种短期的过程性评价构成开展下一步教育质量评价工作的起点。这对乡村学校的自我认知能力、过程监管能力以及未来发展定位等提出了较高的要求。

总之，后续乡村义务教育质量评价工作应改变单一的结果性评价方式，认识到乡村学校"小而差"的事实之后，应将"小而优"的特色作为学校评价的切入点和发展的增长点，形成自己独特的、稳定的教育特征、风格和校园文化，引导和促进学校不断发展（胡中锋，2008）。

（三） 确立弘扬乡村文化的乡土性评价标准

乡村教育的独特之处在于从"生于斯，长于斯"的乡土社会中孕育而来的"乡土"性，但乡土气息的淡化是当前乡村教育存在的一大弊病。乡村学校本身涵盖了乡村独特的人文与自然环境、农业生产生活、生态环境与自治传统等教育资源，是传承乡村地区自然与文化保护的重要场域，它的创新发展应在社会文化变迁的共时态中确立"学校知识"与"乡土文化"的价值诉求（满忠坤、李慧慧，2022）。缺失乡土文化功能的评价体系和行为让乡村学校只是地理空间意义上"在乡村"的学校，是丢掉了文化"底色"和"本色"的非完整意义上的乡村学校（周晔、徐好好，2021）。因此，乡村义务教育质量评价工作应该体现出以"乡土文化"为核心的"在地化"特色。

以建设性的"在地化"变革整合和营造内生发展所需的资源与环境（丁学森等，2022），是乡村教育"自下而上"式的自我觉醒。首先，乡村学校应该根据乡村的师资、生源、教学与管理方式等特点，发挥乡村学校内部的能动性，自主制定与之相匹配的、合理的、可持续的且能够体现乡村特色的评价标准，以彰显其独特性。这种独特性应建立在尊重乡村教育起点差异和特色优势的基础之上。比如，除对学习成绩、升学率等一般理性内容的考察外，还可开辟乡土文化的认同感、传统风俗习惯、地方性知识等特色项目作为特殊非理性评价内容，以丰富乡村义务教育质量评价的标准，并将乡村特色资源挖掘程度、乡土课程资源开发效果、学校与乡村社会的融合发展状况等纳入乡村学校教育质量的考核范围，以激发乡村学校的自主参与意识。其次，乡村教师是乡村教育的重要资源，改进对乡村教师的质量评价工作是提升乡村教育质量的题中应有之义。乡土课程的开发、校本乡土教材的编写离不开乡村教师的推动。制定蕴含乡土特色的评价标准，既是对乡村教师的内在要求也是对其能力的考验。将乡土文化素养和乡土资源整合转化能力等作为区别于城镇教师的特色评价标准，可成为乡村教师教育质量评价的新领域。这种全新赛道的开辟可以打破外部枷锁，使乡村教师拥有更大的信心和更多的精力在更广阔的舞台上施展才能。最后，乡村社会中的乡土特色是动态的，时代变迁让其呈现一定的时代特色。乡村义务教育质量评价工作应该既有厚重的乡村文化历史古韵，又有浓浓的时代气息。如传统的乡土情怀在当前乡村社会改造和乡村全面振兴的社会环境背景下，已延伸至服务"三农"、振兴乡村的层面。这种富含时代意蕴的乡土情怀理应融入乡村教师以及乡村学生的血液之中，并且作为乡村义务教育质量评价标准的一部分呈现。

乡村教育浸润于乡土文化中，它的建设与发展离不开乡土文化。因此，在乡村义务教育质量评价过程中应该彰显出它的乡土特色，这种特色应以挖掘乡土文化为中心，积极构建相应的评价标准，以体现乡村教育的独特需求。

总之，我国义务教育已进入高质量发展阶段，教育质量评价是一项重要的工作。在乡村学校陷入高质量发展困境时，如何提升乡村学校教育质量、开展切实有效的教育质量评价是迫切需要解决的现实问题。当前，乡村义务教育质量评价工作应立足乡村实际、面向乡村社会、体现乡村特色，以构建独具特色的乡村义务教育质量评价体系。只有建立属于乡村义务教育质量评价的评价体系，才能摆脱以城镇为导向的束缚，还原乡村教育质量的真实样态，继而切实推进乡村教育质量的提升，实现乡村教育的高质量发展。

参考文献

陈慧娟、辛涛，2021，《我国基础教育质量监测与评价体系的演进与未来走向》，《华东师范大学学报》（教育科学版）第 4 期，第 42 ~ 52 页。

丁学森、邬志辉、夏博书，2022，《农村学校在地化课程建设的问题、价值与实践选择》，《中国电化教育》第 5 期，第 59 ~ 65、74 页。

杜明峰，2022，《教育质量评价的科学取向及其伦理反思》，《教育发展研究》第 6 期，第 65 ~ 70 页。

冯建军，2021，《从同一性到差异性：重构乡村教育的正义之维》，《探索与争鸣》第 4 期，第 22 ~ 24 页。

胡中锋，2008，《教育评价学》，中国人民大学出版社。

李刚、李慧婷、辛涛，2023，《区域基础教育质量评价的历史沿革、体系样态与发展方向》，《中国教育学刊》第 2 期，第 7 ~ 11 页。

李勉、罗良，2021，《〈义务教育质量评价指南〉的实践意义、实施策略与注意问题》，《人民教育》第 10 期，第 41 ~ 44 页。

李怡明、刘延金，2017，《我国乡村教育质量监测体系构建》，《西南大学学报》（社会科学版）第 1 期，第 87 ~ 93 页。

李志厚、莫嘉敏，2016，《中小学生综合素质评价研究：实然与应然分析》，《教育理论与实践》第 6 期，第 19 ~ 23 页。

刘复兴，2003，《教育政策的价值分析》，教育科学出版社。

刘铁芳，2008，《乡土的逃离与回归——乡村教育的人文重建》，福建教育出版社。

满忠坤、李慧慧，2022，《新时代乡村小规模学校问题研究的逻辑进路与方法论原则》，《中国教育学刊》第 2 期，第 65 ~ 70 页。

石中英，2020，《回归教育本体——当前我国教育评价体系改革刍议》，《教育研究》第 9 期，第 4 ~ 15 页。

时艳芳，2022，《高等教育评价结果：困境、反思与改进》，《重庆大学学报》（社会科学版）第 2 期，第 108 ~ 120 页。

邬志辉、范国睿、李立国、刘振天、王顶明、王传毅、石中英，2022，《教育高质量发展笔谈》，《清华大学教育研究》第 2 期，第 24 ~ 39 页。

辛涛、姜宇，2017，《基于核心素养的基础教育评价改革》，《中国教育学刊》第 4 期，第 12 ~ 15 页。

辛涛、张彩，2018《中小学教育质量综合评价改革的现状与前瞻》，《中国教育学刊》第 8 期，第 37 ~ 41 页。

闫闯，2022，《乡村小学教育评价政策执行的阻滞因素与纾解路径》，《大学教育科学》第 2 期，第 51 ~ 60 页。

阳荣威、刘伟豪，2023，《新时代教育评价改革政策执行的阻滞因素与纾解路径》，《大学教育科学》第 2 期，第 51 ~ 60 页。

叶赋桂，2019，《教育评价的浮华与贫困》，《清华大学教育研究》第 1 期，第 18 ~ 21 页。

袁建林、熊颖，2022，《我国基础教育评价制度的结构、问题及完善路径》，《中国考试》第 1 期，第 53 ~ 62 页。

张辉蓉、盛雅琦，2022，《新时代教育评价改革的制度化困境及应对策略——新制度主义的视角》，《中国电化教育》第 7 期，第 80 ~ 86 页。

张家勇，2021，《我国教育评价体系建设的进展、挑战与路径选择》，《河北师范大学学报》（教育科学版）第 5 期，第 17 ~ 23 页。

郑美良、范国睿，2021，《超越结果与绩效　回归过程与改进——基础教育学校评价的变迁与改进路向》，《教育科学研究》第 6 期，第 41 ~ 46 页。

周晔、徐好好，2021，《乡土文化功能：乡村学校评价内容的革新与发展》，《当代教育科学》第 2 期，第 53 ~ 58 页。

整体性治理视域下中小学校泛行政化的发生机制

——基于中部 2 县 10 所中小学骨干教师的个案访谈

孙　敏　雷望红[*]

摘　要： 在整体性治理与数字化治理同步进行的背景下，大量与教育弱相关或不相关的行政事务进入校园，中小学校泛行政化的现象日益突出。从"事件－过程"的微观视角来看，中小学校泛行政化具体表现为：一是以行政命令方式进入校园，二是以精细流程跟踪办事过程，三是以造表建档完成行政督查。而从"事件－机制"的中观层面来看，县教体局的双重地位、信息技术的扩权赋能以及行政督查的目标异化分别是中小学校泛行政化发生的组织基础、技术基础和深层推力。由此导致学校教育秩序呈现三种倾向，即中小学校部门化、教师职能副业化和教育功能世俗化。本文试图从政府治理转型的角度深刻剖析基础教育领域泛行政化的发生机制，为破解基础教育治理现代化的制度梗阻难题提供理论依据和可能路径。

关键词： 中小学校；泛行政化；教师负担；教育基层；治理转型

一　问题的提出：教师何以安静教书

近年来，大量与教育弱相关或不相关的行政事务进入校园，深陷这类事

---

* 孙敏，历史学博士，湖南师范大学历史文化学院讲师，从事教育治理、教学法研究，E-mail：bbsunmin@163.com；雷望红，管理学博士，中南大学公共管理学院讲师，主要从事基层治理、教育政策、教育治理研究，E-mail：leiwanghong@163.com。

务的中小学教师表示身心疲惫但又无可奈何，"立德树人"本是学校教育的根本任务，但现实是，"一尺讲台，安静教书"几乎成为一种奢望。在对中小学校校长及兼任管理职务的骨干教师和班主任进行个案访谈过程中，他们普遍反映当前"事事进校园"的现象严重挫伤了教师的工作积极性。行政事务大幅增加、进校更为随意、配合更加科层、检查更为形式，以致一线教师陷入这样的身份冲突："我们到底是政府的办事员还是学校的教书人？"教师群体角色冲突普遍化的事实表明，行政逻辑与教育逻辑的张力俨然从组织管理层面走向价值认同层面。行政权力在基础教育领域的渗透程度较以往更甚，基础教育领域行政泛化的问题值得深思。行政与教育恰当的、理性的关系是营造良好教育生态环境的关键，是教师践行"立德树人"初心的重要外部条件。因此，关注中小学校教师群体承担的来自行政事务的工作负担，深刻剖析中小学校泛行政化的发生机制及后果，破解教育治理现代化的制度梗阻难题，对优化学校教育生态、回归基础教育本质具有重要的现实意义。

二　文献综述：教育行政化的来龙去脉

21 世纪初期，以市场化、民营化为导向的公办学校改制带来的教育机会分配不公引起社会各界的不满。2006～2008 年，中央停止公办学校改制，同时开展了全面的清理整顿工作，对公办学校的办学活动进行了系统的规范。教育行政化最早在高等教育领域引起学界讨论，"其基本含义指高等学校成为行政体系的组成部分"（赵俊梅，1999），"在办学主体、权力运作和组织架构等方面多以行政逻辑而非教育逻辑展开"（李江源、巫春华，2000），其实质是"对行政权力与学术权力关系异化的反思"（董云川，2000）。随着社会的发展，教育中的政治因素越来越多。中小学教育行政化日益成为基础教育研究关注的热点问题。

吴全华（2015）较早关注到中小学校存在行政化现象。他将教育行政化分为外部行政化和内部行政化：外部行政化是指包括教育行政部门在内的相关教育职能部门对学校进行不当行政干预，从而导致学校自主性缺失、功能扭曲、价值偏狭、效绩低下；内部行政化是指学校内部行政管理行政化或学校行政管理人员在学校管理过程中存在较为严重的官僚作风、官僚习气、官本位现象等。冉亚辉（2020）主要从人事管理、质量评价、荣誉分配等角度分析中小学校内部行政化现象，认为其实质是形式主义与官僚主义的结合导致学校教育偏离"立德树人"的根本任务，需要高度重视并加以防范。包金玲（2012）则指出，我国将学校视为教育行政部门的一个机构，从对校长、教师的选聘到考核进行较多的行政干预，不仅降低了教师队伍的职业化和专业化水平，而且制约了现代学校制度的建设。因此，现代学校在制度建设过程中面临去行政化与行政干预的博弈、扩大学校办学自主权和权限"上收"的冲突、学校内部治理与利益相关者之间话语权失衡等诸多问题（满建宇、秦峰，2014）。

近年来，大量行政事务进入校园成为一线教师难以忍受的非教学负担。如周兆海（2021）从资源配置紧缺、督导协调不足、校政权责失衡三个方面剖析乡村教师在安全事务、材料填报、检查验收、行政摊派等非教学工作方面负担过重的问题。李跃雪、赵慧君（2020）指出，教师职责的扩大化、教师评价的问责化、教师支持的薄弱化是导致中小学教师工作负担异化的主要原因。赵健（2021）指出，信息技术的发展将造成教师负担短期减轻、长期增加的必然趋势。这种长期增负的趋势源于教育领域的信息技术以"学"为中心的技术意向性与教师被体制形塑的以"教"为中心的传统习惯之间的内在冲突。曹守光（2014）指出，"处于社会行政系统中基础地位的教育成了行政者的秀场，行政介入过多导致基础教育出现教育活动政绩化、行政任务过多、社会任务过重等基础教育乱象"。因此，基础教育领域去行政化的呼声日益高涨。杨东平（2010）认为，治理教育行政化的关键在于简政放权、转变职能。比如，山东省日照市通过中小学校长职级制和去行政化改革，实现了校长任命方式由原来的"委任制"到"选聘制"和"任职资格制"的转变（曹永清、段磊，2016）；江西省上饶市通过改进资源分配方式、拓宽评价主体、让校长对下负责、开展邀请式检查等方式让学校回归教育本位（方华，2015）。

综上所述，已有研究主要围绕中小学教育行政化的表现、后果和治理展开讨论。参与讨论的主体分为身处中小学教育一线的教师和身处高校的教育科研工作者。由于二者在知识结构和社会体系中存在较大差异，围绕中小学教育行政化讨论的重心略有差别：前者倾向于在事实层面陈述行政化的表现及其后果，后者倾向于从学理层面分析教育行政化的原因及治理。

概言之，教育行政化是指行政权力对教育的过度干预，表现为教育目标、教育理念和教育管理模式的行政化。其核心是从政府与学校的关系层面讨论行政化的管理模式，即把学校当成行政单位来管理，把日常的教学科研工作当成行政事务来处理，把教师和科研人员当成行政人员来管理（刘成玉，2011）。在研究内容方面，前人研究较多关注内部行政化，而较少讨论外部行政化，且倾向于将外部行政化作为内部行政化一个抽象的原因或者重要的背景来讨论二者的关系。调研发现，尽管中小学校在内部治理方面存在不足，但校园外部的行政力量对内部行政化的推动作用不容小觑，即外部行政化与内部行政化之间存在怎样的逻辑关联以及其在实践中如何展现这一问题值得进一步讨论。

基于此，本文通过提出"教育泛行政化"概念来体现二者的实践性关系。有学者（董云川，2000）以大学为主体，将教育本身的目标及行为作为一个模糊维度，简称"学术"；将保障教育行为和效能的非教学科研系统作为另一个维度，简称"行政"，它既包括行政、管理和职能机构及其人员，也包括党群机关、后勤等非教学科研部门及其人员。而本文讨论的"教育泛行政化"问题以基础教育阶段的中小学校为主体，将中小学教育本身的目标及行为作为一个模糊维度，简称"教育"，而将与中小学校发生任何关联的、具有一定公共权力的外部组织机构及其人员作为另一个维度，统称为"行政"，包括县级人民政府内设机构、县级条线部门和省市教育垂直部门等。结合课题组在湖南省祁东县和长沙县及江西省靖安县10所中小学校的实地调研，本文从微观层面呈现中小学校泛行政化的具体表现，并从政府治理转型的角度切入，讨论教育泛行政化的发生机制及后果。在此基础上，揭示以整体性治理为目标的行政逻辑与具有明显基层特征的教育逻辑间的内在冲突，有助于破解当前教育行政化的治理困境。

三　中小学教育泛行政化的表现及发生机制

（一）间接强制：双层动员与双重地位

1. 双层动员：利用教育动员实现任务摊派

按照事务内容与教育教学关联程度的不同，进入校园的事务可分为四类。

一是与教育教学本身密切相关的事务，可称之为"原生事务"。这类事务往往由县教体局牵头或者由省市教育部门安排，围绕学校教学、教研等活动进行指导、展示或督查。如每学期常规化的督学检查，一般一个学期2次，开学的督学检查内容包括校容校貌、周边环境、师生到校、校园安全、开学第一课、安全教育等，同时需要收集学校的工作计划表、课程表、作息时间表等。

二是与教育教学环境相关的事务，可称之为"次生事务"。这类事务并非教育教学活动本身，但由于教育教学活动是在一定场域中依托一定条件开展的，凡是与教育场域或教育条件相关的事务即可归为此类，如围绕校园安全开展的且与其他职能部门存在关联的"食品安全""消防安全""禁毒教育""周边环境""防溺水工作"以及在教学过程中由师生矛盾或家校矛盾引发的"投诉教师、投诉学校"的事务，等等。

三是与教育教学完全无关的事务，可称之为"剩余事务"。这类事务是由与县教体局平级的其他县职部门受限于本部门人、财、物而无法独立完成的部门"溢出"任务。具体包括以网络投票、关注公众号为代表的对数量有要求的活动，以"学法学规学精神"为代表的对反馈效果有要求的活动，以及围绕重大主题开展的对内容形式有要求的活动。

四是与教育教学本身无关但与教师升迁、待遇等弱相关且属于县域中心工作的事务，可称之为"中心工作"。这类事务往往由县人民政府内设办公室围绕中心工作的目标、按照属地管理原则分解到校的任务，典型的如教育扶贫工作、疫情防控工作、"文明城市"创建工作等。

在这四类事务中，除"原生事务"属于教育常规工作之外，其他三类事务在进校方式、任务要求和进校动机方面具有高度一致性。首先，从进校方式来看，这些事务一般通过县教体局转发到中小学校，而且常常以正式的"公文""公单"方式传递，带有明显的行政命名色彩。其次，从任务要求来看，这些事务在任务数量和质量方面有各自的要求。一是条线部门为完成数据考核摊派的任务，典型的如投票、关注、点赞等。二是围绕重大主题互动分配的任务。最后，从进校动机来看，非教育职能部门试图通过县教体局实现对学校师生的动员，或者通过学校教师实现对学生家长的动员。

非教育职能部门一般采用"公文""公单"等部门文件的形式，以县级教育职能部门为中转站，将大量与教育教学弱相关或不相关的任务摊派、分配到中小学校。相关职能部门试图利用县域范围内中小学校"人才高地"优势，或者基层学校强大的教育动员能力来完成自己的考核任务。前者可看作典型的"命题式作文"，其核心是利用学校对师生的动员能力，并依托相对具有才华的师生来实现部门创新获取"争优成绩"。后者则意在依托教师的教育权实现社会动员，尤其是对广大学生家长的动员，以完成相关的部门数据指标获得"达标成绩"。

2. 行政对教育动员利用的组织基础：县教体局的双重地位

在上述四类事务中，除"原生事务"之外，其他三类事务的责任主体是各职能部门而非中小学校，按照一般逻辑学校完全可以置之不理。但现实情况是，中小学校无法拒绝，这与县域政教体系中县教体局的双重地位密切相关。县教体局的双重地位体现在两个方面。一方面，在行政体系内部，县教体局处在教育条线垂直系统中的底部和县域部门横向体系中的边缘。在纵向和横向关系均属于弱势的情况下，县教体局的资源配置能力、部门协调能力以及教育管理能力受到行政体系内其他部门的掣肘，故县教体局在开展本职工作时常感到"心有余而力不足"，在面对其他部门事务时只能"尽量配合、无法拒绝"。另一方面，在县域教育系统内部，对于广大属于事业单位性质的中小学校而言，作为县域教育管理职能的行政机构，县教体局居于领导地位，"县级教育行政部门对本县范围内的教育事务、财务具有自由掌控和分配的权威"。

因此，在这两大系统衔接处，县教体局呈现"对上弱势、对下强势"的特征。这一特征决定了县教体局在行政与教育系统中的行动策略，具体表现为以下两点。

一是县级非教育部门与县教体局呈现"部门互帮"的关系。在县域熟人化行政场域中，部门之间彼此帮忙是常态，更何况县级教育部门属于典型的"弱势部门"。访谈中，靖安县教体局督导主任和靖安县一小教务主任都认为，在部门的常规互动中，教育局和学校经常要与各个部门打交道，而作为非生产性部门，其更多的时候是"要钱、要人、要政策"，所以这些任务来了，他们都是按要求配合完成，如果经常不配合，以后办事情就很不方便。在这种非正式关系的支持下，县教体局难以拒绝类似的"帮忙"事项。

二是县级人民政府与县教体局呈现"管理过紧"的关系。按照属地管理原则，县教体局必须承担"中心工作"中与教育重叠部分的任务。如对于精准扶贫工作，每所中小学校都有一定数量的贫困家庭学生，按照精准扶贫工作原则开展教育扶贫便成为学校的"中心工作"。再如疫情防控，学校常常被划入所在社区的网格，特殊时期教师则需承担入户摸排的防疫工作。还有，文明城市创建要求全县所有的政府机关单位和事业单位必须参与，于是每周五的"爱卫日"学校就必须安排1/3的老师到附近的社区打扫卫生。这些属于县级人民政府的"中心工作"，一般通过政府办公室传达到县教体局。

从身处教育系统基层的中小学校来讲，由于所有非教育部门的文件或任务都是通过其上级管理部门即县教体局传递到校的，从行政隶属关系来看，上级行政部门传达的任务，下级单位即中小学校必须有所回应。更为重要的是，与中小学校发展密切相关的教育资源、教育评价、职称评定等关键要素均掌握在县教体局手中，所以中小学校接到来自县教体局转发或下发的各种任务时"只能全盘接受"。县教体局"对上弱势、对下强势"的双重地位意味着，如果县教体局不能主动拒绝这类事务，中小学校就无法"置之不理"。县教体局的双重地位蕴含着行政部门对中小学校的"间接强制"，尽管二者在制度化的行政关系上并没有直接关系，但前者借用行政体系内的相对优势地位实现了对处于弱势地位的县教体局的支配，再通过县教体局对中小学校的领导管理权力实现对教育动员的利用，这成为泛行政化得以发生的组织基础。

这里的教育动员，包括县教体局对中小学校校长和中层干部的动员以积极配合相关部门的执勤或督查，学校领导层对班主任和普通教师的动员以配合重大活动的参与，以及班主任对学生家长的动员以完成部门数据达标任务。县教体局是行政主体与教育主体发生制度性关联的组织结点，县域非教育行政机构依托县教体局实现了行政动员与教育动员较为顺畅的衔接。行政机构对教育权的工具化利用，使基层学校成了其他部门完成任务的工具，中小学校部门化的实质是行政权对教育权社会属性的消解。

（二）密集跟踪：技术治理与流程再造

在当前的组织体系中，中小学校无法抵制与教学弱相关或不相关的行政事务进入校园，那么，中小学校是否有结合教育规律和教学时间来完成这些任务的自主空间？调研发现，在信息技术与政府治理深度融合的背景下，这些事务从最初进校到最后完成出校的整个过程几乎都在相关部门的"可视范围"内，一线教师不得不按照相关的流程和进度按时完成任务，几乎没有自选动作的空间。

1. 即时互动：依托信息技术实现过程监督

大量行政事务在任务细节上提出各自要求，那么，相关职能部门如何让中小学校保质保量地完成任务？这实际上涉及事务的过程管理。行政部门试图利用信息技术来提高其对中小学校办事过程的可控化、可视化管理的能力。具体体现在以下四个方面。

首先，行政公文电子化，回复"收到"表接收。与传统纸质公文传递相比，当前电子公文以更加便捷和精准的方式进入校园，中小学校应接不暇。靖安三中胡校长说道："每发一个通知，都要'回复'，表示自己'收到任务'。人家通知到位了，如果不按时把他们要的材料发过去，人家直接列名单发到微信群里，让其他人都知道还有哪些单位在消极怠工。"

其次，微信办公常态化，密集通报实催促。调研显示，学校相关负责人的微信工作群少则七八个、多则十五六个，如仁首中学教务主任手机中的微信群就包括教育系统内部的常规工作群，如电教站、教研室、人事股、中招办等，以及专项工作群，如学籍管理群、中考学考群等。让人紧张的是，相关部门常常在微信群频繁地催促、通报，给基层教师"制造"压迫感，如靖安二小教务主任舒主任谈道："有些事情微信群天天通报。这些非教学性的事务，来得突然、要得紧急，经常被催着提交非教学性的表格！有时候我上厕所都是跑着去的。这么多事情要赶着做完，不得不带着东西回家加班加点做！"

再次，平台数据需管理，更新维护定期化。仁首中学教务主任说道："目前就我负责的这块平时就有七个平台的数据要我维护，安全平台、综合素质评估平台、垃圾分类平台等，我都记不住。"仁首小学教导处主任说道："我们还有个'平安江西'的 APP，相关部门要求我们单位每月上传 15 条'平安校园'的材料，我都不知道去哪里找这么多材料！"平台数据是否按要求更新维护，可以通过系统后台数据实时监测。如此，中小学校相关负责人不得不"心里惦记着"。

最后，矛盾处理要及时，反馈方式模板化。电子政务、网络信访和12345政务服务便民热线（以下简称"12345热线"）等信息化投诉渠道的拓展，一方面大大提高了家长或学生对学校和教师的监督能力，但另一方面，由于投诉成本极低，导致极少数学生和家长反复发起"找碴式"投诉。更为关键的是，这类投诉以政府工单的方式，将矛盾直达超越县域行政级别的"市长"面前，带有极强的行政色彩，其要求反馈的时间、形式和内容都有严格的规定或模板，且纳入基层单位的年度考核。如12345热线派下来的单子，一般要求学校在48小时内必须处理和回复。长沙县星沙中学教务主任说道："碰到这样的投诉，要得这么急，我课都没法上了！"

可见，行政部门为保证学校的配合力度和完成质量，充分利用网络信息技术进行"跟单式"任务过程管理，如微信专项工作群、投票系统后台数据、政务平台APP材料上传、12345热线反馈系统等。行政系统内部的治理技术延伸到政教系统，对于行政主体来讲，依托"互联网＋治理"降低了事务进校成本，实现了任务进度可视化，提高了过程监督能力。但对于中小学校来说，其办事过程完全处于行政部门的可视范围内，极大地压缩了一线教师灵活处理的空间。

2. 行政对教育时间切割的技术支撑：技术治理与流程再造

行政事务一旦进入学校，相关部门凭借各种信息技术重构部门与学校的互动规则，如前文提到的信息回复即时性、进度差异公开化、截屏自证常态化等，其本质是通过流程再造倒逼学校按照部门要求完成任务。流程再造即在公共服务流程方面强调多元主体共同创造公共价值（黄其松、刘强强，2019），其强调部门协调步骤的一致性，目的在于降低部门协调的交易成本。与传统的互动方式相比，职能部门依托信息技术实现与任务负责人屏幕化、即时性的互动目标。但技术治理是一种不根本变革教育治理体制机制的管理工具创新模式，只能从效率提升、决策辅助、动态管理等角度改善教育行政环境（靳澜涛，2021）。行政组织将技术治理嵌入教育基层以实现流程化、标准化和高效率的过程管理，在信息技术"沿着以计算机为核心，到以互联网为核心，再到数据为核心的发展脉络"（任友群等，2016）中，需要高度警惕"基层技术治理领域的'泛数据化'、'技术中心主义'甚至'技术消解社会'等现象及其限度问题"（张帆，2021）。

在这类以提升治理效率为目标的信息技术加持下，这种以精细化流程跟踪办事过程的管理模式极大地增强了相关职能部门对教育时间的切割能力，这让中小学教师感受到前所未有的压力。其压力并非来自单个任务本身，而是来自"永远完不成的"任务数量和"时刻被催促"的过程管理，即相关行政职能部门凭借信息技术可以更加直观、及时地了解相关教师处理行政事务的过程，并通过不断的线上反馈来保证各自的进度、质量和效率。相关行政部门试图通过技术治理最大限度地减少教育基层自选动作带来的"意外"。靖安二小舒尹校长反映说："我们都是选负责的老师来干行政，不负责的老师，交给他们做这类事情我们也不放心，也怕上面一个电话一个电话地催促或批评。目前我们学校兼任行政职务和干事的，共有18位老师。这类老师往往背负教学和行政双重压力，行政事情耽误的教学时间，他们都会主动找其他时间补给学生。他们几乎都是亚健康状态。"

这种精细化过程管理严重干扰学校领导注意力且分散教师教学精力，最终导致校内管理科层化以及教学时间碎片化。几乎每个受访者都表示现在的精力绝大部分用在处理行政事务上，如仁首中学教务主任说道："我目前剩下的精力只能教7年级的1个班的数学，三年前我还能当班主任。"靖安二小舒主任也说道："我感觉我现在只有1/3的精力用在教学上，与2000年之前相比，那时候可以把80%以上的精力用于教学。"教师个体对自身时间和精力分配的感性认识，让部分一线教师自我挖苦说"我们都是兼职做老师的"，兼任行政岗位的教师在处理行政事务和教学事务过程中不断质问自己"到底是学校的教书人还是政府的办事员"。这种"以行政逻辑与专业逻辑的矛盾为表征的角色冲突"反映了组织内部的权力博弈与体制性矛盾（陆超、刘莉莉，2021）。

正如学者所言，我们无论是用工作时间还是工作量来衡量教师负担，都将看到教师在享受新技术不断赋能的同时，自己可自由支配的时间越来越紧张、工作压力越来越大（赵健，2021）。相关职能部门将技术治理强力渗透到教育基层以强化过程管理的行为，常常以打乱教学计划、切割教学时间为代价，并最终导致教师职业副业化。其实质是行政权力对教育权专业属性的消解。有学者明确指出，"信息技术与基层治理的嵌合过程仍面临制约，技术治理的实践亦遭遇诸多挑战"，"技术治理的限度在于，在单一治理技术与多元化的治理场景之间和在技术的规范统一性和事实全面性之间存在固有矛盾"（吕德文，2019）。因而，对技术治理与教育基层的耦合限度带来的负面影响需要高度重视。

（三）硬性考核：行政督查与责任下移

1. 重痕轻绩：依托造表建档完成行政督查

随着规范化办学的要求不断提高、教师教育权的制度性细化，围绕规范办学、校园安全以及"中心工作"开展的检查日益频繁。同时，国家和社会对基础教育的价值期待越来越高，其中以教育公平为目的的公共资源和社会资源密集投入教育领域，行政权力对资源使用过程、利用效率等方面的督查也随之而来。

当前中小学校接受的行政督查大致可分为以下两类。一是来自教育系统的督查，这类检查较为常规，次数较少。以靖安县为例，由县教体局牵头的教育督查一般情况下是一个学期一次。"县级的督学一般根据省市督查来安排，全县划分督学责任区，每个区挂牌专员负责，教体局的股级干部都是督导队的成员，共 15 人。按照政策要求，督导员每月到校督学一次，但实际上一般一个学期安排两次就可以了，开学和期中各一次！"而其他的如教育系统内部跨级督查或教研督查一般是选择性的，"那些交通位置便利、学校教育特色明显或者属于教育改革实验点的学校，接受的教育系统的督查数量就会多一些"。二是来自非教育系统的督查。非教育系统的督查一般围绕校园安全、重大主题、"中心工作"等内容展开。其一般流程是，相关事项的行政主体发布通知，由教体局转发给迎检的中小学校，中小学校按照要求准备检查材料，验收当日需要安排相关教师做好接待工作。

针对上述两类行政督查，中小学校教师表达的不满集中在以下两个方面。

一是督查过于频繁且存在重复检查的现象。以校园安全为例，校园安全一般包括校园设施、周边环境等方面的安全，这些检查项目既在县教体局的常规检查范围内，也与应急管理局、交通运输局、市场监督管理局等部门存在业务交叉。而围绕同类检查项目的不同部门和不同层级督导主体均按照自己的要求和步骤进校检查。从条块关系来看，不同条线的督导主体必然是在自己职能范围内进校检查，但这些被条线分割的事务落到基层学校这一具有"块块"属性的场域时，就是同一件事情，所以从接受检查的学校来看，属于"检查内容大同小异"的重复检查。而导致这种重复检查的关键在于，"县域内教育政策检查验收与督导行动的协调性和体系性不足"。部门之间协同督查存在问题的根源在于，"有的地方对部门间协同责任的规定较为空洞，造成了关联部门基于部门的考量，以'清单之外无权力'为由将清单作为推卸协同责任的'挡箭牌'"。

二是督查过于重视材料而忽视实际情况。相关职能部门为了证明自己"监督到位"，都将相关文档材料和数据作为重要乃至唯一的依据，而且呈现材料清单化、数据表格化以及台账统一化的趋势。这导致兼任行政的一线教师不得不花费大量的精力来准备各种材料。靖安县教体局督导主任说道："现在的检查太看重材料了，任何部门都要办事留痕，'我就只看结果'的态势很让人头痛。"仁首中学教务主任则反映："上面来检查都是看材料，还是一条一条地细看，拿着材料来考评。每次遇到省级、市级来的检查，我们至少要提前一周准备材料。"尽管有时候明面上是"突击检查"，但暗地里总有途径告知被检查单位，这样就迫使其不得不准备最充分的"迎检材料"。这种过分依赖材料的、呈现以"迹"代"绩"特点的督查被称为"痕迹主义"（杨华杰，2020）。而且，这种文牍化的行政督查呈常态化趋势。

2. 行政对教育目标挤压的内在逻辑：责任下移与功能异化

调研发现，带有"痕迹主义"色彩的行政监督在具体实践中存在督导主体以责任规避而非责任共担为督查目标的问题。以学生防溺水工作为例，靖安县中小学校每年从4月到10月，至少每周发布一次"告家长书"，在学生溺水高发期的暑假，每三天发一次"防溺水宣传单"。不仅如此，相关部门要求"致家长的一封信"精准发放，且要求家长在回执单上签字、学校100%存档。"同时，要求在校生的家长必须加入安全教育微信群，如果家长不进群，出了问题学校就有责任。"事实上，类似学生防溺水工作属于典型的"综合性事务"，即属于需要基层政权组织、相关条线部门、村（街道）级社区组织以及家长和学校多方配合的事情。但相关部门通过各种文牍化行政督查将治理源头放在学校层面，若出了问题则从最初的宣传教育开始追责。如此，学校只能通过"致家长的一封信"和"溺水安全教育"等宣传方式，即以软教育的方式来证明校方已经履责。当相关责任部门通过行政督导完成自己的任务后，在校园安全一票否决的硬性考核下，学校在关键时期又不得不安排专任教师进行校外巡逻，即以人防的方式将小概率突发事件降为零概率事件。

可见，从主观动机来看，职能部门通过文牍化的行政督查来证明本部门履职到位，进而可以名正言顺地将事故责任转移到身处基层的中小学校。仁首中学教务主任说道："现在出了安全事故，怎么追责？不就是通过看你们的材料来确定追谁的责、不追谁的责！我们的职位都变成'纸位'了。"这导致身处教育基层的教师深陷文牍工作而无暇关注教学本身。所以，无论是强关联还是弱关联的部门行政责任与学校教育责任的边界由此被打破。在频繁迎检过程中，接受检查的一方——中小学校明确感受到这些检查的主观目的，并不是通过检查及时发现并合力解决问题，而是规避小概率事件或极端事件发生后避免因监督或监管不到位被追责，最大限度地避责是当前相关部门频繁进校检查的内驱力。

在中小学校这个场域中，进入校园的各项事务理应围绕"立德树人"这一根本教育目标展开。"立德树人"是指在校教师在校园内向学生传递知识、规范行为和引导价值的一系列活动。由于这些活动的双边主体都具有一定的主观能动性，教育活动的复杂性、灵活性和交互性特点明显。学校教育的基本功能要求一线教师不仅要花费时间在"教书"上，而且要花费心力在"育人"上。但目前这种以避责为目标的行政督导方式造成中小学校人、财、物的巨大浪费，较为严重地影响了中小学校"教书育人"的基本功能的实现。如以材料事务为载体的行政督导迫使教师成为"在校文员"，以安全事务为载体的行政监督倒逼教师成为"在校保姆"，以投诉事务为载体的行政考核倒逼教师成为"在校调解员"，等等。如果说"教书育人"是教育的根本任务，那么在以专业技能为根本的中小学教师不断文员化、保姆化等兼职化的情形下，教育功能的世俗化便不可避免，教育权的自然属性被消解。综上，进校的行政督查应以"负责"的逻辑为学校实现"教书育人"的目标创造更好的教学环境，在实践中却演变为在部门利益驱动下过度牵扯学校人力资源的"避责"逻辑。行政督查行为目标异化的问题需要高度警惕。

四　讨论：整体性治理视域下教育基层治理的悖论与反思

综上所述，在当前政府治理方式和理念发生重大变化的背景下，大量与教育弱相关或不相关的行政事务进入校园。从"事件－过程"的微观视角来看，这些事务从进入基层学校到最后完成的整个过程具有三个明显特点：一是以行政命令方式进入校园，具有间接强制性；二是以精细流程跟踪办事过程，具有即时性；三是以造表建档完成行政督查，具有文牍化倾向。这三点是当前中小学校泛行政化的重要表现。

而推动中小学校泛行政化的主导力量是以整体性治理为目标的政府治理转型。从"事件－机制"的中观层面来看，一是县教体局的双重地位，即在横向行政系统内的边缘位置和在基层教育体系中的领导位置，这成为行政事务进入校园的组织基础；二是信息技术的扩权赋能，即行政主体通过技术治理实现过程跟踪，这成为行政任务得到高效配合的技术基础；三是行政督查的目标异化，即行政主体通过形式化的材料督查实现部门避责，这成为行政进校督导的深层推力。

作为治理理论的重要分支，整体性治理理论强调公民需求导向、协作整合机制和信息技术应用（陈丽君、童雪明，2018）。整体性治理主要的三个特点为：一是多元化的治理主体；二是各类治理主体之间责任界限的模糊性，以及他们之间的权力依赖性；三是要求各治理主体放弃各自的优势和资源，建立一种"协商对话、风险共担"的自主自治网络体系（黎群，2012）。根据其理论导向和基本特点可知，整体性治理的目标是在一定组织条件和技术支撑下推动相关主体协调配合、流程再造和责任共担。但处于教育系统一线的中小学校兼具"基层"和"教育"两大属性，"基层"最大的特征是权力无限小、责任无限大，"教育"最大的特征是以教书育人为载体的知识再生产。当整体性治理模式嵌入中小学校行政管理时，中小学校的"基层属性"和"专业属性"与整体性治理的三大价值取向间存在巨大的张力。

一是协调配合的价值取向，其目标在于打破条线部门专业壁垒，使之相互配合完成相关任务。但基层学校本身属于复合型组织，所以凡是与学生相关的事情，如安全、饮食、工商、消防、党政教育等，不同条线的专业部门总能跟学校发生关联，基层学校所要应付的条线事务总量必然增加。

二是流程管理的价值取向，其目标在于依托某种技术来重置流程、控制节奏以提升管理绩效。基层学校的本质属性是教育，其主体需要按照教育规律分配时间，但在当前技术治理的支配下，教师不得不按照标准化的行政流程处理事务，最终导致教学时间碎片化，部分教师深陷于行政而悬浮于教育。

三是责任共担的价值取向，其目标在于通过整合部门权力共同对同一事务负责以防止部门间出现"踢皮球"的"破碎治理"现象。而以人与人互动为本质的教育活动本身具有复杂性和整体性。对于具有明显"责权力不匹配，责任无限大、权力无限小"的基层学校来说，原本由政校共担的责任却通过当前这种文牍化的行政督查轻易地转移到学校，学校成为部门避责的工具。

整体性治理原本"着眼于政府内部机构和部门的整体性运作，主张管理从分散走向集中、从部分走向整体、从破碎走向整合"（竺乾威，2008），但当这种治理模式跳出行政系统，被运用于行政系统与教育系统互动关系时，其局限性显而易见，即基层学校耗费大量精力来应付行政事务并导致中小学校部门化、教育职能副业化和教育功能世俗化的后果。基于此，可以从县教体局适度脱嵌、基层学校合理赋权以及行政考核适当松绑三个方面来化解基础教育行政泛化的困境。

参考文献

包金玲，2012，《教育去行政化与现代学校制度建设——以中小学教师人事管理为例》，《教育发展研究》第 12 期，第 6～10 页。

曹守光，2014，《教育行政化强化背景下的基础教育乱象及应对策略》，《吉林省教育学院学报》（上旬）第 10 期，第 95～97 页。

曹水清、段磊，2016，《中小学校长职级制和去行政化改革的"日照答卷"》，《机构与行政》第 5 期，第 15～18 页。

陈丽君、童雪明，2018，《整体性治理视阈中的"最多跑一次"改革：成效、挑战及对策》，《治理研究》第 3 期，第 29～38 页。

董云川，2000，《论大学行政权力的泛化》，《高等教育研究》第 2 期，第 60～64 页。

方华，2015，《教育去行政化：让学校回归教育本位》，《中小学管理》第 10 期，第 34～
36 页。

高杭，2021，《教育行政权责清单制度的反思与重构》，《教育研究》第 2 期，第 123～
130 页。

黄其松、刘强强，2019，《大数据与政府治理革命》，《行政论坛》第 1 期，第 56～64 页。

靳澜涛，2021，《从"技术治理"到"治理技术"：教育治理现代化的重点突破》，《现
代教育管理》第 12 期，第 46～52 页。

劳凯声，2017，《简政放权改革与教育权的再分配》，《中国教育法制评论》第 1 期，第
1～17 页。

黎群，2012，《公共管理理论范式的嬗变：从官僚制到网络治理》，《上海行政学院学报》
第 4 期，第 34～42 页。

李江源、巫春华，2000，《高等学校行政化略论》，《高教探索》第 1 期，第 41～45 页。

李跃雪、赵慧君，2020，《中小学教师工作负担异化的生成逻辑与治理思路》，《教师教
育研究》第 3 期，第 67～72 页。

刘成玉，2011，《对教育去行政化的理性思考》，《高校教育管理》第 4 期，第 8～10 页。

陆超、刘莉莉，2021，《挣扎与坚守：多重角色下乡村校长角色冲突的表征及动因——基
于 25 位乡村校长的访谈研究》，《教育发展研究》第 18 期，第 77～84 页。

吕德文，2019，《治理技术如何适配国家机器——技术治理的运用场景及其限度》，《探
索与争鸣》第 6 期，第 59～67、158 页。

满建宇、秦峰，2014，《现代学校制度建设的困境及路径选择》，《教学与管理》第 36
期，第 64～67 页。

孟省祥，2015，《教育去行政化任重道远》，《河北教育》（综合版）第 1 期，第 37～
38 页。

冉亚辉，2020，《中小学教育行政化问题及治理》，《现代基础教育研究》第 3 期，第
101～104 页。

任友群、李锋、王吉庆，2016，《面向核心素养的信息技术课程设计与开发》，《课程·
教材·教法》第 7 期，第 9、56～61 页。

王誉，2014，《县级教育行政改革新图景——基于权力分配的视角》，《教育发展研究》
第 21 期，第 18～22 页。

吴全华，2015，《中小学去行政化与教育治理的法治化、民主化》，《中国教育学刊》第
10 期，第 6～11 页。

杨东平，2010，《治理教育行政化弊端的思考》，《教育发展研究》第 19 期，第 50 ~ 55 页。

杨华杰，2020，《痕迹管理如何演化为痕迹主义——对珠三角 J 镇的实证考察》，硕士学位论文，暨南大学。

张帆，2021，《信息技术赋能基层治理的路径与限度》，《兰州学刊》第 10 期，第 65 ~ 78 页。

赵健，2021，《技术时代的教师负担：理解教育数字化转型的一个新视角》，《教育研究》第 11 期，第 151 ~ 159 页。

赵俊梅，1999，《我国高等教育行政化现象及其改革》，《中山大学学报论丛》第 2 期，第 15 ~ 17 页。

周兆海，2021，《乡村教师非教学性工作负担问题及其对策》，《教育科学研究》第 7 期，第 88 ~ 92 页。

竺乾威，2008，《从新公共管理到整体性治理》，《中国行政管理》第 10 期，第 52 ~ 58 页。

逻辑、机制与困境：县域乡村教育现代化的在地化范式

——以浙江省 N 县乡村教育改革为例

徐　萌*

摘　要：作为我国国家治理的基本单元和义务教育管理的主体，县域为乡村学校发展提供了特定的地域空间和地方资源，在县域层面探讨乡村教育现代化问题是一个突破口。浙江省 N 县"从儿童真实生活出发"的乡村小规模学校改革模式，成为全国乡村教育改革的典范。本文基于县域乡村教育现代化的理论、价值和实践逻辑，探讨了教育理想和现实选择、儿童成长和乡村振兴、内生机制和外部资源的互动，剖析了县域乡村教育现代化面临的在地化困境。

关键词：县域；乡村教育；教育现代化；在地化；小规模学校

乡村教育现代化是我国教育现代化的重点和难点所在。2021 年我国义务教育实现了县域基本均衡发展，当前我国义务教育工作的重心由"基本均衡"转向了"优质均衡"。在满足基本办学条件的基础之上，乡村教育如何进一步走向现代化？秉持乡村优势思维、特征思维、根植本地资源的在地化发展也许能成为可行路径。

在县域层面探讨乡村教育现代化的在地化发展有三个方面的原因。首先，县域作为我国国家治理的基本单元，是乡村振兴的有效载体和支点。2022 年，中共中央办公厅、国务院办公厅印发了《关于推进以县城为重要

---

* 徐萌，东北师范大学中国农村教育发展研究院博士研究生，主要从事农村教育、在地化教育研究，E-mail：xum623@nenu.edu.cn。

载体的城镇化建设的意见》，强调县城作为城乡融合发展的关键支撑在促进新型城镇化建设、构建新型工农城乡关系方面的重要战略意义。国家将城乡发展的目光投向县城，县域经济活力的迸发将为县域乡村教育现代化奠定坚实的现实基础。其次，我国义务教育实行"以县为主"的管理体制，《中华人民共和国义务教育法》2018 年修订版明确规定："义务教育实行国务院领导，省、自治区、直辖市人民政府统筹规划实施，县级人民政府为主管理的体制。"农村义务教育的管理同样"以县为主"。2001 年，国务院印发的《关于基础教育改革与发展的决定》规定："进一步完善农村义务教育管理体制。实行在国务院领导下，由地方政府负责、分级管理、以县为主的体制。"县域是我国城乡义务教育管理的主体，经费与人员的管理、教育发展均衡评估等都是以县为单位展开的。在乡村教育现代化推进的过程中，县级政府和教育管理部门负有关键责任。最后，县域内的乡村学校位于特定的地域空间，面对相似的自然文化资源，基于共同的环境特征和发展条件，县域统筹乡村教育现代化符合因地制宜的实际要求。

浙江省 N 县探索出一种"从儿童真实生活出发"的乡村小规模学校改革模式，让一个区域的乡村小学焕发生机，获得了社会各界的关注和认可。2022 年夏天，由 N 县教育局与 21 世纪教育研究院共同主办的"乡村教育振兴高峰论坛暨第四届农村小规模学校发展共同体年会"以 N 县为主会场召开，这次大会分享了乡村小规模学校发展的 N 县经验，发布了《N 县共识》，推动了 N 县的乡村小规模学校改革经验进一步走向全国。N 县乡村小规模学校改革深挖区域资源，生发学校特质，赋能学生成长，传承乡土文化，根植乡土情感。在 N 县模式中，我们感知到理想的力量，改革方向可行，有一群有理想、有定力的教育改革者；我们感知到行动的力量，改革行动可敬，做出了一系列有成效、有动能的教育实践项目；我们感知到感召的力量，改革经验可用，探索出一套可复制、可推广的乡村教育改革经验。

笔者在 N 县进行了为期一个月的走访调查，对县域内 8 所具有代表性的小规模学校进行了参与式观察，并对 10 名校长、18 名教师进行了近 60 小时的访谈，从 N 县乡村教育改革的实践经验出发，回顾 N 县乡村教育改革的发展历程，提炼 N 县乡村教育改革的关键要素，探寻县域乡村教育现代化在地化发展的核心特质，厘清县域乡村教育现代化的在地化逻辑、机制和困境，梳理县域乡村教育现代化的可能模式。

一 县域乡村教育现代化的在地化逻辑

1. 理论逻辑：从知识到生活的教育理念

在人类社会初期，教育与生活是一体的，教育在生活中进行。随着社会的发展，专门的教育机构出现，教育从生活中逐渐分离出来。后来，这种分离的趋势越来越明显，脱离生活的教育成了知识的传递工具，失去生活滋养的教育失去了原有的生命力。

教育与生活的关系是一个古老命题。"回归生活世界"的理念可以追溯到胡塞尔。他在《欧洲科学危机和超验现象学》一书中提出了"生活世界"的概念，"作为唯一实在的通过知觉实际地被给予的、被经验到并能被经验到的世界即我们的日常生活世界"（胡塞尔，1988）。胡塞尔指出，近代以来随着自然科学尤其是数学的发展，人的理性精神为实证主义科学所困囿，哲学这一探寻人生意义与价值的学科以及为科学提供现实基础的人的生活被排除在科学和理性之外，越来越偏离真正的理性精神。"伽利略那里就已经开始以奠基于数学中的观念的世界来偷偷地替代那个唯一现实的、在感知中被现实的给予的、总能被经验到并且也能够经验达到的世界即我们的日常生活世界。"（胡塞尔，2005）

对教育与生活之间的关系进行直接探讨的代表观点是约翰·杜威的"教育即生活"。杜威的生活教育观强调"所在"，突出处境对主体的意义，看重生活本身蕴含的当下性和社会性。在杜威看来，儿童的兴趣和思维的发展离不开真实生活和真实感受，只有从儿童的真实生活入手，教育才是有效的、生动的，而不是专断的。杜威理解的生活是儿童当下的生活，他认为教育就是儿童生活的过程，而不是未来生活的预备。他在《作为道德理想的自我实现》一文中阐述了教育与生活的关系，"停止把教育纯粹当作后来生活的准备，把它打造得具有当前生活的全部意义"（杜威，2010）。在《经验与教育》一文中，杜威进一步强调："教育为实现其目的，必须从经验即始终是个人实际的生活经验出发。"（杜威，1981）

N县的乡村教育改革是生活导向的，从生活中来也到生活中去，面向当下的生活也指向未来的生活，"从儿童真实生活出发"作为 N 县乡村教育改革的思想核心，正是生活教育理念的真实呈现。在具体课程与活动的设计和实施中，主要反映在目标、资源和实施三个层面。在目标层面，指向儿童当下和未来的生活，满足儿童当下的基本生活需要，为可能的未来生活做好铺垫。C 小学的"生活德育"通过细致的"半军事化"寝室管理、生活运动会、"5＋1 结对"等活动，培养孩子的生活技能和生活习惯，以帮助孩子适应从一年级入学就开始的学校寄宿生活。此外，C 小学还开设了丰富多彩的拓展课程，在丰富孩子课余生活、发展孩子个性的同时开阔了孩子的眼界，为孩子提供了更多的发展可能。其中，婺剧和民乐社团作为学校的传统优势项目，更是为孩子们提供了展示自我的舞台。据统计，截至 2020 年，C 小学的学生通过参演学校的婺剧和民乐节目，登上国家级舞台的有 678 人次，多名学生因此走上了专业的艺术道路，成为相关行业的从业者。在资源层面，引入了地方的经济生产、传统文化、自然地理等方面的乡土资源。N 县的小规模学校基于本地特色开发校本拓展课程，G 小学秉持"村校融合"的理念，基于 G 村的豆腐产业开发了"豆子的前世今生"课程，让孩子种豆子、动手磨豆腐，体验豆腐生产的全过程，感受劳动的辛苦和收获的喜悦，体会生活的不易和家人的辛劳，了解家乡产业，深植乡土情感。G 小学所在的 H 镇一直以来传承着"板龙"这一非物质文化遗产，每年农历初八，G 村的百姓迎龙灯，大演包公戏，举办包公殿庙会。G 小学据此将 G 村的包公庙会与清廉文化融合起来，开设了"非遗传承－板龙工坊"课程，让孩子们学习板龙的由来，亲手制作板龙，参与板龙演出，传承非遗民俗，弘扬传统文化。在实施层面，拓展了传统学科教学的场地，将孩子们带到真实的生活情境中开展教学。Z 小学门口有一条河，孩子们上美术课时被带出校门，桥墩成了孩子们的画纸，学校的劳动基地"远香茶园"也成了孩子们写生的场地，真实的景物带来真实的感受。

2. 价值逻辑：从个性到成长的育人目标

《中国教育现代化 2035》明确提出了"总体实现教育现代化，迈入教育强国行列，推动我国成为学习大国、人力资源强国和人才强国"的发展目标。人的现代化作为教育现代化的着手点和关键点，离不开个性的发展，发展学生个性、培养学生创新精神与实践能力成为教育改革当前时代的呼唤。自主发展、实践创新是核心素养的重要组成部分，个性教育是个体成长的需要，也是人才培养的目标。个性教育的核心在于"适合"，即为学生提供适合的教育，使每个学生都能真正体验到学习生活的快乐及其意义，寓学习于成长，关注学生个性成长，遵循学生的发展规律，让每个学生都能发现并成为更好的自己，认识自我、了解自我、悦纳自我、发展自我。

儿童成长是 N 县乡村教育改革的终极价值指向，以学生需要为起点，培养学生对生活的兴趣，为学生提供机会发现优势、培养特长、树立自信、超越自我，使每个学生都处于自己的上升期。拓展课程是学生个性成长最直接的载体，使学生拥有了超越课堂表现的可能。对于传统意义上的后进生来讲，拓展课堂是展现自己闪光点的机会，动手实践、沟通表达、统筹协调、组织领导等在传统课堂难以得到充分发挥的能力有了展示的机会，也给了老师更多发现学生优长、了解学生特质的机会。C 小学每天下午空出两小时用于开展社团活动，开设了艺术表演、手工制作、体育项目等多个领域的 26 门拓展课程供学生自主选择；K 小学以麻为纽带开发了"麻里奥""麻草织梦""百草纺布""麻里奥服装设计"等系列手工体验课程，现已成为"土布纺织技艺"N 县非物质文化遗产传承基地；Z 小学的项目化学习经历了校门改造、寻找"芳华"、茶叶课程、"蚕的一生"由浅入深的发展历程，从项目、活动到课程，从地方课程的开发到学科课程的融合，探索践行了新教育形态在乡村学校的实践可能性。学生评价的导向功能也直接影响了学生个性成长的空间，"降低对孩子的共性要求"正是 N 县乡村教育改革的核心精神。C 小学突破传统基于学业成绩的评价标准，探索出关注差异、分层评价、立足过程、多元互动的增值性评价体系——评选包含红色尚德少年、橙色阳光少年、黄色善学少年、绿色环保少年、青色书韵少年、蓝色律己少年、紫色品艺少年七个方面的"七彩少年"，重视品德与习惯的养成，采用大量的参与式活动评价，关注学生品质的形成过程。

3. 实践逻辑：从自发到自觉的探索过程

在理论和实践的关系上，N 县的乡村教育改革是一次实践先行的自发探索，是一次区域性的自我生成。自下而上的探索历程是 N 县乡村教育改革的突出特征，每所学校都生成了自己的学校特色。C 小学以艺术教育为载体的生活德育、Z 小学以美育概念为统领的项目学习、N 小学以全主体参与为理念的低成本的科技教育、G 小学以村校融合为支撑的拓展课程……无一不是校长理念、学校基础和区域特色相融合的成果。"理念契合"是 N 县乡村教育改革的关键词之一，直接催生了学校改革的主要推力。改革开始之前，N 县并没有形成完整的顶层设计和明确的实施框架，秉持"不功利、不替代、不施舍"的"三不"原则，N 县在 B 小学开始了这一次的乡村教育改革。2017 年，N 县乡村教育改革的主要推动者、时任县教育局副局长的 WLM 邀请一批教研员和高级教师召开了一次座谈会，分享了改革的理念和初心，在理念契合的基础上招募了一批志愿者到 B 小学做拓展课程，后来扩展到 K 小学和 Z 小学，再后来组建了全县范围的小规模学校联盟，整合全县资源，实现协同发展。N 县在实践过程中得到了丽水学院、21 世纪教育研究院等的关注和支持，在经验分享和总结的过程中回顾历程、梳理思路，推动了实践者的理论反思，形成了深入思考，"三不"原则进一步提升为"从儿童真实生活出发"，将乡村儿童与乡村的现在和未来联系起来。

实践过程中的理论反过来推动了实践的进一步深入，逐渐走向了知行合一。如果说在 B 小学的改革是摸着石头过河，那么到 2020 年，N 县的乡村教育改革已经积累了一定的经验、形成了相对稳定的改革范式和相对明确的改革思路——挖掘乡土资源，根植乡土情感。G 村具有深厚的历史文化底蕴，G 小学从乡村建筑开始了学校特色发展之路，逐渐形成了与村庄的联结，探索了村校融合的发展路径。G 小学的改革历程也是一个实践和理论之间充满张力的过程。改革开始之前，美术专业出身的校长带着理想来到这个距离县城很远的学校，以建筑为起点开启了 G 小学的改革实践。初期的改革实践集中在器物层面，后来从器物层面走向了文化层面，又进一步深入到情感层面。以板龙课程的开发为例，最开始的板龙课程是带着孩子一起制作板龙，后来发展到了解板龙文化、传承仪式庆典，再后来校长在与公益基金会负责人的交流中形成了理论反思：为什么要让学生做这件事情？得出的结论是使学生和乡村共情，培养学生的归属感和荣誉感，深植乡村学生的乡土情感根脉，"G 村的未来，孩子的村庄"。

二　县域乡村教育现代化的在地化机制

1. "做能做的"：教育理想和现实选择的互动交融

N 县乡村教育改革最令人动容的是理想主义者的坚韧与坚守，"即使是悲观绝望的，也要做点事情"，WLM 这样说。理想的星星之火把这群人会聚在一起，点燃了 N 县乡村教育改革的燎原之势。如果用一句话来概括 N 县乡村教育改革理想的关键要点，那就是"激发下位实践主体的能动性和内驱力"。在教育局和学校的关系上，增强学校改革的自主意识和动能，强调"不替代、不功利、不施舍"，从内部挖掘学校生长点，注重教师队伍的校内培养，鼓励学校自我生长、自主生长、自立自强；在学校和学生的关系上，给每个孩子机会发现自己的闪光点，从孩子的真实生活出发，关注自主性、个体性、生成性。

改革的现实远比理想要复杂，仅仅靠理想主义者的推动难以完成，实现理想需要对现实状况进行理性考量和抉择，在空间有限的情况下，要对改革的进程和节奏进行适时调整。这一方面表现在对改革主体的选择上，考虑到改革的阻力，将改革的起点聚焦乡村小规模学校，大学校和在城学校由于受到社会各界的更多关注和期待，改革更难进行；另一方面表现在对教学质量的关注上，在现行的教育管理和评价体制之下，改革一直以来都未放弃对教学质量的关注，将拓展课程作为对传统学科教学的补充，在不影响常规教学的前提下开展活动。

2. "做该做的"：儿童成长和乡村振兴的有机衔接

乡村教育目标指向的"离农"和"为农"之争进行了多年，当然，这一问题是城乡二元格局的产物。在当下城乡一体化发展的背景下，这一分野自然走向了融合，然而，对乡村教育和乡村社会之间关系的探讨和思考从未停止。邬志辉（2020）指出，乡村小规模学校要实现高质量发展，需要在地化，"将小规模学校同一方水土的生命、生活、生态联系起来，将地方/环境/社区中的教育资源融于各门课程……培养乡村社会现代的小公民、小乡贤、小先生、小记者、小卫士，践行天地人和谐、教学做合一、家校社共育的大教育观念"。

用 C 小学前任校长、浙江省特级教师 LYW 的话来讲，N 县的乡村教育改革有两个遵循：遵循党的教育方针和遵循儿童的身心发展规律。N 县的乡村教育改革将学校发展与儿童成长、乡村振兴有机衔接，将学生的学习和成长融合在教育教学活动之中，并在此基础上充分发挥乡村教育的外部性，传承乡土文化、根植乡土情感、服务乡村振兴，真正把乡村孩子和乡村的未来联系在一起。N 县有两所小规模学校探索了村校融合。Z 小学的办学理念是"用一个村庄的力量养育一个孩子"，G小学提出"G村的未来，孩子的村庄"，两所学校都和所在行政村的村委进行了互聘，村支书兼任学校的副校长，校长兼任村里的副书记或乡村建设指导员。两所学校在村校融合的理念和做法上有着共通之处。一方面是融合地方资源，以学校为中心引入村庄力量，补充学校教学。Z小学以校门改造为开端，以"馒头节""中秋节""生活节"为载体，以"二十四节气"等乡土课程和"芳华""蚕的一生"等项目课程为驱动。G小学以乡村建筑博物馆为起点，以"G地图""G水系""板龙课程"等拓展课程为脉络，将乡土文化资源引入学校教学。另一方面是用一所学校的力量撬动一个村庄，以学校为起点赋能乡村振兴，助力乡村建设。Z小学通过开设茶叶系列课程，引导学生了解家乡产业；通过村庄美化活动，引导学生保护家乡环境；通过"上宕功夫"传承，引导学生厚植乡土情感。G小学通过开发"豆子的前世今生""非遗传承-板龙工坊"拓展课程，让乡土文化在孩子内心扎根，培植乡土情感，共情家乡发展，为乡村培养未来的小主人。Z小学和G小学通过村校融合这一路径，实现了良好的效果。首先，激发了学生的学习兴趣，是充满活力的、有生机的乡村教育，契合孩子自然天性的教学方式使孩子更加主动自信；其次，深化了学校的文化内涵，是富有生命力的、有根的乡村教育，具有文化深度的课程活动使学校浸润文化滋养；最后，明晰了学校的发展蓝图，是具有乡土性的、适合的乡村教育，蕴含乡村特色的教学内容激发了学校的内生动力。

3. "一起去做"：内生机制和外部资源的共融共生

N县乡村教育改革之所以能形成区域范围的教育生态，是因为县教育局在其中发挥了资源整合和各方统筹作用。在改革过程中，N县联合了丽水学院、杭州师范大学、21世纪教育研究院等地方高校和研究机构，马云公益基金会、浙江致朴公益基金会、湖南弘慧教育发展基金会等公益组织，实现了多方联动、共谋发展。公益组织不仅提供了资金、设施、书籍等物质条件，而且在思想上提供了支持。

以浙江致朴公益基金会为例，其成立于2016年，由6位阿里巴巴（中国）网络有限公司创始人暨家人共同发起并捐赠，以美育为核心价值，主要关注乡村儿童生命成长和困境儿童心理健康，营造乡村儿童多元的成长环境，让"每个孩子都能得到适合自己生命成长的教育"是基金会的愿景。

在浙江致朴公益基金会的支持下，N 县小规模学校学习并实践了项目化学习，其通过学生组建团队在真实环境里解决一个开放式问题的方式来学习，强调学生在解决问题过程中发展出来的技巧和能力。N 县的项目化学习开展经历了"学校个体探索"和"县域共同探索"两个阶段。第一阶段是以 Z 小学为代表的县域项目化学习学校探索。Z 小学以县域"芳华"项目化学习为契机，连续开展了两年"芳华"项目课程。在第二年的实践中，Z 小学对第一年的课程方案进行了完善，将"芳华"的概念扩展为美好的岁月，选择了三个特殊的家庭，从记录老人的"芳华"走向了解家人的"芳华"；拓展了参加项目的学生年级，将五六年级的学生交叉分组共同参与项目；改良了作品展示方式，从文本汇报调整为视频展演，一方面让学生更有新鲜感，增进参与活动的热情，另一方面也对师生的能力提出了更高要求，让孩子一直处于成长期。第二阶段是以乡村小规模学校联盟成员校为主体共同进行的县域集体实践——"芳华在 N 县"项目，在 Z 小学第一年"芳华"项目化学习探索的基础之上，N 县教育局与浙江致朴公益基金会一起组织与开展了县域内乡村小规模学校联盟成员校共同参与项目化学习的培训和实践，并在广场进行了成果展示。在"芳华"主题项目化学习的校本实施过程中，部分学校根据"芳华"的主题以及自己学校的特色和优长进行了相应调整，如 G 小学的"建筑的芳华"和 K 小学的"新居民的芳华"等。

除了项目化学习之外，N 县的每所小规模学校都多少有着"美育"的影子，基于"美育"的概念统整育人目标，这也与浙江致朴公益基金会的美育理念密切相关。从县域整体来看，基于"美育"概念统整育人目标可以分为三个方面。一是环境美，温馨美丽的校园环境。N 县乡村小规模学校的校园环境富有美感，美得独具特色，显示出深厚的文化底蕴。二是课程美，开发了一系列以美育为目标的拓展课程，如 C 小学的民乐和婺剧、K 小学的麻里奥工坊、G 小学的纸房子、N 小学的"玉兔呈祥"吉祥物设计等。三是思想美，向善向美的德育指向。C 小学生活德育的最高境界就是美育，习得科学文明的生活方式，通过提高认知和审美水平来引导孩子自觉约束自身行为。N 县教育对美育的理解体现在三个层面：一是宏观美育观念下的以美育统领"五育"，美是"五育"的终极追求和最高形式；二是中观美育观念下的学校里的音乐、体育、美术课程，与语文、数学、外语、科学等传统学科类课程相比，音体美这类艺体类课程更加强调知识以外的美的培养；三是微观美育理念下的美术课程，在具体的中小学校里，美育和美术这门课程结合得最为紧密，小美育里最直接体现美育价值的就是美术课程，乡村美育的终落脚点也直接从美术课开始。

外部资源的介入为 N 县乡村教育改革注入了强劲的动力，但 N 县乡村教育的生命力更在于其自身的内生机制，在于激发了学生、教师和学校自身的内驱力。每所小规模学校的成功都离不开校长对学校发展的不断思考和规划，离不开教师团队的共同努力，离不开学生的全员积极参与，其根本在于实现了学校和学校内全主体的共同成长，让学生、教师、学校共同处于成长期。N 县乡村教育改革的亮点在于形成了稳定积极、蓬勃向上的教育教学生态。

三　县域乡村教育现代化面临的在地化困境

N 县乡村教育改革引起了广泛热议，得到了社会各界的一致认可，一批小规模学校走出了自己的特色之路，一个区域的教育生态获得了激活，在几年的时间内取得了瞩目的成果，这为乡村教育的未来指引了方向。与此同时，N 县乡村教育也面临一些在地化困境。

1. 治理桎梏，传统教育惯性难突破

从核心素养的提出到 2022 年新课标的修订，从小学升学考试的改革到"双减"对校外培训的规范引导，从国家政策的导向来看，小学阶段的学生评价正在稳步走出唯成绩论，转而关注学生的全面发展。但传统的以升学为导向的教育评价体系依然保持着自身的惯性，教育评价的筛选功能还在被不断强化，对学校质量、教师水平和学生素质的考核依然存在以统考成绩为主要指标的现象。学界多年来关于素质教育和应试教育的讨论虽热度不减，但未能形成共识，且对教育实践领域的指导作用有限。

在以考试为中心、以知识灌输为主的应试教育盛行的环境和背景之下，校长、教师和家长、学生都背负着巨大的学业压力，在学生在校时间有限的情况下，争分夺秒提升成绩才是唯一的正经事，与学业成绩的即时提升没有直接关系的活动和项目难以推进。从现实状况来看，谁在农村小规模学校读书？更多的是筛选后"被剩下"的孩子。乡村学校的规模缩减在一定程度上是家长自主选择"用脚投票"的结果，有能力去城里的家长大多选择把孩子送去城里学校读书，乡村小规模学校的生源质量本身就是困境，特殊家庭甚至是智力发育不完善的孩子在乡村小规模学校普遍存在。对于后进生的个体成绩提升来说，应试教育的效果最明显，而后进生的成绩提升了，班级成绩也就随之提升了，这是一个连锁反应的过程。对于教师来说，这种行为选择不只是功利心态下的成绩指向，也是不放弃任何一个孩子，而是对孩子的未来负责。即使校长和教师看见并认可了拓展课程、项目学习、小组合作等新教育形式对孩子的影响，但这样的改变是需要时间积累的，而且很难直接体现在试卷结果上。

突破应试教育的樊篱，亟待政府治理的反思和行动，呼唤政策调整和制度变革。"解决这一病态现状的关键是政府行为……在教育领域，地方政府对教育 GDP（升学率、北清率）的攀比和竞争是应试教育最主要、最根本的推动力"（杨东平，2016）。新教育实践探索的方向是自下而上的，但是改革的环境需要自上而下的营造，关键在于教育评价制度的转变，调整对学校、教师、学生评价的目标架构、内容指标，强化对学习真正发生的教育过程而非结果的评价，从总结性评价转向形成性评价，改变教育评价的目标指向，从鉴定、筛选转向发展、成长，多元化评价主体，重视自我评价和内部评价。

2. 思维固化，新兴教育观念难认同

制度和政策固然重要，但是改革的前提在于理念和价值，在于思想文化的理解和认同。N 县乡村教育改革的起点就在于理想主义者的理念契合，在学校实践层面，虽说一个好校长就是一所好学校，但是校长只能起到引领作用，具体的教学和活动还是需要整个团队协同开展。在这个过程中，校长和教师之间的认知差异矛盾凸显。首先，教师群体内部的异质性使教师对改革的认知出现差异，年轻教师更容易接受新观念，成熟教师因已经形成了稳定的教学惯习，很难适应改革带来的变化，积极性和配合度不高。其次，实践反映出的另一个问题是年轻教师虽然思想更活跃，但在执行力和坚持力方面的表现不尽如人意，部分新教师的工作积极性和职业认同度本身就不高，对于基本工作内容以外的额外工作量自然难以认真对待。因此，如何凝聚教师团队，成了众多校长尤其是初任校长当下面临的最关键的问题。

面对教师团队的拒绝，校长们的解决策略大致可以分为两种，策略的选择与校长自身的工作风格紧密相关。一种是强硬派，校长通过行政命令的方式给教师分派任务，通过确定工作规划、选定负责教师、跟进并指导活动过程等环节把控改革进程。从效果来看，这样的学校目标更明确、成效更显著，但教师的满意度和获得感一般。另一种是柔和派，校长通过引发教师自身的主动认同来推进改革，让教师在活动中感受到学生的成长和学生在学科学习中的变化，体验到改革带来的收获和进步，将教师发展、学生成长和学校建设紧密联系在一起，引导教师主动参与和改进。这样的学校改革进程更慢，效果显现需要时间的积累，短期内对学生的改变并不显著，但学校氛围很好，教师的获得感和幸福感较高。

即便认同做到了，在理解和实施上也会出现人际偏差，这一困境在同样具有浪漫主义情怀的改革发起者之间同样存在，B小学改革初期的艰难就是这一问题的集中体现。

> 我设计了一套方案，带志愿者去执行。校长内心不理解，但我又是副局长，他必须听我的，所以刚开始我们很痛苦。第二年，B小学租村里的舞台，搞了一台很好的晚会，但这不是我们想要的目标，晚会是展示给外界看的，不是孩子们的，违背了不功利原则。①

好在双方都保持了耐心和坚韧，在后来的改革实践中逐渐走向一致，取得了良好的改革成效。

从本质上来看，应试主义教育体制的根源在于我国的教育文化传统，以及工业化现代化进程中生成的功利与技术主义，乡村教育现代化呼唤人文主义的教育价值。2015年，联合国教科文组织通过了《教育2030行动框架》，关注人类发展和经济、社会、环境可持续性的教育目标，展现了未来教育的人文主义愿景。同年，联合国教科文组织出版的《反思教育：向"全球共同利益"的理念转变？》强调人文主义教育观，并将其作为根本的

---

① 宋承翰、宋凌燕：《双减一周年，重建孩子的自主意识：与一位县教育局副局长对谈》，腾讯网，https://new.qq.com/rain/a/20220802A04CXC00。

共同利益。"这意味着超越识字和算术，以学习环境和新的学习方法为重点，以促进正义、社会公平和全球团结。教育必须教导人们学会如何在承受压力的地球上生活；教育必须重视文化素养，立足于尊重和尊严平等，有助于将可持续发展的社会、经济和环境方面结为一体。"（联合国教科文组织，2017）

人文主义教育观以个人精神内在体验为基础，以人的存在为出发点，关怀人的价值，追求人的终极意义。在地化的教育思想关注基于身心发展规律的学生成长，开发个体潜能，养成完整人格，尊重个性差异，事实上具有强烈的人文主义内涵，同时在"国家导向—区域发展—学校建设—学生成长"的多主体协同进步方面发展了新路径。在地化教育的先驱大卫·索贝尔（David Sobel）认为，在地化教育是以当地社区和环境为起点，在课程中教授语言艺术、数学、社会研究、科学和其他学科的概念的过程。这种教育方式强调动手实践和真实世界的学习经验，可以提高学生的学术成就，帮助学生与社区建立更牢固的联系，增强学生对自然世界的欣赏，并创建一个更坚定的承诺，成为积极的、有贡献的公民（Sobel，2004）。

3. 人是关键，稳定制度文化难传承

回顾 N 县的乡村教育改革之路可以发现，核心人物的引领是其改革成功的关键，一批满怀理想和浪漫主义精神的教育管理者、有想法能实干的教育实践者引领了 N 县乡村小规模学校的成长，根据学校情况探索出独具风格的多元发展之路。然而，岗位任期是有限的，人事变动带来的学校教育理念的转变和县域教育目标的调整引发了改革进程与方向的不稳定性。我们在感叹"一位好校长就是一所好学校"的同时也不禁思考，过度依赖个体优势特征的改革是完整意义上的好的改革吗？如何形成更加稳定的区域教育生态？

N 县为何没能形成稳定的乡村教育改革制度文化？其一，N 县乡村教育改革的实践逻辑是从自发到自觉逐步探索，是一个以实践为中心的改革模式，在理论提升方面较弱，更多的精力放在思考做什么、怎么做，而不是为什么做以及做完之后的反思总结。这导致虽然从县域整体看来 N 县的乡村教育改革经历了几个明确的阶段，但是对于每个阶段的每所学校个体来说，都是从零开始的自主探索，互动交流有限，难以形成合力。其二，N 县的乡村教育改革从成果来看确实改变了学校的教学生态，在活动的开展和课程的开发方面做了多元的有益探索，但是从制度层面来看尚未突破现有的教育制度框架，是一次在现有制度下的小规模尝试，未破何立？其三，N县从开始改革到现在仅有 6 年时间，目前依然处在改革的探索期，制度的形成需要时间的积淀。

值得关注的是，C 小学在 N 县乡村小规模学校中是个特例，C 小学的发展时间更长，从 20 世纪 80 年代开始，目前已经形成了稳定的运转模式。从学校发展来看，艺术教育是 C 小学的品牌，校园活动是 C 小学的特色，寄宿管理是 C 小学的优势，深溯教育理念，学校几十年来秉承的"生活德育"是灌注 C 小学的生命力所在，也成了特色与精神的落脚点。一代一代传承下来，离不开深耕 C 小学二十余载的 L 校长的坚持和努力，"固定下来，形成习惯"是 L 校长进行学校时间管理的秘诀，也是 C 小学的管理模式得以制度化的精髓。C 小学的时间管理以精密著称，从早晨六点半到晚上七点半，精确到每一分钟的管理看似占据了孩子们一天的全部时间，其实是给孩子们在学习和作业之外保留了充分的运动和活动时间，将每天一小时的体育锻炼和两小时的社团活动以课程化的方式固定下来，通过明确其在时间安排中的位置，形成全校师生的心理定式和行动习惯，以保障按时开展并稳定延续，进而成为学校的文化和精神所在。

参考文献

杜威，1981，《杜威教育论著选》，赵祥麟、王承绪译，华东师范大学出版社。

杜威，2010，《杜威全集》（第四卷），王新生、刘平译，华东师范大学出版社。

胡塞尔，1988，《欧洲科学危机和超验现象学》，张庆熊译，上海译文出版社。

胡塞尔，2005，《生活世界现象学》，倪梁康、张廷国译，上海译文出版社。

联合国教科文组织编，2017，《反思教育：向"全球共同利益"的理念转变?》，教育科学出版社。

邬志辉，2020，《乡村小规模学校高质量发展，路在何方》，《光明日报》9 月 15 日，第 15 版。

杨东平，2016，《重新认识应试教育》，《北京大学教育评论》第 2 期。

Sobel，David. 2004. *Place-based Education: Connecting Classrooms and Communities*. Great Barrington: Orion Press.

中国农村教育的公共支出与服务均等化

城乡基本公共教育服务均等化与乡村振兴耦合协调的动态演进及驱动机制

于　璇　杨广宇　栾晓晶*

摘　要：基于 2006～2019 年全国 31 个省（自治区、直辖市）的面板数据，本文通过建立耦合协调度模型测算城乡基本公共教育服务均等化与乡村振兴的耦合协调水平，运用 Dagum 基尼系数、Kernel 密度估计和二次指派程序（QAP）分析两系统耦合协调的时空分异特征、分布动态演进以及驱动机制。研究发现：①我国城乡基本公共教育服务均等化与乡村振兴的耦合协调度处于勉强协调阶段，呈现"东高西低"的空间分布特征，"京津 – 长三角"沿线成为耦合协调度高值集聚区；②耦合协调度的地区差异呈缩小趋势，地区间差异是总体差异的主要来源，东部、中部和东北地区两系统耦合协调发展存在极化现象；③制度驱动、经济驱动、政府驱动对耦合协调度的地区差异具有显著的正向促进作用。基于研究结论，本文提出如下建议：第一，重视基本公共教育服务融入乡村振兴战略布局；第二，加强城乡基本公共教育服务均等化与乡村振兴耦合协调发展的省际协同建设；第三，在创新发展中提升中西部地区城乡基本公共教育服务均等化与乡村振兴耦合协调发展水平。

关键词：城乡基本公共教育服务均等化；乡村振兴；耦合协调度；空间分异；驱动机制

---

* 于璇，博士，青岛大学师范学院副教授，主要从事教育资源配置研究，E-mail：yuxuan 9026@163.com；杨广宇，青岛大学师范学院硕士研究生，主要从事教育资源配置研究，E-mail：a15194103906@126.com；栾晓晶，青岛大学师范学院硕士研究生，主要从事教育资源配置研究，E-mail：631683218@qq.com。

一 引言与文献综述

乡村振兴战略是解决城乡发展不平衡和农村发展不充分矛盾的重大举措，基本公共教育服务的城乡非均衡发展是不平衡不充分的重要体现，也是实现城乡融合发展、全面推进乡村振兴亟待补齐的主要短板。长期以来，城乡二元分割与教育资源的非均衡流动导致城市与农村基本公共教育服务存在较为明显的差距，农村在资源配置、能力供给、服务质量以及保障水平等方面滞后于城市。城乡基本公共教育服务均等化与乡村振兴尚存在发展速度不同步、发展环节脱钩等现实问题。《中共中央、国务院关于实施乡村振兴战略的意见》提出，到2035年，城乡基本公共服务均等化基本实现。《乡村振兴战略规划（2018—2022年）》进一步明确指出，优先发展农村教育事业，促进公共教育资源向农村倾斜，推进城乡基本公共服务均等化。因此，在厘清城乡基本公共教育服务均等化与乡村振兴耦合协调机理的基础上，系统评估城乡基本公共教育服务均等化水平与乡村振兴实施进程，全面把握城乡基本公共教育服务均等化与乡村振兴的协调程度、发展趋势及影响因素，实现基本公共教育服务体系建设与农业农村现代化发展同频共振，具有理论与现实的必要性和紧迫性。

2006年，中共中央首次提出"基本公共服务均等化"概念。作为基本公共服务的重要内容，基本公共教育服务均等化问题在学术层面上得到极大关注，学者们围绕基本公共教育服务均等化的政策变迁、时代内涵、判断标准、评估框架、实现路径等展开深入探讨（邬志辉、杨清溪，2022；刘琼莲，2014；罗哲、张宇豪，2016；薛二勇、李健，2019），为基本公共教育服务的均等化测度及时空演变分析夯实了理论基础。目前，国内学者主要采用教育基尼系数（崔惠玉、刘国辉，2010）、变异系数（温娇秀、蒋洪，2014）、泰尔指数（宋乃庆、马恋，2016）等方法考察基本公共教育服务的均等化程度及结构特征。近年来，ArcGIS（赵林等，2018）、Dagum 基尼系数（于璇、王晓静，2022）、Kernel 密度估计（王奔、晏艳阳，2017）、ESDA 空间探索性分析（汪凡等，2019）、空间收敛模型（周远翔等，2019）等多学科方法有机结合，使基本公共教育服务均等化的空间分异及演变趋势研究日益丰富。但需要注意的是，已有研究主要关注省际或区域层面基本公共教育服务差异，对区域内部的城乡差异考虑不足。由于现阶段我国基本公共服务发展的不平衡主要体现在城乡之间，促进公共服务资源向农村覆盖是"十四五"期间推进基本公共服务均等化的重点任务[①]，因此系统开展城乡基本公共教育服务的均等化测度研究极为必要。此外，从指标选取来看，现有文献较多采用单一维度的指标观测基本公共教育服务供给状况，这会在一定程度上造成研究结果的偏差，无法揭示基本公共教育服务均等化的整体实现程度。

尽管提出乡村振兴战略的时间较晚，但国内学者在乡村振兴评价指标体系构建及测度方面的研究已初具规模。从指标选取来看，多数研究将"产业兴旺、生态宜居、乡风文明、治理有效、生活富裕"作为一级指标，二级指标的选择各有侧重，反映了相关战略规划涉及的主要方面。从测度方法来看，指标筛选主要采用层次分析法（张磊，2009）和德尔菲法（王颜齐等，2009）；指标权重的确定包括德尔菲法（李树德、李瑾，2006）、层次分析法（闫周府、吴方卫，2019）等主观赋权法以及熵权法（陈秧分等，2018）等客观赋权法，以上两者综合应用的研究成果（毛锦凰，2021）也日益增多。从研究尺度来看，空间尺度涵盖国家（吕承超、崔悦，2021）、省域（毛锦凰、王林涛，2020）、地市（陈培彬等，2020）、县域（陈炎伟等，2019）、乡镇（沈剑波等，2020）、村庄（安悦等，2022）；时间尺度大多以某一年份的截面数据为主，也有通过某时间段内的面板数据进行评价分析。其中，影响力较大的是张挺等（2018）的研究，该研究构建了包含5个二级指标、15个三级指标、44个四级指标及对应目标值的乡村振兴评价指标体系，并对11个省份的35个乡村进行了实证评价分析。

关于城乡基本公共教育服务均等化与乡村振兴关系的研究方兴未艾，已有研究可以分为三类。一是宏观层面的价值取向、政策建议、发展路径的理论探讨，主要从乡村教育振兴的角度出发论证缩小城乡教育公共服务

---

① 《国家发改委："十四五"期间促进公共服务资源向基层延伸、向农村覆盖》，中国新闻网，https://www.chinanews.com.cn/cj/2022/01-11/9649601.shtml，最后访问日期：2024年5月13日。

差距、推进城乡教育一体化发展在乡村全面振兴和农村现代化建设中的重要意义（杨远根，2020；刘复兴、曹宇新，2022）。二是城乡公共教育资源和服务供给均衡问题的思考。一些学者围绕乡村振兴背景下如何优化城乡义务教育学校布局（金志峰等，2019）、促进教育资源流动（孙德超、李扬，2020）、完善乡村教师队伍建设（庞志娟等，2020）等展开路径探索。三是基于乡村振兴战略需求的城乡公共教育服务资源差异测度，如闻勇、薛军（2019）对全国各省份城乡义务教育财政投入效率现状及变动趋势进行分析，结果显示，城市规模效率整体低于农村；李毅等（2021）测算了2011～2017年我国各省份的城乡义务教育优质资源配置效率，发现农村资源配置效率低于城镇且处于下降态势。

纵观已有研究，关于城乡基本公共教育服务均等化与乡村振兴的研究多聚焦乡村振兴背景下的乡村教育转型、城乡教育资源优化配置等，直接探讨城乡基本公共教育服务均等化与乡村振兴耦合关系的定量研究较为匮乏。关于基本公共教育服务均等化的测度研究已经有比较丰富的成果，乡村振兴的测度研究也渐成体系，但是对其背后耦合关系的空间差异、演进趋势及驱动机制还有待挖掘。耦合分析是研究系统之间是否存在相互促进或相互制约、双向交互关系的常用测度方法，已经广泛应用于评价环境、人口、资源等各类要素与区域发展的协调性研究（李二玲、崔之珍，2018）。近年来，教育领域也有学者围绕职业教育与乡村振兴（冯淑慧、叶蓓蓓，2022；赵红霞、朱惠，2022）、教育扶贫与乡村振兴（戴妍、陈佳薇，2021）的耦合互馈关系进行了实证分析，这为系统耦合视角下深入考察城乡基本公共教育服务均等化与乡村振兴协调发展之间的关系提供了参考借鉴。

本文采用耦合协调度模型、Dagum基尼系数、Kernel密度估计分析城乡基本公共教育服务均等化与乡村振兴的耦合协调水平、时空分异特征和分布动态演进，利用关系数据计量模型和二次指派程序（Quadratic Assignment Procedure，QAP）考察二者耦合协调的驱动机制。本文的学术贡献主要体现在以下三个方面。第一，构建城乡基本公共教育服务均等化和乡村振兴的评价指标体系，采用层次分析法与熵权法相结合的综合评价法测度2006～2019年全国31个省（自治区、直辖市）城乡基本公共教育服务均等化和乡村振兴的综合指数，对均等化政策实施以来我国城乡基本公共教育服务均等化水平以及乡村振兴战略实施状况进行全面系统的分析。第二，厘清城乡基本公共教育服务均等化与乡村振兴的耦合机理，运用耦合协调度模型测度全国、区域及省际层面城乡基本公共教育服务均等化与乡村振兴的耦合协调水平，从时间和空间两个维度掌握城乡基本公共教育服务均等化适配乡村振兴战略发展的现状。第三，采用 Dagum 基尼系数和Kernel 密度估计方法揭示耦合协调度的区域差异、差异来源及分布动态演进，利用关系数据计量模型探究两系统耦合协调的驱动机制，为构建优质均衡的城乡基本公共教育服务体系、扎实推进乡村全面振兴、增强城乡基本公共教育服务均等化与乡村振兴协调发展的内生动力提供科学依据和决策参考。

二 城乡基本公共教育服务均等化与乡村振兴耦合协调机理

城乡基本公共教育服务均等化与乡村振兴相互促进、相辅相成，协同发展（见图1）。

一方面，城乡基本公共教育服务均等化是推进乡村振兴的内生动力、关键环节。城乡教育资金投入、优质师资、教学成果等教育资源的流动共享，畅通了乡村人力资本积累渠道，促进农村劳动力的知识储备更新和劳动技能提升，激发乡村人口的内生发展动力（陈鹏、李莹，2021），为实现乡村产业振兴积累丰富的基础性、战略性资源；乡村基本公共教育服务提质增效，城乡教育差距逐步缩小，能够有效吸引高素质农民工回流，破解乡村振兴人才掣肘难题（刘玉侠、鲁文，2020：238）；乡村教育通过造就现代社会的乡村绅士，促成乡民传统价值观念革新与先进文化传播，为乡村文化振兴注入精神动能（肖正德，2020）；通过推进城乡生态文明教育一体化，打造城乡生态文明教育示范区，增强农民生态文明意识，调动农民投入乡村生态建设的积极性，发挥乡村生态资源的多重效益，持续提高乡村生态治理效能（张瑞倩，2021）；城乡基本公共教育服务共建能力和共享水平的提高通过劳动力知识技术更新和技能的培养与扩散，直接助力个体参与乡村现代化建设和发展，实现乡村自治体系与能力的提升

（杜育红、杨小敏，2018）。

　　另一方面，乡村振兴是实现城乡基本公共教育服务均等化的重要支撑、战略保障。全面推进乡村振兴，优先发展乡村教育事业，有助于教育公共资源要素配置优先向农村流动，加快补齐农村教育发展短板，促进城乡教育优质均衡发展；乡村产业振兴促进更充分高质量就业，提升人力资源产出效率，为政府增加公共教育财政投入提供反哺支撑（黄涛等，2021）；乡村乡风文明、生态宜居建设助推乡村本土文化、生态教育等资源的深入挖掘，改变以往教育公共资源由城市向农村单向流动的状况，促进城乡教育资源互惠共生；乡村治理效能的提升、教育多元治理主体活力的激发将提高乡村优质教育资源服务供给能力和效益，不断缩小城乡、校际办学差距，使城乡学生同步共享更高质量、更加公平的教育公共服务。

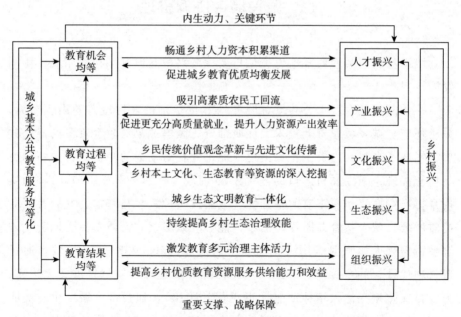

图 1　城乡基本公共教育服务均等化与乡村振兴耦合协调机理

三 研究设计

（一）指标体系构建

在遵循科学性、系统性、数据可获得性等原则的基础上，本文将城乡基本公共教育服务的范围限定在义务教育阶段，从教育机会均等、教育过程均等和教育结果均等三个维度构建城乡基本公共教育服务均等化评价指标体系，包括 3 个二级指标和 15 个三级指标。借鉴《乡村振兴战略规划（2018—2022 年）》中的指标体系以及相关研究成果，本文从乡村振兴战略五大内涵出发，构建了乡村振兴评价指标体系，包括 10 个二级指标和 15 个三级指标（见表 1）。

表 1 城乡基本公共教育服务均等化和乡村振兴评价指标体系

耦合系统	一级指标	二级指标	三级指标	单位	指标属性
城乡基本公共教育服务均等化	教育机会均等		义务教育普及率	%	正向
	教育过程均等	经费投入	生均一般公共预算教育经费	元/生	正向
			生均一般公共预算教育事业费	元/生	正向
			生均一般公共预算公用经费	元/生	正向
		硬件资源	生均校舍建筑面积	平方米/生	正向
			生均运动场地面积	平方米/生	正向
			生均教学仪器设备值	元/生	正向
			生均图书	册/生	正向
			每百名学生拥有教学用计算机数	台/百人	正向
		师资配备	师生比	—	正向
			学历合格专任教师比例	%	正向
			高级专业技术职务专任教师比例	%	正向
	教育结果均等		小学六年巩固率	%	正向
			初中三年巩固率	%	正向
			初中毕业生升学率	%	正向

耦合系统	一级指标	二级指标	三级指标	单位	指标属性
乡村振兴	产业兴旺	农业发展质量	农业劳动力人均增加值	元	正向
		农业产业结构	非农产值占总产值比重	%	正向
	生态宜居	农村自然环境	村庄绿化覆盖率	%	正向
			废污水处理率	%	正向
		农村人工环境	农村安全饮用水普及率	%	正向
			农村卫生厕所普及率	%	正向
	乡风文明	农村文化教育建设	人均公共文化设施面积	m²	正向
			开通互联网宽带业务的行政村占比	%	正向
		农村卫生养老	每千人口卫生技术人员数	个	正向
			农村养老服务机构数	家	正向
	治理有效	农村治理发展	社区服务中心单位数	个	正向
		农村治理能力	村委会委员大专学历占比	%	正向
	生活富裕	农民收入水平	农村居民可支配收入	元	正向
			农村家庭恩格尔系数	%	负向
		农民生活质量	农村人均住房面积	m²	正向

（二）研究方法

1. 城乡基本公共教育服务均等化与乡村振兴综合指数的测度

本文采用层次分析法与熵权法相结合的综合赋权方法，具体步骤如下。第一，运用层次分析法对指标进行主观赋权。根据专家意见构建判断矩阵，并按照重要程度依次进行排序，进而计算得出各指标主观权重，同时将所得结果进行一致性检验以验证其合理性。第二，运用熵权法对指标进行客观赋权。采用极差法对原始数据进行归一化处理，计算各项指标的信息熵值和冗余度，各指标的权重值等于该指标的冗余度比所有指标的冗余度。第三，采用等权重加权平均的方法将相应的主客观赋权进行相加，计算得出综合权重。第四，分别计算城市和农村基本公共教育服务水平以及乡村振兴水平综合指数。

$$G = \sum w_i g_i \qquad (1)$$

在式（1）中，G 为评价指标体系的综合指数，w_i 为综合权重，g_i 为三级指标中第 i 项样本数据的标准化值。

在此基础上，参照韩增林等（2015）的做法，引入信息熵对城乡基本公共教育服务均等化水平进行测度。该方法可以较好地衡量指标数据的离散程度，有效解决指标变量间的信息交叉重叠问题，因此可以用来测度系统的均衡度。设定信息熵函数为：

$$E_s = -\left(\frac{W_c}{\sum W_c} ln \frac{W_c}{\sum W_c} + \frac{W_r}{\sum W_r} ln \frac{W_r}{\sum W_r} \right) \tag{2}$$

在式（2）中，W_c 和 W_r 分别代表城市和农村基本公共教育服务水平综合指数。信息熵越大，表示信息离散程度越高；城乡基本公共教育服务水平综合指数差距越小，表示均等化程度越高。当城乡基本公共教育服务达到相同水平（$W_c = W_r$）时，熵为最大化状态（$E_{max} = ln2$），表示城乡基本公共教育服务达到均等化程度最高水平。将实际熵值与最大熵值之比作为城乡基本公共教育服务的均等化指数，则：

$$E = E_s / E_{max} \tag{3}$$

根据公式（3），E 值越大，表示城乡基本公共教育服务均等化水平越相近，均等化程度越高。

2. 城乡基本公共教育服务均等化与乡村振兴耦合协调度的测度

根据徐晔、赵金凤（2021）的做法，本文引入偏离系数 C_V 测度城乡基本公共教育服务均等化与乡村振兴发展水平的协调态势，计算公式如下：

$$C_V = \frac{\sqrt{\{u_1(x) - \bar{u}(x)\}^2 + \{u_2(x) - \bar{u}(x)\}^2}}{\bar{u}(x)} = \sqrt{2(1-C)}$$

$$\bar{u}(x) = [u_1(x) + u_2(x)]/2 \tag{4}$$

$$C = \frac{4u_1(x) \cdot u_2(x)}{[u_1(x) + u_2(x)]^2}$$

在式（4）中，$u_1(x)$ 和 $u_2(x)$ 分别表示城乡基本公共教育服务均等化与乡村振兴系统的发展指数，C_V 表示两系统的平均偏离程度，C_V 值越小则两系统的平均偏离程度越低，两者的协调性越好。本文将 C 界定为系统协调度，当偏离差系数 C_V 越接近 0 时，C 越接近 1，表明系统的协调度越高。

C 可以反映系统交互协调的程度，体现系统间作用的时空演化关系，但忽视了协调发展过程中的动态性。当两系统的发展水平均较低时，同样可能得出高协调性的伪判断。因此，本文同时引入发展度模型，以更好地反映系统间耦合协调发展的动态趋势，计算公式如下：

$$D = \sqrt{C \cdot T} \tag{5}$$

$$T = \lambda\, u_1\,(x)^\theta\, u_2\,(x)^{1-\theta} \tag{6}$$

在式（5）中，D 为两系统的耦合协调度，取值为 $[0, 1]$，D 越接近 0，表示两者的耦合协调度越高。C、T 分别为系统的协调度和发展度，λ 表示外生参数，θ 和 $1-\theta$ 分别表示两系统的产出弹性。本文参照相关研究，设定 $\lambda = 1$，$\theta = 1 - \theta = 0.5$。根据对耦合协调度研究惯例的划分标准，本文将耦合协调度划分为 10 个类型，如表 2 所示。

表 2　耦合协调度等级划分标准

耦合协调度	类型	耦合协调度	类型
(0.0, 0.1]	极度失调	(0.5, 0.6]	勉强协调
(0.1, 0.2]	严重失调	(0.6, 0.7]	初级协调
(0.2, 0.3]	中度失调	(0.7, 0.8]	中级协调
(0.3, 0.4]	轻度失调	(0.8, 0.9]	良好协调
(0.4, 0.5]	濒临失调	(0.9, 1.0]	优质协调

3. Dagum 基尼系数

本文采用 Dagum 基尼系数及其子群分解方法（Dagum，1997）对城乡基本公共教育服务均等化与乡村振兴耦合协调发展的相对地区差异进行测算，并进一步分析两系统耦合协调度的总体差异和来源。

$$G = \frac{\sum_{j=1}^{k} \sum_{h=1}^{k} \sum_{i=1}^{n_j} \sum_{r=1}^{n_h} |y_{ji} - y_{hr}|}{2\,n^2\,\bar{y}} \tag{7}$$

在式（7）中，G 表示总体基尼系数，n 表示全部省份的个数，k 表示划分的地区个数，n_j（n_h）表示 j（h）地区内省份的个数，y_{ji}（y_{hr}）表示 j（h）地区内某一省份城乡基本公共教育服务均等化与乡村振兴的耦合协调度，$\bar{y}$ 表示 31 个省份耦合协调度的均值。根据 Dagum 基尼系数及其子群分解方法，可以将其分解为地区内差距的贡献 G_w、地区间差距的贡献 G_{nb}、超变密度的贡献 G_t 三部分，并满足 $G = G_w + G_{nb} + G_t$。

4. Kernel 密度估计

本文选择高斯核函数对我国城乡基本公共教育服务均等化与乡村振兴耦合协调发展的分布动态演进趋势进行估计，如公式（8）所示。

$$f(x) = \frac{1}{N_h} \sum_{i=1}^{N} K\left(\frac{X_i - x}{h}\right) \qquad (8)$$

其中，$f(x)$ 为核密度估计值，N 为观测值的个数，X_i 表示独立同分布的观测值，x 为均值，$K(\cdot)$ 表示 Kernel 函数，h 为宽带。

5. 二次指派程序

本文引入关系数据分析范式，利用关系数据计量模型和二次指派程序，探究城乡基本公共教育服务均等化与乡村振兴耦合协调发展的驱动机制。二次指派程序是对关系数据之间的关系进行定量分析的非参数估计法，影响城乡基本公共教育服务均等化与乡村振兴耦合协调发展的变量是关系型变量，数据本身为关系数据，因此可以从关系数据角度进行分析。同时，二次指派程序相较于常规统计及回归分析方法所具有的独特优势在于，它不需要假设变量间相互独立，通过随机置换方式（随机试验）可以克服关系数据模型存在的自相关、多重共线性以及遗漏变量偏差等缺陷，从而使检验结果更加稳健。

本文设定关系数据计量模型为：

$$Y = \beta_0 + \beta_1 X + \beta_2 Z + U \qquad (9)$$

其中，Y 为被解释变量，X 为解释变量，Z 为控制变量，U 为残差项，β_0、β_1 和 β_2 是待估参数，关系数据计量模型中的所有变量均为 n 阶方阵，被解释变量、解释变量和控制变量在两两地区间的差距分别表示为 $y_i - y_j$、$x_i - x_j$、$z_i - z_j$，在 $i = j$ 条件下，主对角线变量值为 0。

二次指派程序回归分析将变量矩阵 n 阶方阵中任一矩阵的全部取值作为一个"长"向量，得到回归系数，再通过随机置换来判断参数估计值的显著性[①]。

———————————

① 限于篇幅，关于二次指派程序的基本原理请参考刘华军等（2018）。

（三）数据来源

本文选取 2006 年作为研究的起点，时间跨度为 2006～2019 年。城乡基本公共教育服务均等化指标数据来源于《中国教育统计年鉴》《全国教育经费执行情况统计公告》。乡村振兴指标数据来源于《中国统计年鉴》《中国城乡建设统计年鉴》《中国环境统计年鉴》《中国农村统计年鉴》《中国文化文物与旅游统计年鉴》《中国卫生健康统计年鉴》《中国民政统计年鉴》及各省份统计年鉴、国民经济和社会发展统计公报等。文中相关的指标数据均以 2006 年为基期进行了价格调整，对统计口径不一的数据已进行换算处理，并利用相应年份数据对部分缺失值进行插补。

四　实证分析

（一）城乡基本公共教育服务均等化与乡村振兴的空间分异特征

本文通过层次分析法与熵权法综合赋权对我国 31 个省（自治区、直辖市）[①] 城乡基本公共教育服务均等化水平进行测算（见图 2）。结果显示，我国城乡基本公共教育服务均等化水平主要呈现两个方面的特征。一是全国整体水平处于相对稳定态势，均等化指数均值为 0.290，说明城乡基本公共教育服务均等化水平较低，农村和城市之间的基本公共教育服务存在较大差距。随着人们对更加公平、更高质量的基本公共教育服务需求的不断增长，以城乡失衡为主要表征的公共教育服务供给结构性矛盾依然突出。二是空间格局差异较大，均等化指数均值从大到小依次为东部（0.381）、东北（0.343）、西部（0.270）、中部（0.267），"中部塌陷"现象显著。东部地区均等化指数总体呈现上升态势，由 2006 年的 0.366 增长至 2019 年的 0.401，均等化程度领先于其他地区。原因可能在于地区间经济发展水平

[①] 按照国家统计局网站的划分标准，可以将我国省级行政单位（不包括港澳台）划分为东部、中部、西部、东北四大地区。其中，东部包括北京、天津、河北、上海、江苏、浙江、福建、山东、广东和海南 10 省份，中部包括山西、安徽、江西、河南、湖北和湖南 6 省份，西部包括内蒙古、广西、重庆、四川、贵州、云南、西藏、陕西、甘肃、青海、宁夏和新疆 12 省份，东北包括辽宁、吉林和黑龙江 3 省份。

和政府财政能力的非均衡。区域经济实力和政府财力是地方政府履行公共服务职能的资金保障，高财政自给水平下地方政府投入更易向基本公共服务倾斜（郑垚、孙玉栋，2018）。东部地区地方政府财力雄厚，尤其是东部县域经济发展水平较高，能够为农村基本公共教育服务生产和供给提供充足的财力支持。东北地区均等化指数由 2006 年的 0.339 下降至 2019 年的 0.337。西部地区均等化指数呈现"波动下降 - 快速增长"趋势，由 2006 年的 0.266 下降至 2010 年的 0.248，随后在"十二五"期间实现平稳快速增长，并在"十三五"期间先后赶超中部地区和全国平均水平。近年来，国家在西部农村地区公共教育服务领域的投入力度不断加大，实施了农村义务教育薄弱学校改造计划、教师特岗计划、"三区"人才支持计划、教育精准扶贫等一系列重大项目和工程，有效提升了西部农村地区基本公共教育服务水平，缩小了城乡公共教育服务差距。中部地区均等化指数呈现微弱增长，由 2006 年的 0.265 上升至 2019 年的 0.273，这表明中部地区城乡基本公共教育服务的非均等化问题最为严峻。

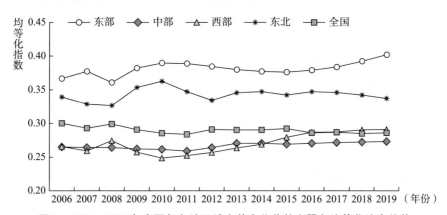

图 2　2006～2019 年全国与各地区城乡基本公共教育服务均等化演变趋势

在对乡村振兴指数进行测算的基础上，本文利用 ArcGIS 10.1 软件对 2006 年和 2019 年的乡村振兴指数进行空间可视化处理①。我国乡村振兴总体水平显著提升，空间分布呈现"东—中—西"阶梯状递减格局。2006 年西部地区乡村振兴整体为低水平类型②，中部地区为较低水平类型，而东部

---

① 由于篇幅有限，空间分布图未在文中呈现，如有需要可联系作者。

② 采用系统聚类分析方法对乡村振兴水平进行聚类，可将其分为 5 种类型，即低水平、较低水平、中等水平、较高水平和高水平。

沿海部分省份已经达到中等水平甚至较高水平（主要集中于京津、长三角等发达地区）。2019 年全国乡村振兴指数大幅提高，各省份（除西藏自治区外）乡村振兴发展类型均达到中等水平以上，但是区域间发展仍表现出较为显著的非均衡状态，京津、长三角等东部发达地区继续保持乡村振兴高水平发展优势地位，东部地区的乡村振兴总体水平高于其他地区。

图 3 描述了 2006~2019 年全国与各地区乡村振兴水平演变趋势。从全国层面看，乡村振兴指数由 2006 年的 0.245 增长至 2019 年的 0.513，年均增长率为 5.84%，说明全国乡村振兴发展水平明显提高，乡村振兴战略成效显著。从地区层面看，乡村振兴指数均值从大到小依次是东部（0.474）、东北（0.366）、中部（0.329）、西部（0.269），中西部地区乡村振兴指数始终低于全国平均水平。从地区增长率看，年均增幅大小依次为西部（8.23%）、中部（5.58%）、东北（4.52%）、东部（4.07%），四大区域之间的差距呈现逐渐缩小态势，说明党中央在推动区域协调发展、促进共同富裕上取得了积极成效。随着东西部协作和定点帮扶工作的深化，区域之间的产业合作、资源互补、人才交流等不断加强，这为中西部地区乡村振兴高质量发展提供了有力支撑。

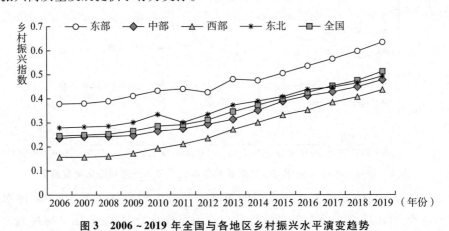

图 3　2006~2019 年全国与各地区乡村振兴水平演变趋势

（二）城乡基本公共教育服务均等化与乡村振兴耦合协调度分析

本文根据耦合协调度模型对 2006~2019 年全国各省份城乡基本公共教育服务均等化与乡村振兴的耦合协调度进行测算。我国城乡基本公共教育服务均等化与乡村振兴耦合协调度呈现较为显著的"东高西低"空间非均衡分布特征。

从全国层面看，全国整体耦合协调水平呈现逐年提高的变动态势，耦合协调度值由 2006 年的 0.326 增长至 2019 年的 0.645，年均增幅达到 5.39%，耦合协调发展类型由轻度失调转变为初级协调，这表明我国加快补齐农业农村发展短板，不断提高农村教育基础设施和公共服务供给能力，这在使城乡基本公共教育服务均等化水平持续提高的同时，也推动了乡村全面振兴的进程。尽管两系统之间的耦合协调发展程度趋于优化，但依然处于协调发展的初级阶段，距离优质协调的理想阶段仍有较大提升空间。尤其是"十一五"之后，城乡基本公共教育服务均等化发展持续滞后于乡村振兴发展①，说明建立健全城乡义务教育资源均衡配置机制，提高农村基本公共教育服务供给能力是"十四五"期间落实全面推进乡村振兴战略的着力点。

从地区层面看，四大区域城乡基本公共教育服务均等化与乡村振兴的耦合协调发展存在"高者恒高、低者恒低"的锁定效应，区域差距显著。具体来看，东部地区耦合协调水平最高，耦合协调度区间为 0.6～0.8，处于初级协调和中级协调发展阶段，表明东部地区持续优化城乡基本公共教育服务均等化与乡村振兴相互作用的传导机制。东北地区耦合协调度均值为 0.551，处于勉强协调发展阶段。中部、西部地区耦合协调度低于全国平均水平，耦合协调度均值分别为 0.456 和 0.406，处于濒临失调发展阶段，城乡基本公共教育服务均衡高效供给与乡村振兴战略有力有序推进的协调适配亟待增强。东部地区耦合协调度均值（0.696）分别是中部、西部地区的 1.53 倍和 1.71 倍，说明地区间城乡基本公共教育服务均等化与乡村振兴耦合协调发展存在较大差距。从增长率来看，西部地区年均增长率最高，达到 1.44%，形成加速赶超趋势；东部地区其次，为 0.17%，始终保持较高水平和平稳增长；中部、东北地区耦合水平呈现下降趋势，年均降幅 0.09% 和 0.02%，与东部地区之间的差距正在逐渐拉大。

---

① 设 $E = U_1/U_2$ 为城乡基本公共教育服务均等化与乡村振兴同步发展指数，若 $E < 1$，则表示城乡基本公共教育服务均等化滞后于乡村振兴；若 $E = 1$，则表示二者同步发展；若 $E > 1$，则表示城乡基本公共教育服务均等化超前于乡村振兴。测算结果显示，2010 年及之前 $E > 1$，2010 年之后 $E < 1$。

从各省份看，我国各省份城乡基本公共教育服务均等化与乡村振兴的耦合协调度均呈小幅波动发展态势，大部分省份两系统耦合发展类型在观测期内未发生变动，耦合协调关系较为稳定。具体来看，耦合协调度均值排在前五位的省份均来自东部地区，依次是上海（0.929）、北京（0.899）、江苏（0.779）、天津（0.736）、浙江（0.732），以上省份的耦合协调度均值都高于0.73。在增长率方面，贵州增速最快，年均增幅达到8.51%，甘肃、青海、宁夏、四川、重庆、内蒙古等西部地区省份年均增长率在1.00%及以上，说明尽管西部地区省份起点偏低，但随着近年来城乡基本公共教育服务均等化程度的持续提高，西部地区发展后劲在不断增强。从协调发展类型来看，31个省份中有16个省份处于协调型发展阶段，15个省份处于失调型发展阶段。具体而言，上海、北京分别达到优质协调和良好协调发展阶段，表明这两个地区的城乡基本公共教育服务均等化与乡村振兴产生共振，两系统实现正向反馈和持续循环上升。天津、江苏、浙江达到中级协调发展阶段，福建、山东达到初级协调发展阶段，河北、广东等9个省份处于勉强协调发展阶段。

综上所述，我国城乡基本公共教育服务均等化与乡村振兴的耦合协调仍然处于较低水平，耦合协调度的空间格局体现为明显的地区差异和带状结构。一方面，东部地区的耦合协调度整体上优于其他地区，"东—中—西"阶梯状递减格局显著；另一方面，"京津－长三角"沿线（成为耦合协调度高值集聚区）构成我国城乡基本公共教育服务均等化与乡村振兴耦合发展优势带。

（三）耦合协调度的空间差异分解

本文根据 Dagum 基尼系数及其子群分解方法，测算 2006 ～ 2019 年城乡基本公共教育服务均等化与乡村振兴耦合协调度的基尼系数。

1. 总体地区差异及其演变趋势

图4描述了 2006 ～ 2019 年全国城乡基本公共教育服务均等化与乡村振兴耦合协调度总体差异的演变趋势。从全国范围看，城乡基本公共教育服务均等化与乡村振兴耦合协调度的总体差异呈现小幅度下降态势，基尼系数为 0.156 ～ 0.195。具体来看，基尼系数由 2006 年的 0.188 上升至 2008 年的最高值 0.195，之后稳步下降至 2014 年的 0.160，随后在小幅波动变化中

逐渐下降至 2019 年的 0.156，降幅为 17.02%，说明我国省际城乡基本公共
教育服务均等化与乡村振兴耦合协调发展的差距逐步缩小，均衡发展趋势
显现。

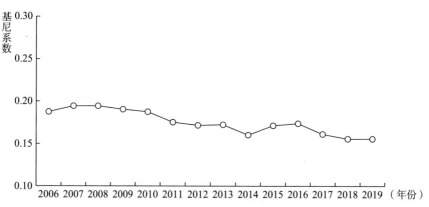

**图 4　2006～2019 年全国城乡基本公共教育服务均等化与乡村振兴耦合协调度
总体差异的演变趋势**

2. 地区内差异及其演变趋势

图 5 描述了 2006～2019 年城乡基本公共教育服务均等化与乡村振兴耦
合协调度地区内差异的演变趋势。四大地区内部耦合协调度差异呈现明显
的时空分异特征。从演变过程来看，东部地区耦合协调度的基尼系数总体
呈现小幅上升态势，基尼系数在 2006～2012 年经历轻微"上升－下降"，
2012 年后逐渐上升至 2016 年的 0.121，最后小幅回落至 2019 年的 0.114，
观测期内增长了 3.64%。中部地区耦合协调度的基尼系数呈现震荡攀升趋
势，由 2006 年的 0.110 下降至 2014 年的 0.101，之后迅速增至 2016 年的最
高值 0.160，2019 年小幅下降至 0.147，观测期内上升幅度为 33.64%。西
部地区耦合协调度的基尼系数呈现波动下降趋势，由 2006 年的 0.138 上升
至 2013 年的最高值 0.152，然后呈现加速下降趋势，2019 年下降至 0.072，
下降幅度为 47.83%。东北地区耦合协调度的基尼系数呈小幅上升趋势，
基尼系数由 2006 年的 0.046 波动上升至 2019 年的 0.049。从数值上看，
四大地区耦合协调度的内部差异变动以 2015 年为分界点：2015 年之前地
区内差异大小依次为西部＞东部＞中部＞东北；2015 年及之后差异大小
依次是中部＞东部＞西部＞东北，中部地区内部差距扩大趋势明显。总体
来看，西部地区内部耦合协调度差异呈现不断缩小趋势，东部、中部、东

北地区内差异呈现扩大趋势，尤其是"十三五"期间中部地区内部耦合协调度的基尼系数显著高于其他地区，说明中部地区城乡基本公共教育服务均等化与乡村振兴耦合协调发展的非均衡问题突出且省际差异仍在逐步扩大。

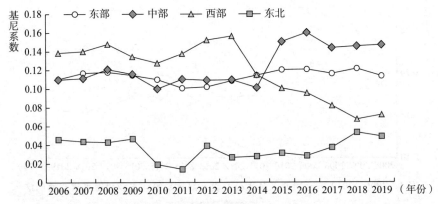

图5　2006～2019年城乡基本公共教育服务均等化与乡村振兴耦合协调度地区内差异的演变趋势

3. 地区间差异及其演变趋势

图6描述了2006～2019年城乡基本公共教育服务均等化与乡村振兴耦合协调度地区间差异的演变趋势。从演变过程来看，东部－西部、西部－东北、中部－西部地区间差异水平总体呈现波动下降趋势，降幅大小为西部－东北（39.90%）＞东部－西部（25.42%）＞中部－西部（12.24%）；东部－中部、东部－东北、中部－东北地区间差异水平呈现上升趋势，增幅大小为中部－东北（7.94%）＞东部－中部（5.16%）＞东部－东北（3.31%）。从数值上看，东部－西部地区间耦合协调度差异最大，基尼系数均值达到0.265；其次是东部－中部地区间差异，基尼系数均值为0.215，且差异在2013年后迅速扩大，2019年超过东部－西部地区间差异；再次是西部－东北（0.156）、中部－西部（0.143）、东部－东北（0.132），中部－东北地区间差异最小，基尼系数均值为0.112。综上来看，东部和中西部地区间耦合协调度差异在0.20以上较高位徘徊，且东部－中部地区间差异持续扩大，表明东部和中西部地区间城乡基本公共教育服务均等化与乡村振兴耦合协调发展存在较强的非均衡性。原因可能在于，上海、北京、江苏等东部经济发达地区在科学有序推动乡村产业、文化、生态和组织振兴的

同时，优先保障基本公共教育服务高质量均等化供给，城乡基本公共教育服务均等化与乡村振兴形成了良性互促、协同发展的良好局面；而中西部欠发达地区无论是在乡村优质教育资源供给还是乡村经济社会发展方面皆与东部发达地区存在较大差距，短时期内难以赶超。

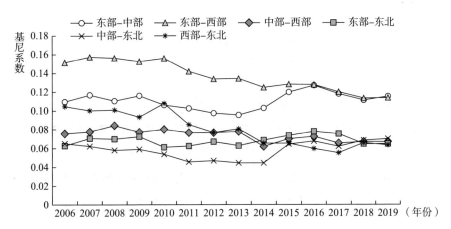

图 6　2006～2019 年城乡基本公共教育服务均等化与乡村振兴耦合协调度地区间差异的演变趋势

4. 地区差异来源及贡献

图 7 描述了 2006～2019 年城乡基本公共教育服务均等化与乡村振兴耦合协调度地区差异贡献率的演变趋势。地区差异贡献率反映了城乡基本公共教育服务均等化与乡村振兴耦合协调发展差异产生机制的变化。从演变过程来看，地区间差异的贡献率整体呈下降趋势，降幅为 9.95%；地区内差异的贡献率在 17.57%～21.38%，观测期内波动较小；超变密度的贡献率在 4.19%～12.59%，呈上升趋势，年均增幅为 7.11%。通过对比耦合协调度的地区内、地区间和超变密度的贡献率值可以看出，地区间贡献率（72.90%）显著高于地区内贡献率（19.30%）和超变密度贡献率（7.81%），这表明地区间差异是我国城乡基本公共教育服务均等化与乡村振兴耦合协调度总体差异的主要来源。

（四）耦合协调度的分布动态演进

为了进一步揭示城乡基本公共教育服务均等化与乡村振兴耦合协调度绝对差异的分布动态及变动趋势，本文借助 Kernel 密度估计方法，从分布

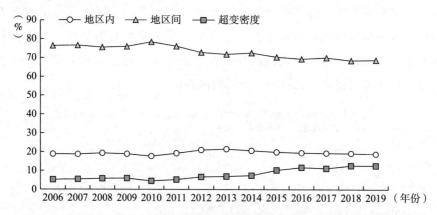

图7　2006～2019年城乡基本公共教育服务均等化与乡村振兴耦合协调度地区
差异贡献率的演变趋势

位置、分布形态、分布延展性以及极化趋势等方面对全国总体及各地区城乡基本公共教育服务均等化与乡村振兴耦合协调度的绝对差异状况进行分析。

1. 全国层面的 Kernel 密度估计

图8描述了全国城乡基本公共教育服务均等化与乡村振兴耦合的分布动态演进，具有如下特征：（1）从分布位置来看，观测期内全国 Kernel 密度函数中心及变化区间总体呈现右移趋势，说明全国城乡基本公共教育服务均等化与乡村振兴耦合协调发展水平在不断提高，这与特征事实部分结论一致；（2）从分布形态来看，分布曲线表现为主峰高度小幅提高、曲线宽度变窄，表明全国范围内城乡基本公共教育服务均等化与乡村振兴耦合协调发展区域不平衡性呈现缩小趋势；（3）从分布延展性来看，分布曲线存在一定程度的右拖尾现象，说明耦合协调水平高省份与较低省份之间的差距存在扩大的可能性；（4）从极化趋势来看，分布曲线由单一主峰逐渐转向双峰分布态势，侧峰峰值显著低于主峰，表明耦合协调度存在一定的极化现象。

2. 地区层面的 Kernel 密度估计

东部 Kernel 密度函数中心总体向右移动，主峰高度经历了循环"下降 –上升"的过程，曲线宽度小幅增大，表明东部地区耦合协调水平不断提高，地区内绝对差距总体呈现扩大趋势。从演变过程来看，相较于2006年，2009年密度曲线主峰高度下降，且由单峰转变为双峰，峰宽增大，表明东部地区差异在 2006～2009 年扩大，且存在两极分化的现象。2012～2016年，密度曲线中心向左偏移，波峰降低，宽度增大，表明该阶段耦合协调水平有所下降且存在内部差异不断扩大的趋势。2019 年密度曲线主峰高度增加并出现侧峰，侧峰曲线较平滑且峰值低于主峰，表明耦合协调度的离散程度表现出扩大趋势，两极化现象凸显。从其内部来看，耦合协调度较高的江苏、上海和广东增幅明显，年均增长率均在 0.3% 及以上，而耦合协调度最低的海南年均增长率为负，"强者更强"的发展态势造成东部地区省际两系统耦合协调发展差距进一步扩大。

中部 Kernel 密度函数主峰高度先上升后下降，宽度加大，波峰数量逐渐由单峰过渡到双峰，表明中部地区耦合协调度的绝对差异不断扩大且呈现明显的多极分化特征。从演变过程来看，相较于 2006 年和 2009 年，2012年密度曲线中心向右移动，主峰高度提高，峰宽略微缩小，表明 2006～2012 年中部地区耦合协调发展水平不断提高，地区内绝对差距缩小。2016 年密度曲线中心向左偏移，主峰高度下降，峰宽增大并出现双峰现象，表明耦合协调度下降且差距扩大，出现两极分化趋势。2019 年密度曲线中心向右移动，峰高微弱下降，峰宽增大，"双峰"态势显著且主峰和侧峰距离增加。这表明随着时间的推移，中部地区耦合协调度呈现两极分化特征，高值区和低值区差异显著，区域非均衡趋势不断加强。

西部 Kernel 密度函数中心总体右移，波峰数量由一个主峰和一个侧峰构成，主峰高度先上升后下降再上升，侧峰渐趋平缓，表明西部地区耦合协调水平不断提高，极化趋势减弱且地区内差异呈现缩小趋势。从演变过程来看，2006～2009 年密度曲线主峰高度提高，峰宽变窄，表现为显著的"双峰"状态，表明耦合协调度存在两极分化特征但区域差距正在缩小。2009～2012 年密度曲线中心向右偏移，主峰高度下降且峰宽扩大，主峰和侧峰距离增大，表明地区差异不断增大，极化现象凸显。2012～2016 年密度曲线中心左移，主峰高度提高，峰宽缩小，表明地区差异变小。2016～2019 年密度曲线中心右移，主峰形态由"扁平"向"尖窄"过渡，侧峰高度下降，表明耦合协调度两极分化趋势得到有效控制，地区差异不断缩小。

东北 Kernel 密度函数中心呈现先左后右移动，波峰数量增加，主峰高度先上升后下降，表明东北地区耦合协调度先下降后提高，出现两极分化趋势。

从演变过程来看，2006～2016 年密度曲线左移，主峰高度提高，峰宽变窄，表明耦合协调度下降且区域差距缩小。2016～2019 年密度曲线中心向右偏移，主峰高度下降且峰宽扩大，并出现侧峰，表明耦合协调度提高，同时地区差异不断增大，两极分化问题加剧。

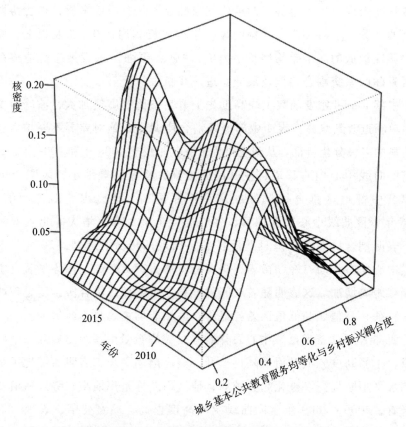

**图 8　全国城乡基本公共教育服务均等化与乡村振兴耦合的
分布动态演进**

（五）耦合协调度的驱动机制分析

在"地方负责、分级管理"的教育管理体制下，城乡教育公共服务资源的整合和流动带有强烈的地方性质与领地性（周志忍、陈家浩，2010），这使区域间的城乡基本公共教育服务均等化与乡村振兴耦合协调在很大程度上受到地方经济发展水平和政府对教育投入偏好的影响。此外，城乡二元结构的长期存在也加剧了城乡教育公共资源配置的非均衡性，导致城乡教育发展差距拉大。本文将经济驱动 PGDP（人均地区生产总值）、政府驱动 FE（政府教育财政支出/财政总支出）、制度驱动 URB（城镇化率）作为解释变量，投资驱动 K（人均资本存量）、创新驱动 TFP（全要素生产率）、环境驱动 OPEN（对外开放水平）作为控制变量[①]。通过构建各个变量的差距矩阵，运用二次指派程序方法探究城乡基本公共教育服务均等化与乡村振兴耦合协调的驱动机制。

表 3 的回归分析结果显示，该模型调整后 R^2 为 0.689，表明 6 个矩阵变量的地区差距对城乡基本公共教育服务均等化与乡村振兴耦合协调度差距变异的解释力达到 68.9%。从标准化系数看，经济驱动、政府驱动和制度驱动对城乡基本公共教育服务均等化与乡村振兴耦合协调度地区差距的影响均产生正向效应，且通过了显著性水平检验，表明上述变量地区间不均衡状况的改善有助于缩小区域间耦合协调度的差距。从影响强度上看，制度驱动对耦合协调度地区差距的影响强度最大，分别为经济驱动（0.315）和政府驱动（0.070）的 2.18 倍和 9.81 倍。究其原因，一方面在于新型城镇化能够发挥集聚效应、规模效应和空间效应，为乡村振兴提供发展契机、物质基础和技术人才（徐维祥等，2020）；另一方面在于新型城镇化通过发挥城市对农村的辐射带动作用，补齐农村教育公共服务短板，修复、改善和提升农村教育，促进城乡教育的一体化均衡发展（杨东平，2016）。与此同时，经济驱动和政府驱动的影响作用也不容忽视，因此未来系统推进城乡基本公共教育服务均等化与乡村振兴耦合协调不仅需要加快构建新发展格局，推动经济高质量发展，而且需要持续加大对教育公共服务尤其是欠发达地区农村教育的投入力度。

在控制变量中，投资驱动的标准化系数为 -0.152，在 1% 水平上显著，表明投资驱动对城乡基本公共教育服务均等化与乡村振兴耦合协调度的地区差距存在显著负向影响，原因可能是，随着资本边际报酬递减，单纯通

[①] 城镇化率测算：将城镇人口占总人口比重作为制度驱动的衡量指标；人均资本存量测算：采用永续盘存法测算资本存量，以 2006 年为基期，资本折旧率 10.96%，再根据全社会从业人数数据计算人均资本存量；全要素生产率测算：在数据包络分析框架下，采用非期望产出超效率 SBM 模型，将资本、劳动和能源作为投入变量，将地区生产总值作为期望产出，将环境污染排放作为非期望产出，测度各省份 Malmquist 生产率指数；对外开放水平测算：将各省份贸易进出口总额占地区生产总值比重作为环境驱动的衡量指标。

过增加人均资本来提升劳动生产率的空间正在压缩[1]，需要加快农业农村现代化进程，推动乡村振兴由注重物质要素投入向注重科技进步和人力资本提升转变。环境驱动和创新驱动在统计上并不显著。

表3　QAP回归分析结果

变量	未标准化系数	标准化系数	p 值	P_{large}	P_{small}
截距	0.033	0.000	—	—	—
经济驱动 PGDP	0.023	0.315	0.000	0.000	1.000
政府驱动 FE	0.531	0.070	0.047	0.047	0.954
制度驱动 URB	0.793	0.687	0.000	0.000	1.000
投资驱动 K	−0.033	−0.152	0.007	0.993	0.007
创新驱动 TFP	−0.036	−0.018	0.374	0.626	0.374
环境驱动 OPEN	−0.013	−0.033	0.396	0.605	0.396
调节 R^2	0.689（0.000）				
观测值数	930				

注：变量均为31×31矩阵，主对角线元素为0；随机置换2000次；回归系数显著性采用双尾检验，P_{large}（P_{small}）表示随机置换产生的回归系数大于或等于（小于或等于）长向量回归系数的比例；调节 R^2 括号内为 p 值。

五　研究结论与政策建议

本文分别构建了城乡基本公共教育服务均等化与乡村振兴评价指标体系，利用层次分析法与熵权法相结合的综合评价法测度了2006～2019年全国31个省（自治区、直辖市）城乡基本公共教育服务均等化与乡村振兴发展指数，采用耦合协调度模型、Dagum基尼系数、Kernel密度估计分析了城乡基本公共教育服务均等化与乡村振兴的耦合协调水平、时空分异特征和分布动态演进，利用QAP回归分析考察了两系统耦合协调的驱动机制。主要研究结论如下。

第一，耦合协调度分析结果显示，我国城乡基本公共教育服务均等化

---

[1]　罗立彬：《优化发展环境"稳字当头、稳中求进"》，https://m.gmw.cn/baijia/2022-03/09/35573742.html，最后访问日期：2024年6月14日。

与乡村振兴耦合协调水平呈现逐年提高态势，但整体仍然表现为勉强协调型，呈现"东高西低"的空间分布特征，全国及东西部地区耦合协调度呈现不同幅度的正增长，中部、东北地区耦合协调度呈现负增长。

第二，Dagum 基尼系数测算及其分解结果显示，全国城乡基本公共教育服务均等化与乡村振兴耦合协调度的总体差异呈现缩小态势，地区间差异是总体差异的主要来源。地区内差异以 2015 年为分界线发生较大波动，2015 年之前差异大小依次为西部＞东部＞中部＞东北，2015 年及之后差异大小依次是中部＞东部＞西部＞东北，中部地区内部非均衡问题凸显。地区间差异东部－西部地区间最为突出，其次是东部－中部地区间，中部－东北地区间差异最小。东部、中部、东北地区内部以及东部－西部、西部－东北、中部－西部地区间耦合协调度差异呈缩小趋势，西部地区内部以及东部－中部、东部－东北、中部－东北地区间差异呈扩大趋势。

第三，Kernel 密度估计结果显示，全国范围内城乡基本公共教育服务均等化与乡村振兴耦合协调度的绝对差异呈减小趋势。东部、中部和东北地区耦合协调度的绝对差异表现出扩大趋势，存在两极化现象。西部地区极化程度减弱，耦合协调高水平省份和低水平省份之间的差距在不断缩小。

第四，QAP 回归分析结果显示，制度驱动、经济驱动、政府驱动对城乡基本公共教育服务均等化与乡村振兴耦合协调度的地区差异具有显著的正向促进作用，且制度驱动的影响强度最大，分别是经济驱动和政府驱动的 2.18 倍和 9.81 倍。投资驱动对两系统耦合协调度的作用方向显著为负。

基于上述研究结论，本文提出如下政策建议。

第一，重视基本公共教育服务融入乡村振兴战略布局。我国城乡基本公共教育服务均等化与乡村振兴的耦合协调整体水平较低，"十二五"和"十三五"期间城乡基本公共教育服务均等化发展持续滞后于乡村振兴发展，归根到底在于城乡公共教育服务资源配置不均衡，乡村教育公共服务滞后、优质教育资源短缺。乡村教育公共资源与服务作为乡村人力资本开发的基础是乡村全面振兴的核心引擎和关键环节。在巩固拓展脱贫攻坚成果同乡村振兴有效衔接的"十四五"时期，各级政府应更加深刻地认识到乡村教育振兴在乡村振兴战略布局中的先导性、基础性和全局性作用，将乡村教育发展和城乡教育公平作为首要任务，纳入经济社会发展规划，有机融入乡村振兴整体战略布局，促进教育公共服务与乡村各要素之间相互作用、互动生成、协调共进，尤其是将农村义务教育作为首位公共事业，通过加快推进县域内城乡义务教育学校标准化建设，实现城乡校长教师交流轮岗制度化与常态化（吕承超、崔悦，2021），引导城市优质教育资源反哺乡村教育体系，促进城乡基本公共教育服务的协同共进。唯有实现城乡基本公共教育服务均等化水平提升与乡村振兴战略实施良性互动、和谐共生，才能有效缩小城乡发展差距，为城乡共同富裕注入希望和活力。

第二，加强城乡基本公共教育服务均等化与乡村振兴耦合协调发展的省际协同建设。东部、中部和东北地区城乡基本公共教育服务均等化与乡村振兴耦合协调发展差异持续增大，两极分化现象严重。为此，在持续促进东部、中部和东北地区城乡基本公共教育服务均等化与乡村振兴相互促进、有机耦合的同时，应进一步完善区域内部治理结构和发展模式，建立高效畅通的省际协调机制和合作机制，破除妨碍区域及城乡各类教育要素自由流动的壁垒，创新联动发展的组织机制，加快优质教育资源和乡村土地、资金、技术等要素的共建共享，统筹推进省际城乡基本公共教育服务体系建设和乡村振兴发展，充分发挥耦合协调高水平地区的示范引领和辐射带动作用，引导高水平地区（东部地区如上海、北京；中部地区如湖北、山西；东北地区如辽宁）和低水平地区资源要素的流动互补、互利共赢，促进省际公共教育资源配置的均衡化和农村经济社会协调发展，逐步缩小区域内耦合协调发展差距，提升区域整体耦合发展水平。

第三，在创新发展中提升中西部地区城乡基本公共教育服务均等化与乡村振兴耦合协调发展水平。对于经济密度低、政府财力薄弱的中西部地区来说，其城乡基本公共教育服务均等化与乡村振兴耦合协调发展应当更加注重依靠制度创新、强化政府责任和提高农村经济增长质量，以实现城乡教育资源的均衡配置，加快补齐农村公共教育服务短板，使教育公共服务由城乡一体化的障碍，提升为城乡融合发展和乡村全面振兴的保障。首先是创新新型城镇化高质量发展的体制机制，深化新型城镇化发展的户籍制度改革，从根源上消除户籍区隔、超越政策局限，缩小城乡、区域福利差距，建立基本公共服务权利"随身跟人"的管理机制。其次是建立均衡导向的义务教育财政投入机制，强化省级政府教育公共服务供给的主体责任和统筹能力，持续增加对中西部农村地区尤其是边远贫困地区、民族地区财政教育投入，通过财政拨款、政策扶持和教师流动等向薄弱农村学校倾斜,实现公民享有公共教育资源的起点公平和机会公平。最后是推动农业科技进步,促进农村一、二、三产业融合,推进农村新产业和新业态发展,最终促进农业竞争力和农村经济发展水平明显提高,为农村公共教育服务提质增效和乡村振兴提供坚实保障。

参考文献

安悦、谭雪兰、蒋凌霄、李印齐、周舟、余航菱,2022,《中国乡村贫困多尺度研究理论框架及对乡村振兴的启示》,《经济地理》第 4 期,第 150~158、201 页。

陈培彬、谢源、王海平、朱朝枝,2020,《福建省乡村振兴实施成效分析及其优化路径——基于 2015—2019 年 9 地市面板数据》,《世界农业》第 1 期,第 98~107 页。

陈鹏、李莹,2021,《全面乡村振兴视域下乡村基础教育的新认识与新定位》,《陕西师范大学学报》(哲学社会科学版)第 5 期,第 126~136 页。

陈炎伟、王强、黄和亮,2019,《福建省县域乡村振兴发展绩效评价研究》,《福建论坛》(人文社会科学版)第 9 期,第 182~190 页。

陈秧分、黄修杰、王丽娟,2018,《多功能理论视角下的中国乡村振兴与评估》,《中国农业资源与区划》第 6 期,第 201~209 页。

崔惠玉、刘国辉,2010,《基本教育公共服务均等化研究》,《财经问题研究》第 5 期,第 81~88 页。

戴妍、陈佳薇,2021,《民族地区教育扶贫与乡村振兴耦合协调度及其影响因素——基于省级面板数据的实证分析》,《民族教育研究》第 6 期,第 66~74 页。

杜育红、杨小敏,2018,《乡村振兴:作为战略支撑的乡村教育及其发展路径》,《华南师范大学学报》(社会科学版)第 2 期,第 76~81、192 页。

冯淑慧、叶蓓蓓,2022,《我国中等职业教育与乡村振兴协调发展研究》,《教育学术月刊》第 6 期,第 34~41 页。

韩增林、李彬、张坤领,2015,《中国城乡基本公共服务均等化及其空间格局分析》,《地理研究》第 11 期,第 2035~2048 页。

黄涛、王艳慧、关鸿亮、谭人华,2021,《乡村振兴背景下农村基本公共服务与多维贫困的时空耦合特征研究》,《人文地理》第 6 期,第 135~146、192 页。

金志峰、庞丽娟、杨小敏,2019,《乡村振兴战略背景下城乡义务教育学校布局——现实问题与路径思考》,《北京师范大学学报》(社会科学版)第 5 期,第 5~12 页。

李二玲、崔之珍,2018,《中国区域创新能力与经济发展水平的耦合协调分析》,《地理科学》第 9 期,第 10 页。

李树德、李瑾，2006，《天津市社会主义新农村建设考核评价研究》，《农业技术经济》第 6 期，第 60～64 页。

李毅、杨焱灵、吴思睿，2021，《城乡义务教育优质资源配置效率的问题及对策——基于 DEA-Malmquist 模型》，《中国教育学刊》第 1 期，第 60～65 页。

刘复兴、曹宇新，2022，《新发展阶段的乡村教育振兴：经验基础、现实挑战与政策建议》，《西北师大学报》（社会科学版）第 1 期，第 41～49 页。

刘华军、李超、彭莹、贾文星，2018，《中国绿色全要素生产率增长的空间不平衡及其成因解析》，《财经理论与实践》第 5 期，第 116～121 页。

刘琼莲，2014，《论基本公共教育服务均等化及其判断标准》，《中国行政管理》第 10 期，第 33～36 页。

刘玉侠、鲁文，2020，《回归与超越——回流农民工的社会作用研究》，人民出版社。

吕承超、崔悦，2021，《乡村振兴发展：指标评价体系、地区差距与空间极化》，《农业经济问题》第 5 期，第 20～32 页。

罗哲、张宇豪，2016，《基本公共教育服务均等化绩效评估理论框架研究——基于平衡计分卡》，《四川大学学报》（哲学社会科学版）第 2 期，第 132～138 页。

毛锦凰，2021，《乡村振兴评价指标体系构建方法的改进及其实证研究》，《兰州大学学报》（社会科学版）第 3 期，第 47～58 页。

毛锦凰、王林涛，2020，《乡村振兴评价指标体系的构建——基于省域层面的实证》，《统计与决策》第 19 期，第 181～184 页。

庞丽娟、金志峰、杨小敏、王红蕾，2020，《完善教师队伍建设 助力乡村振兴战略——制度思考和政策建议》，《北京师范大学学报》（社会科学版）第 6 期，第 5～14 页。

沈剑波、王应宽、朱明、王恳，2020，《乡村振兴水平评价指标体系构建及实证》，《农业工程学报》第 3 期，第 236～243 页。

宋乃庆、马恋，2016，《义务教育财政支出均等化的实证研究：重庆的例证》，《教育与经济》第 1 期，第 68～74 页。

孙德超、李扬，2020，《试析乡村教育振兴——基于城乡教育资源共生的理论观测》，《教育研究》第 12 期，第 57～66 页。

汪凡、白永平、周亮、纪学朋、徐智邦、乔富伟，2019，《中国基础教育公共服务均等化空间格局及其影响因素》，《地理研究》第 2 期，第 285～296 页。

王奔、晏艳阳，2017，《我国生均教育经费支出的省际差异及其影响因素》，《经济地理》第 2 期，第 39～45 页。

王颜齐、刘宏曼、李丹、郭翔宇，2009，《社会主义新农村建设评价指标的筛选》，《华南农业大学学报》（社会科学版）第 3 期，第 32～39 页。

温娇秀、蒋洪，2014，《中国省际间基础教育服务均等化水平的变化》，《财贸经济》第 1 期，第 44～53 页。

闻勇、薛军，2019，《乡村振兴战略背景下我国城乡义务教育财政投入效率研究》，《教育与经济》第 3 期，第 56～64 页。

邬志辉、杨清溪，2022，《新发展阶段需要什么样的基本公共教育服务体系？》，《中国教育学刊》第 7 期，第 26～35 页。

肖正德，2020，《论乡村振兴战略中乡村教师的新乡贤角色》，《教育研究》第 11 期，第 135～144 页。

徐维祥、李露、周建平、刘程军，2020，《乡村振兴与新型城镇化耦合协调的动态演进及其驱动机制》，《自然资源学报》第 9 期，第 2044～2062 页。

徐晔、赵金凤，2021，《中国创新要素配置与经济高质量耦合发展的测度》，《数量经济技术经济研究》第 10 期，第 46～64 页。

薛二勇、李健，2019，《实现基本公共教育服务均等化——〈中国教育现代化 2035〉的战略与政策》，《中国电化教育》第 10 期，第 1～7 页。

闫周府、吴方卫，2019，《从二元分割走向融合发展——乡村振兴评价指标体系研究》，《经济学家》第 6 期，第 90～103 页。

杨东平，2016，《新型城镇化对城乡教育的挑战及应对》，《教育发展研究》第 3 期，第 3 页。

杨远根，2020，《城乡基本公共服务均等化与乡村振兴研究》，《东岳论丛》第 3 期，第 37～49 页。

于璇、王晓静，2022，《基本公共教育服务均等化的地区差异及时空收敛性》，《统计与决策》第 17 期，第 55～60 页。

张磊，2009，《新农村建设评价指标体系研究》，《经济纵横》第 7 期，第 29、67～70 页。

张瑞倩，2021，《生态文明教育助力乡村生态振兴》，《社会主义论坛》第 6 期，第 43～44 页。

张挺、李闽榕、徐艳梅，2018，《乡村振兴评价指标体系构建与实证研究》，《管理世界》第 8 期，第 99～105 页。

赵红霞、朱惠，2022，《高等职业教育与乡村振兴耦合协调及趋势预测研究》，《教育发展研究》第 19 期，第 41～48 页。

赵林、吴殿廷、王志慧、曲鲁平、于伟，2018，《中国农村基础教育资源配置的时空格局与影响因素》，《经济地理》第 11 期，第 39～49 页。

郑垚、孙玉栋，2018，《转移支付、地方财政自给能力与基本公共服务供给——基于省级面板数据的门槛效应分析》，《经济问题探索》第 8 期，第 18～27 页。

周远翔、宋旭光、张丽霞，2019，《教育财政投入、空间收敛与基础教育公平》，《北京师范大学学报》（社会科学版）第 5 期，第 135～147 页。

周志忍、陈家浩，2010，《政府转型与制度构建：中国教育资源配置的政治分析》，《行政论坛》第 4 期，第 1～7 页。

Dagum, C. A. 1997. "A New Approach to the Decomposition of the Gini Income Inequality Ratio." *Empirical Economics* 4：515－531.

公共教育支出与经济增长是互为因果关系吗？

——基于中国 285 个地级及以上城市面板数据的实证分析

王　敏[*]

摘　要：本文基于全国 285 个城市 2007～2020 年的面板数据建立 PVAR 模型，对公共教育支出与经济增长的关系进行了实证检验，并建立长期增长模型检验了公共教育支出对经济增长的边际效应。研究发现：二者整体上存在双向格兰杰因果关系。分经济发展水平来看，中低人均 GDP 城市的公共教育支出与经济增长存在双向格兰杰因果关系，高人均 GDP 城市只存在经济增长对公共教育支出的单向格兰杰因果关系；长期数据显示，城市人均公共教育支出对经济增长具有促进作用且这种促进作用随着人均 GDP 的增长而逐渐削弱。

关键词：公共教育投入；经济增长；面板 Granger 因果检验

一　引言

党的二十大报告指出："教育、科技、人才是全面建设社会主义现代化国家的基础性、战略性支撑。"其中，教育在整个国民经济发展中占据基础性、先导性和全局性的地位。教育作为形成人力资本的重要源泉，是决定一个国家在未来激烈的国际竞争中能否占据优势的关键。因为它不仅可以通过社会直接投资或消费影响经济发展，而且可以通过提高劳动者素质、

---

* 王敏，中国人民大学教育学院博士研究生，主要从事人力资本与经济增长研究，E-mail：wangmin_soe@ruc.edu.cn。

促进技术创新等间接地对经济产生推动作用。

随着我国经济进入新常态，经济增长的动力也需要由以往的要素、投资驱动逐渐转为创新驱动，其中人力资本、技术进步将发挥越来越重要的作用。不管是人力资本还是技术进步，都必须有良好的教育作为支撑，而教育支出又是优质教育的物质保障。与此同时，近年来新冠疫情、贸易战等内外部严峻的经济环境，导致经济下行压力增大。同时，政府为促进经济复苏加大减税降费力度，各地的财政收支压力明显加大，政府教育支出必然受其影响。因此，探究教育支出与经济发展之间的关系具有十分重要的现实意义。

学者们已在这方面做了许多研究，但以往对公共教育支出与经济增长之间关系的研究大多基于国家层面或省级层面，较少涉及城市层面，而按照我国教育财政体制，城市在公共教育投入中发挥着重要作用。基于此，本文使用 2007~2020 年全国城市层面的面板数据，首先建立面板向量自回归（PVAR）模型对公共教育投入与经济增长之间的"因果关系"进行分析，其次在增长回归的框架下进一步探讨公共教育投入在城市层面对经济增长产生的影响，并分析上述影响在不同经济发展水平上的线性及非线性差异，最后根据结论提出政策建议。

二　文献综述

20 世纪 60 年代人力资本理论被提出之后，国内外众多学者对教育支出与经济增长之间的关系进行了分析，但得出的结论不尽相同。例如，Stroup 和 Heckelman、Baldacci 等、Afonso 和 Janlles 发现政府教育支出对经济增长存在正向效应，而 Levine 和 Renelt、Devarajan 等、Keller 发现政府教育支出对经济增长存在负向效应。

国外对教育支出的研究大多从教育支出对经济发展作用的角度出发。例如，Helms（1985）利用美国 48 个州 1965~1979 年的混合截面数据进行实证分析发现，州和地方增加税收用于转移支付显著阻碍了经济增长，但如果把这些收入用于改善公共服务（如教育、高速公路、公共卫生和安全），那么对经济增长的有利影响可能超过增加相关税收的不利影响。

较早的公共政策新古典增长模型认为，财政政策是产出水平而不是长期增长率的一个决定因素,即财政政策仅能影响经济体达到稳态的转移动态,而不会影响最终的稳态增长率。Barro(1990)基于 AK 模型将政府公共支出引入模型,并假设公共支出与私人投资之间存在互补,发现公共支出占比将对经济增长率造成影响。而后其使用跨国数据对政府消费占比和 GDP 增长率进行了实证分析,发现存在负相关关系,并给出一种解释:政府消费水平提高会带来高税率造成的扭曲。Barro 和 Sala-I-Martin(1992)将公共支出纳入内生增长模型,发现政府消费对长期增长有负面影响,而公共投资有正面影响。Easterly 和 Rebelo(1993)认为,财政变量与增长的关系严重依赖回归方程所包含的控制变量,财政变量趋于与初期的收入水平高度相关,且财政收入和财政支出也是高度相关,因为较高财政税收的国家通常也具有较高的财政支出。Devarajan 等(1996)使用了 43 个国家 1970~1990 年的数据,发现经常性支出对经济增长率具有积极影响,资本性支出对长期经济增长具有负面影响,并得出结论:那些看似具有生产性的支出,当使用过度时,可能会变得不具生产性,而发展中国家错误地将公共支出分配到资本性支出而忽视了经常性支出。他们发现发展中国家政府一直在错误地分配公共支出,以支持资本性支出,而牺牲了经常性支出。Glomm 和 Ravikumar(1997)将教育支出作为生产性支出的一种,构建了 OLG 模型,研究了教育支出和长期增长之间的关系。Nijkamp 和 Poot(2004)研究了政府政策(一般政府消费、税率、教育、国防和公共基础设施支出)与经济增长之间的相互作用,他们得出的结论是,只有基础设施和教育支出对经济增长有显著和积极的影响。Sanz 和 Velázquez(2004)利用 1970~1997 年经济合作与发展组织(OECD)26 个成员国的样本,开发了一系列基于公共选择的模型,以确定哪些因素影响政府支出的每个组成部分。作者得出结论,与收入和价格不同,制度因素、人口密度和国家年龄结构对政府支出结构有显著影响。Blankenau 和 Simpson(2004)、Blanknau 等(2007)在考虑政府税率的基础上给出了公共教育支出和长期增长率之间的关系,并利用发达国家的数据进行了实证检验,发现公共教育支出和长期增长率之间存在正向关系,但这种关系容易受到政府预算约束的影响。Gemmell 等(2016)使用部分经济合作与发展组织国家 20 世纪 70 年代以来的数据,采用 PMG(混合组均值)估计方法进行实证分析发现,基础建设和教育的支出对增长具有显著的正向作用。Chu 等(2020)使用 37 个高收入和 22 个中低收入国家 1993~2012 年的数据,采用 OLS 模型和 GMM

（高斯混合模型）进行检验，发现生产性支出和非生产性支出对不同收入经济体的高增长均具有正向作用，即向教育和一般公共服务分配更多支出将促进增长，对于低收入经济体同样如此。

以上关于教育支出、人力资本和经济增长的研究大多基于建立的模型，数学模型一般都使用总量生产函数模型（如柯布－道格拉斯生产函数等）、改造后的菲德两部门模型、二次型最佳拟合优度函数模型、常用的线性回归模型以及截面或面板数据进行实证分析。此外，在对教育支出与经济增长关系的探讨中还存在另一种方法，即时间序列分析法。大多采用 VAR（向量自回归）方法，进而得出二者之间的 Granger 因果关系、协整关系等。

Musila 和 Belassi（2004）使用乌干达 1965～1999 年的数据，采用协整检验和误差修正模型对人均政府教育支出和经济增长之间的关系进行了研究，发现不管是长期还是短期，政府教育支出对经济增长均具有正向作用。Govindaraju 等（2011）使用马来西亚 1970～2006 年的数据采用 ARDL 方法探究了政府教育支出和经济增长之间的关系，发现马来西亚的数据支持凯恩斯假设而不是瓦格纳定律，至少在马来西亚增加政府教育支出能够带来 GDP 的增长。Lupu 等（2018）使用 1995～2015 年欧盟国家的数据基于 ARDL（自回归分布滞后）模型探究了公共支出种类和 GDP 增长之间的关系，发现教育和卫生保健方面的支出对 GDP 增长具有正向作用，而其他（如国防、经济、一般公共服务和社会福利等）支出对 GDP 增长具有负向作用。Ozatac 等（2018）使用 1970～2012 年法国的数据探究了经济增长、物质资本、劳动和政府教育支出之间的长期均衡关系，Johansen 协整检验表明存在长期均衡关系，Granger 因果关系检验表明存在政府教育支出对经济增长的单向因果关系。

在国内的研究中，较多学者采用时间序列分析法对公共教育支出与经济增长之间的关系进行研究。周英章、孙崎岖（2002）采用 1952～1998 年的全国数据对教育投入和经济增长之间的关系进行了实证检验，发现我国教育投入与实际经济增长存在 Granger 因果关系，且存在长期均衡关系。王俊、孙蕾（2005）使用 1952～2002 年的全国预算内教育支出和 GDP 数据基于 VAR 方法进行了 Granger 因果关系检验、脉冲响应分析，发现二者互为 Granger 因果关系。而刘旦、胡胜（2009）使用 1978～2005 年全国数据，利用 VAR 和 Granger 因果关系检验的方法对全国 GDP、物质资本、劳动力和教育支出的关系进行了检验，发现教育支出和 GDP 存在单向因果关系，

GDP 是教育支出的 Granger 原因。肖小虹（2010）使用贵州省 1953～2008年的 GDP 和教育投入数据，通过协整检验和 Granger 因果关系检验方法，对经济增长和教育投入的关系进行了实证检验，发现在滞后 7 期之前，经济增长是教育投入的 Granger 原因，7 期之后存在双向 Granger 因果关系。何颖（2011）利用江苏省 1992～2009 年的 FDI、教育经费支出和经济增长数据，运用 Johansen 协整检验和 Granger 因果关系检验方法，对三者关系进行了检验，发现 FDI 对经济增长和教育经费支出存在单向 Granger 因果关系，而经济增长和教育经费支出存在双向 Granger 因果关系。陈朝旭（2011）使用1952～2009 年全国的公共教育投入和 GDP 数据，采用 Granger 因果关系检验、脉冲响应分析等方法对公共教育投资和经济增长之间的关系进行了实证检验，发现经济增长对公共教育投资的影响大于公共教育投资对经济增长的影响。朱健等（2020）使用 2000～2016 年湖南省的数据，对整个省的教育财政支出与经济增长的关系进行了实证分析，发现地区 GDP、固定资产投资、从业人数和教育财政支出存在长期均衡关系，但教育财政支出不是地区 GDP 的 Granger 原因。张波、张放平（2021）使用全国 1998～2019 年的时间序列数据，对财政教育支出、人均 GDP 和固定资产投资进行了协整检验、Granger 因果关系检验以及 ECM 分析，发现财政教育支出与人均 GDP 和固定资产投资存在长期均衡关系，且人均 GDP 和固定资产投资是财政教育支出的Granger 原因。可以看到，较多的学者基于 Granger 因果关系检验、Johansen 协整检验等方法对全国层面、省级行政区层面的公共教育支出与经济增长之间的关系进行了研究，得到的结果不尽相同，有的认为存在单向 Granger 因果关系，有的认为存在双向 Granger 因果关系。

三　计量模型、变量选取与数据说明

（一）PVAR 模型

自 Sims 提倡将多个变量放在一起作为一个系统进行预测以来，向量自回归（VAR）模型在实证研究领域得到了广泛的应用，相较于单变量的时间序列预测，VAR 模型可以分析几个变量之间的相互作用以及通过脉冲响应分析得到变量之间长期的关系（Sims，1980）。Holtz-Eakin 等将 VAR 方法应用到面板数据模型中，之后经过 Arellano、Bond、Bover、Blundell、Hahn、Kuersteiner、Binder、Juodis 等人的发展，在经济学许多领域都被广泛应用。运用 PVAR 模型的数据结构大多为 N 大 T 小，而 VAR 模型适用的方法大多用于处理时间 T 较大的数据，因此估计 VAR 模型的方法无法直接套用到 PVAR 模型上。另外，PVAR 模型不再仅有单个个体，因而必须考虑截面间的异质性，VAR 模型则不存在这个问题。构建 PVAR 模型如下。

$$y_{it} = \Gamma_0 + \Gamma_1 y_{i,t-1} + \cdots + \Gamma_p y_{i,t-p} + \lambda_t + u_i + \epsilon_{it}$$

其中，y_{it} 为包含经济发展水平和教育支出的列向量，Γ_0 和 ϵ_{it} 分别为截距项和扰动项列向量，$\Gamma_1 \cdots \Gamma_p$ 分别为滞后 1 期到滞后 P 期的系数矩阵，λ_t 和 u_i 分别为个体效应和时间效应向量。

（二）长期增长率模型

经济发展水平数据往往存在单位根，为非平稳序列，如果直接使用人均 GDP 数据与人均公共教育支出进行回归分析可能造成伪回归或伪相关问题，使用人均 GDP 的增长率将更加适合，但如果直接使用一阶差分（也即一年的人均 GDP 增长率）将不可避免地包含经济周期（Business Cycle）的效应。在关于经济增长的实证研究中，应用比较广泛的对经济增长的变量的定义是使用 5 年（或以上）的经济增长率（Neycheva，2010），本文也采用各城市当期往后 5 年的增长率作为被解释变量。此外，使用当期向后 5 年的增长率还存在忽略自变量内生性和反向因果关系的可能，这也是许多类似类型的增长回归分析所强调的问题。

增长回归主要强调向稳态收敛的过程中人力资本的贡献。Barro 给出了其一般形式，强调增长率对其稳态水平的偏离取决于其初始劳均产出和稳态劳均产出的距离，即

$$\left(\frac{1}{v}\right)(ln\, y_{i,\tau+v} - ln\, y_{i,\tau}) = g_A - a_1(ln\, y_{i,\tau} - ln\, y_i^*) + \epsilon_{i,\tau}$$

其中，$(ln\, y_{i,\tau+v} - ln\, y_{i,\tau})$ 为经济体 i 在时期 τ 和 $\tau+v$ 之间的增长率，g_A 为稳态增长率，$y_{i,\tau}$ 和 y_i^* 分别为经济体的初始和稳态劳均产出水平，a_1 为收敛速率的度量，$\epsilon_{i,\tau}$ 为服从标准假设的随机扰动项。如果稳态劳均产出水平 y_i^*

取决于劳均人力资本和一系列能够反映经济体特征的变量,那么结合Churchill 等的研究,回归方程可以写为:

$$g_{it} = \left(\frac{1}{v}\right)(ln\, y_{i,\tau+v} - ln\, y_{i,\tau}) = g_A - \beta_1 ln\, y_{i,\tau} + \beta_2\, lnpjyzc_{i,\tau} + \sum\nolimits_j \beta_j\, z_{j,it} + \alpha_i + \delta_t + \epsilon_{it}$$

其中,g 是城市 5 年经济增长率的度量,$pjyzc$ 为人均公共教育支出的度量。以往研究使用省际数据进行研究时,使用生均教育经费的数据更为合理,但在城市层面,虽然公布了不同教育阶段的在校生人数,但教育财政支出为一总数,无法区分教育阶段,且高等教育阶段的在校生人数包含部属高校,而这部分高校的经费大多由国家财政负担,因此本文采用人均公共教育支出来表示公共教育支出水平。y 是城市初始的人均 GDP 水平,z 是经济增长文献中经常使用的控制变量集(Churchill et al.,2017),α_i 和 δ_t 是城市和年份固定效应。

考虑到以往研究和城市层面数据的可获得性,我们选取城市的固定资本存量、人均财政支出、人均科技支出、劳动力数据、人口数据、外商直接投资数据、金融数据等作为控制变量,下标 i 和 t 分别表示不同的城市和时间维度(桑倩倩、栗玉香,2021)。

固定资本存量:采用张少辉等(2021)的方法对城市固定资本存量进行估算。

财政支出代表着政府规模的大小,科技支出代表着城市在研发方面所做的努力。与教育支出数据类似,考虑到城市之间人口的巨大差别,我们使用人均指标来表示。

劳动力数据:在城市层面,所能获取的劳动力数据是将《中国城市统计年鉴》中年末单位与城镇私营和个体从业人员的数据进行加总(桑倩倩、栗玉香,2021)。

人口数据:采用《中国城市统计年鉴》中的年末户籍人口数据。

外商直接投资数据:外商直接投资数据被认为是跨国传递新思想、新技术、先进技能并产生巨大溢出效应的工具。以往研究对其和经济增长之间的关系存疑,即既有实证研究发现一国内各地区的外商直接投资数据并不能促进地区的经济增长或者并没有对当地的企业产生正向的溢出效应,但在跨国层面外商直接投资数据通常表现出对一个国家的经济增长具有显著的正向作用（Kottaridi and Stengos，2010）。国内的大部分类似研究都包含外商直接投资数据，因此本文也将其作为控制变量加入模型。

金融数据：国内研究大多将年末金融机构各项贷款余额作为地区的金融发展水平，因此本文也将各城市年末金融机构各项贷款余额作为控制变量加入模型。

（三）数据来源及处理

城市层面的教育支出数据从 2003 年开始才逐渐公布，1992 年之前公布的为各城市的文教科卫事业费支出，没有单独的教育经费支出，从 1997 年开始公布的是教育财政支出，但仅为教育事业费支出，用于教育的基本建设支出在"基本建设支出"科目中无法被单独择出。自 2007 年起，财政部对财政收支科目划分做了重要的变更，"教育事业费"和以往"基本建设支出"类科目中用于教育的部分合并统称为"教育支出"。

本文最终采用的为 2007～2020 年城市层面（不包括台湾、香港和澳门）财政支出中的教育支出数据，经济发展水平的指标为各城市的人均 GDP，部分年份的城市人均 GDP 指数缺失，用所在省份的人均 GDP 指数来替代，数据均按照 2003 年的不变价计算。数据主要来自《中国城市统计年鉴》（2008～2020）、《中国区域经济统计年鉴》（2008～2014）以及各地市的《国民经济和社会发展统计公报》。

在数据整理过程中，部分城市的行政区划发生了变更，本文对应进行了调整。比如，安徽省巢湖市于 2011 年撤市设为县级市，在数据收集过程中剔除；山东省莱芜市于 2019 年撤市设区，采用同样的方法补充其 2019 年的数据。西藏自治区的数据缺失太多，故分析中不使用西藏自治区的数据。最终样本包括 285 个城市 2007～2020 年的面板数据（在增长回归模型中因采用 5 年增长率，样本只有 2850 个），其中包括 4 个直辖市、15 个副省级城市、16 个非副省级省会城市和 250 个普通地级市。主要变量定义及统计描述见表 1。

表 1　主要变量定义及统计描述

变量名称	变量	均值	标准差	最小值	最大值	样本数
人口增长率	poprate	0.004	0.018	- 0.095	0.170	2850
人均科技支出（元）	psci	79.24	132.40	1.74	2487.57	2850

续表

变量名称	变量	均值	标准差	最小值	最大值	样本数
人均财政支出（元）	pczzc	4481.20	2653.45	709.69	25959.47	2850
人均外商直接投资（元）	pfdi	660.90	1002	0	9828.73	2850
人均年末贷款余额（元）	pfina	32814.34	67709.77	1181.09	1525393	2850
固定资本存量（万元）	cap_stock	3183.1990	4180.6930	91.6406	43044.2800	2850
人均固定资本存量（元）	pcap	71375.28	55303.53	5195.13	524594.70	2850
固定资本增长率	rate_cap	0.1424	0.0544	-0.0564	0.3328	2850
人均固定资本增长率	rate_pcap	0.1378	0.0578	-0.0763	0.3279	2850
人均GDP（元）	pgdp	38062.660	32202.960	2646.738	281764.100	3990
人均公共教育支出（元）	pjyzc	904.0484	439.3740	124.7560	3725.8000	3990

四　实证结果

（一）PVAR 实证结果

1. 全样本的实证结果

进行 VAR 分析时首先要考虑到变量存在单位根的情形，如果存在单位根则时间序列就变成了非平稳序列，这时如果直接进行检验，则会造成：①自回归系数的估计值将左偏；②系数将不再服从渐进正态分布，那么传统的 t 检验也将无法发挥作用；③即便两个相互独立的单位根变量进行回归，也有可能产生相关的结果，也即伪回归或伪相关。在时间序列中，常用的单位根检验为 Augmented Dickey-Fuller Test（ADF 检验）。在面板数据方面，也根据不同的面板数据结构发展了一系列单位根检验的方法，根据使用的数据类型，本文选择 HT 检验，得到结果如表 2 所示。

表 2　HT 面板单位根检验结果

变量	检验类型（C，T）	rho	z	p 值	结论
lpgdp	（C，T）	0.7978	12.5921	1	不平稳
dlpgdp	（C，T）	0.2953	-24.0287	0	平稳
lpjyzc	（C，T）	0.3998	-16.4081	0	平稳

其中，lpgdp 为人均 GDP 数据取对数，dlpgdp 为人均 GDP 取对数之后再差分，lpjyzc 为人均公共教育支出数据取对数。从 HT 面板单位根检验结果看，人均 GDP 取对数之后不能拒绝存在面板单位根的原假设，但差分之后显著拒绝存在面板单位根的原假设，人均公共教育支出数据显著拒绝了存在面板单位根的原假设。

在滞后期数的确定上，大部分研究都采用 AIC（赤池信息准则）、BIC（贝叶斯信息准则）、HQIC（汉南－奎因信息准则）三种准则进行选择。在人均 GDP 和人均公共教育支出的计算结果中，AIC 和 HQIC 的最小值在滞后 9 期时出现，而 BIC 的最小值在滞后 5 期时出现。考虑到样本的观测期和信息准则的数值，我们进行了折中，选取滞后期数为 6 期（袁本涛等，2013）。

（1）Granger 因果关系检验结果

因最优滞后期数选取的是 6 期，在进行 Granger 因果关系检验时，采用系统 GMM 估计方法使用的工具变量为 1~6 期的滞后变量，得到的 Granger 因果关系检验结果如表 3 所示。

表 3　面板向量自回归格兰杰因果关系的瓦尔德检验

Equation	Excluded	chi 2	df	Prob > chi 2
h_ dlpgdp	h_ lpjyzc	133	6	0
h_ dlpgdp	ALL	133	6	0
h_ lpjyzc	h_ dlpgdp	20.075	6	0.003
h_ lpjyzc	ALL	20.075	6	0.003

从表 3 中的 Granger 因果关系检验结果可以看出，在以人均 GDP 增长 dlpgdp 为被解释变量的方程中，检验变量人均公共教育支出 lpjyzc 系数的联合显著性，其卡方统计量为 133，相应的 p 值为 0，故可认为人均公共教育支出 lpjyzc 是人均 GDP 增长 dlpgdp 的 Granger 原因。同样，在以人均公共教育支出 lpjyzc 为被解释变量的方程中，检验人均 GDP 增长 dlpgdp 系数的联合显著性，其卡方统计量为 20.075，相应的 p 值为 0.003，人均 GDP 增长 dlpgdp 也是人均公共教育支出 lpjyzc 的 Granger 原因。

（2）脉冲响应函数分析

对人均 GDP 增长 dlpgdp 和人均公共教育支出 lpjyzc 进行脉冲响应函数分析，同样采用之前选取的滞后期数（分别为 5 期和 6 期）计算 20 期的脉冲响应函数,采用 Monte Carlo 模拟方法模拟 1000 次求取脉冲响应的置信区间,得到结果如图 1 所示。从图 1 人均 GDP 增长和人均公共教育支出的脉冲响应看,人均 GDP 增长会带来人均公共教育支出的下降,尽管在前几期不显著,但是在第 5 期左右开始显著且持续到第 10 期,而人均公共教育支出对人均 GDP 增长仅在前 2 期存在显著的正向效应,其后效应变得不显著。

2. 按经济发展水平分类的 PVAR 结果

进一步按照各城市 2020 年人均 GDP 的水平高低将样本 285 个城市划分为 10 个子样本,分别构建人均 GDP 和人均公共教育支出的 PVAR 模型来检验二者之间的关系。

在将整个城市样本划分为 10 个子样本之后,因每个子样本的样本容量变小,对人均 GDP 增长和人均公共教育支出两个变量重新进行了单位根检验,检验结果同样在 5% 的显著性水平上拒绝人均 GDP 增长和人均公共教育支出存在单位根的原假设。

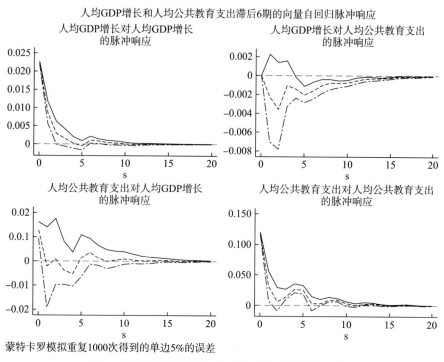

图1 人均 GDP 增长和人均公共教育支出的脉冲响应

进而选取每个子样本的最佳滞后期数进行 Granger 因果关系检验,得到结果如表 4 所示。从 Granger 因果关系检验的结果来看，在人均 GDP 大于第 6 十分位数（49010 元，以 2003 年不变价计算）之后，人均公共教育支出 lpjyzc 不再是人均 GDP 增长 dlpgdp 的 Granger 原因，而人均 GDP 增长 dlpg- dp 仍是人均公共教育支出 lpjyzc 的 Granger 原因。一方面，从技术进步的角度来看，人均 GDP 水平较高的城市已从模仿阶段进入创新阶段，其技术进步的推动力更多来自高等教育，而非基础教育；另一方面，人均 GDP 水平较高的城市往往财政收入更高，且希望通过增加公共教育支出作为吸引人才的手段。

表 4 　各分位数城市 Granger 因果关系检验结果

Equation	Excluded		chi 2	df	Prob > chi 2		chi 2	df	Prob > chi 2
h_dlpgdp	h_lpjyzc	第 1 十分位 以下	31.82	11	0.001	第 5~6 十分位	43.57	11	0
h_dlpgdp	all		31.82	11	0.001		43.57	11	0
h_lpjyzc	h_dlpgdp		21.35	11	0.030		18.43	11	0.072
h_lpjyzc	all		21.35	11	0.030		18.43	11	0.072
h_dlpgdp	h_lpjyzc	第 1~2 十分位	29.10	6	0	第 6~7 十分位	3.85	8	0.87
h_dlpgdp	all		29.10	6	0		3.85	8	0.87
h_lpjyzc	h_dlpgdp		19.38	6	0.004		18.56	8	0.017
h_lpjyzc	all		19.38	6	0.004		18.56	8	0.017
h_dlpgdp	h_lpjyzc	第 2~3 十分位	36.77	5	0	第 7~8 十分位	9.30	8	0.318
h_dlpgdp	all		36.77	5	0		9.30	8	0.318
h_lpjyzc	h_dlpgdp		38.43	5	0		29.11	8	0
h_lpjyzc	all		38.43	5	0		29.11	8	0
h_dlpgdp	h_lpjyzc	第 3~4 十分位	30.94	5	0.000	第 8~9 十分位	5.26	8	0.73
h_dlpgdp	all		30.94	5	0.000		5.26	8	0.73
h_lpjyzc	h_dlpgdp		33.64	5	0.000		26.20	8	0.001
h_lpjyzc	all		33.64	5	0.000		26.20	8	0.001
h_dlpgdp	h_lpjyzc	第 4~5 十分位	19.27	6	0.004	第 9~10 十分位	14.02	8	0.081
h_dlpgdp	all		19.27	6	0.004		14.02	8	0.081
h_lpjyzc	h_dlpgdp		12.06	6	0.061		12.38	8	0.135
h_lpjyzc	all		12.06	6	0.061		12.38	8	0.135

对存在互为因果关系的 6 个十分位区间分别进行 IRF 分析（见图 2 ~ 4）。从结果来看，在人均公共教育支出对人均 GDP 增长的角度，第一个区间给初期的人均公共教育支出一个冲击，将对人均 GDP 增长产生一个负的效应，且持续到第 10 期之后变为正向，但是结果不显著；第二个区间则是在开始就产生了一个正向效应，但很快在第 5 期左右就减弱为 0；在第 3 个区间和第 4 个区间，人均公共教育支出受到一个冲击之后，在滞后 5 期开始对人均 GDP 增长产生一个显著的正向效应，并持续到 15 期左右效应减弱为 0；第 5 个区间与第 2 个区间类似，初始产生一个正向效应，在第 3 期左右开始减弱为 0；第 6 个区间则是在第 3 ~ 8 期产生一个正向效应，但在第 10 期左右转为负向，且在第 14 期左右逐渐减弱为 0。从人均 GDP 增长对人均公共教育支出的角度来看，则没有明显的规律。

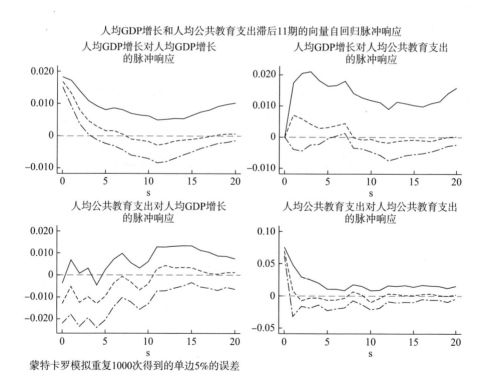

蒙特卡罗模拟重复1000次得到的单边5%的误差

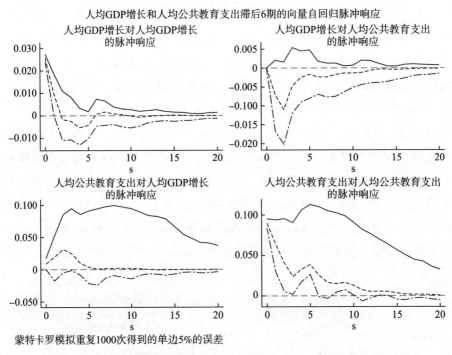

人均GDP增长和人均公共教育支出滞后6期的向量自回归脉冲响应

图2 人均 GDP 在第 1 十分位以下及第 1 ～ 2 十分位人均 GDP 增长和人均公共教育支出的脉冲响应

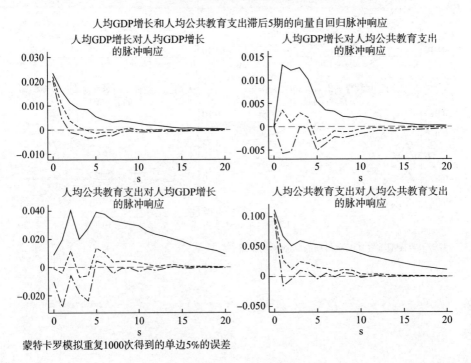

人均GDP增长和人均公共教育支出滞后5期的向量自回归脉冲响应

蒙特卡罗模拟重复1000次得到的单边5%的误差

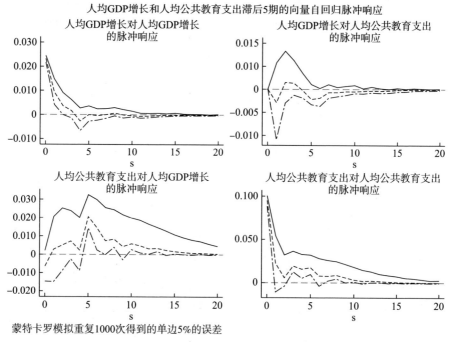

蒙特卡罗模拟重复1000次得到的单边5%的误差

图3　人均 GDP 在第 1~2 和第 3~4 十分位人均 GDP 增长和人均公共教育
支出的脉冲响应

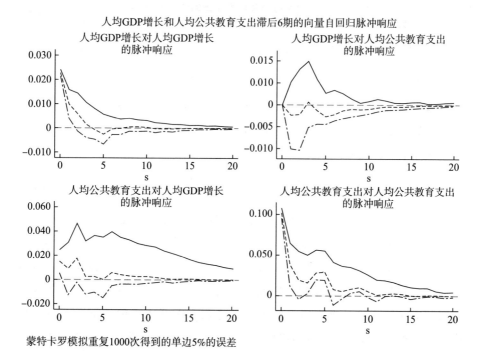

蒙特卡罗模拟重复1000次得到的单边5%的误差

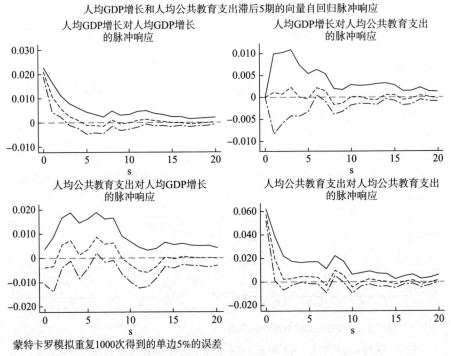

人均GDP增长和人均公共教育支出滞后5期的向量自回归脉冲响应

蒙特卡罗模拟重复1000次得到的单边5%的误差

图4 人均 GDP 在第 4～5 和第 5～6 十分位人均 GDP 增长
和人均公共教育支出的脉冲响应

（二）人均公共教育支出和长期增长率的实证分析

1. 基准结果

本文使用回归模型进行实证检验，同时根据新古典模型，初始的这些控制变量决定了稳态水平，因此我们将支出类数据进行了取对数操作。回归模型如下：

$$g_{it} = \beta_1 \ln y_{i,\tau} + \beta_2 \, lnlpjyzc_{i,\tau} + \sum_j \beta_j \, z_{j,it} + \alpha_i + \delta_t + \epsilon_{it}$$

首先进行了增长率对人均公共教育支出的回归，初始模型中只有人均 GDP、人口增长率、人均固定资本存量的增长率和人均公共教育支出四个解释变量，使用固定效应模型和随机效应模型，分别控制了个体固定效应和双向固定效应，回归模型均使用聚类稳健标准误。结果显示，固定效应和随机效应人均公共教育支出对增长率的作用相差很大，使用 Hausman 检验得到卡方值为 1317.97，显固定效应模型优于随机效应模型，故在后续分析中仅采用固定效应模型，采用逐步加入控制变量的方法进行分析。考虑到不同 GDP 水平上人均公共教育支出对增长率的作用不同，在模型中加入人均 GDP 与人均公共教育支出的交叉项，回归结果如表 5 所示。

表 5　人均公共教育支出对增长率的估计结果

	（1） rate	（2） rate	（3） rate	（4） rate	（5） rate
lpgdp	-0.156*** (0.00594)	-0.156*** (0.00591)	-0.157*** (0.00595)	-0.158*** (0.00597)	-0.125*** (0.00772)
poprate	0.0222 (0.0207)	0.0222 (0.0207)	0.0171 (0.0213)	0.0123 (0.0224)	0.0216 (0.0235)
lpjyzc	0.0135*** (0.00265)	0.0136*** (0.00268)	0.0133*** (0.00265)	0.0124*** (0.00283)	0.0706*** (0.0107)
rate_pcap	0.101*** (0.0111)	0.101*** (0.0111)	0.102*** (0.0114)	0.102*** (0.0114)	0.110*** (0.0117)
lpsci	0.000484 (0.000709)	0.000482 (0.000709)	0.000458 (0.000711)	0.000316 (0.000712)	0.000581 (0.000685)
lpfdi		-0.0000361 (0.000107)	-0.0000316 (0.000106)	0.0000374 (0.000106)	-0.0000469 (0.000102)
lpfina			0.00222 (0.00201)	0.00197 (0.00201)	0.000124 (0.00175)
lpczzc				0.00238 (0.00225)	-0.00129 (0.00223)
lpgdpjyzc					-0.00582*** (0.000984)
_cons	1.504*** (0.0542)	1.504*** (0.0540)	1.492*** (0.0541)	1.491*** (0.0541)	1.208*** (0.0727)
N	2850	2850	2850	2850	2850
R^2	0.912	0.912	0.913	0.913	0.917
调节 R^2	0.912	0.912	0.912	0.912	0.916
F	415.4	405.6	383.1	356.6	362.1

注：括号内为回归系数标准误，*、**、*** 分别表示在 10%、5%、1% 的水平上显著，下同。

从表 5 中可以看出，初始人均 GDP 的系数为 -0.125 且在统计上显著，根据 Barro 和 Sala-i-Martin 给出的计算收敛速度的公式，可以得到落后经济体向富裕经济体的收敛速度为 0.196；人口增长率的系数在控制了时间固定效应之后变得不再显著，而人均固定资本存量的系数一直显著为正，这也符合经典的增长理论的假设。在未加入人均 GDP 和人均公共教育支出的交叉项之前，人均公共教育支出的系数随着控制变量的加入变化不大且均保持在 1% 的显著性水平上，基本在 0.012 ~ 0.013，也即在控制其他变量不变的情况下，人均公共教育支出每增长 1%，增长率将提高 0.00012 ~ 0.00013，加入人均 GDP 和人均公共教育支出的交叉项之后，初始人均 GDP、人均公共教育支出及二者的交叉项系数均显著，初始人均 GDP 和交叉项的系数为负，而人均公共教育支出的系数为正，也就意味着随着人均 GDP 的不断增加，人均公共教育支出对增长率的作用是逐渐下降的，通过计算可以得到，当人均 GDP 的对数大于 12.13 即当人均 GDP 超过 185458.1 元时，人均公共教育支出对增长率的作用将转为负向。而其他变量，如人均科技支出、人均外商直接投资、金融发展程度（用年末各金融机构贷款余额来表示）、人均财政支出对经济增长的作用都不显著，且系数也远小于教育财政支出的系数。

2. 稳健性检验

考虑到直辖市、副省级城市和省会城市与一般地级市不仅仅是在行政级别上的差异，在国家政策倾斜等方面亦比普通地级市更加受到照顾，因此采用去掉直辖市、副省级城市和省会城市来改变样本的方式验证结果的稳健性。此外，我们还更改了增长率的计算时期，分别采用 6 年、8 年和 10 年的增长率，结果如表 6 所示，可以看到基准分析得到的结论依然稳健。

表6　稳健性检验——改变样本及被解释变量

	(1) rate	(1) rate_ pgdp_6	(2) rate_ pgdp_8	(3) rate_ pgdp_10
lpgdp	−0.127 *** (0.0089)	−0.128 *** (0.0070)	−0.103 *** (0.0048)	−0.0871 *** (0.0049)
rate_ pop	0.0380 (0.0255)	0.0639 ** (0.0265)		
lpjyzc	0.0721 *** (0.0115)	0.0553 *** (0.0099)	0.0445 *** (0.0065)	0.0323 *** (0.0064)
rate_ pcap	0.112 *** (0.0122)	0.107 *** (0.0114)		
_cons	1.215 *** (0.0839)	1.256 *** (0.0650)	1.034 *** (0.0449)	0.909 *** (0.0470)

	（1） rate	（1） rate_pgdp_6	（2） rate_pgdp_8	（3） rate_pgdp_10
控制变量	YES	YES	YES	YES
N	2500	2280	1710	1140
R^2	0.918	0.936	0.960	0.962
调节 R^2	0.918	0.936	0.960	0.962
F	333.1	454.1	724.1	972.2

3. 交互项的线性检验结果

在进行解释变量对被解释变量的非线性效应时，我们常用的一种方法是加入调节变量和解释变量的交互项。例如，考虑到在不同经济发展水平上公共教育支出对增长率的作用是不同的，我们很自然地会在模型中加入人均 GDP 和公共教育支出的交互项以验证公共教育支出对增长率的效应是否随着人均 GDP 的变化而变化。

经典的交互项模型往往假设核心解释变量对被解释变量的边际效应关于调节变量是线性的，即满足线性交互效应。Hainmueller 等给出了两种检验在不同调节变量 X 上 D 对 Y 的边际效应的策略。

①将调节变量分为三组，接着选择每一组的均值 x_1、x_2、x_3 来估计 D 对 Y 的条件边际效应，即建立如下模型：

$$Y = \sum_{j=1}^{3} \{\mu_j + \alpha_j D + \eta_j (X - x_j) + \beta_j (X - x_j) D\} G_j + Z\gamma + \epsilon$$

其中，μ_j、α_j、η_j、β_j（$j = 1, 2, 3$）是未知的系数，后面两项用来观测由 G 定义的分组的 D 对 Y 的效应的变化。

②边际效应的核平滑估计量。本文运用了 Li 和 Racine 的半参数平滑变系数模型（Hainmueller et al.，2019）。

图 5 是按照人均 GDP 水平将样本分为三组后人均公共教育支出和增长率的关系示意图。可以看到，控制了人均 GDP 之后，随着人均公共教育支出的增加，增长率下降。本文采用 Hainmueller 等的方法，对不同人均 GDP 水平下人均公共教育支出对增长率的边际效应进行检验。从图 6 中可以看到，在高、中、低人均 GDP 分组中，人均公共教育支出对增长率的边际效应都大于 0，但效应随着人均 GDP 增长呈现递减的趋势。因本文探讨的为人

均公共教育支出与增长率的关系，在人均 GDP 水平较低时，公共教育支出主要应用在当地的基础教育，能够较快提高当地未来劳动力的受教育水平，增加当地人力资本从而促进当地的经济增长；在人均 GDP 水平较高时，经济增长的动力将从模仿转向创新，产业结构也从劳动密集型转向资本密集型或技术密集型，人均公共教育支出对经济增长的作用将减小。

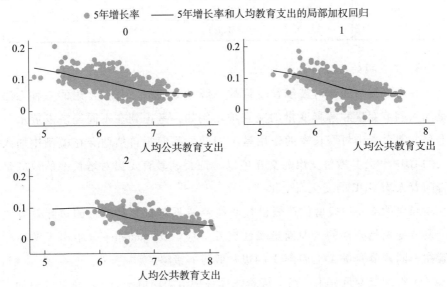

图 5　分组人均 GDP 中人均公共教育支出与 5 年增长率

五　结论与政策启示

公共教育支出是涉及民生的重大经济问题，同时与经济发展密切相关。在当前复杂的国际国内形势下，在城市层面，如何平衡公共教育支出与经济增长之间的关系具有重要的现实意义。本文使用 2007 ~ 2020 年 285 个城市的面板数据，分别采用 PVAR 方法和增长回归的方法对公共教育支出与经济增长之间的关系进行了研究。

本文实证结果如下。（1）在全国整体的城市层面上，城市经济发展水平（以人均 GDP 表示）和人均公共教育支出呈现互为 Granger 因果关系，且人均公共教育支出对经济发展具有明显的滞后作用。这符合经济学的一

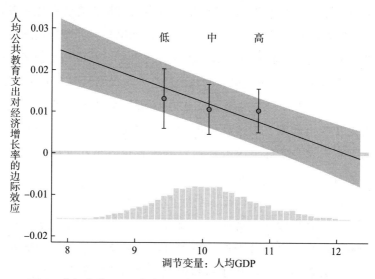

图6 分组人均 GDP 中人均公共教育支出对增长率的边际效应

般规律，公共教育支出与经济增长互为因果关系，公共教育支出为经济增长提供动力，经济增长反哺公共教育支出，这也与前人使用全国整体的数据或者单一省份的数据得到的结果基本一致。（2）将城市按照经济发展水平划分区间后，发现在中、低人均 GDP［人均 GDP 低于 49010 元（以 2003年不变价计算）］的区间，二者依旧互为 Granger 因果关系，而在经济发展水平较高的城市，公共教育支出不再是经济发展水平的 Granger 原因，经济发展水平仍然是公共教育支出的 Granger 原因。在不同的发展阶段，教育为经济增长提供的内生动力是不同的，在经济发展较落后的地区，教育更多地直接作为生产要素参与生产，而当经济发展到一定阶段时，创新将成为经济发展的动力，基础教育带来的边际效应将减弱或消失。反过来，不管在什么发展阶段，经济发展始终能够为公共教育支出提供物质保障。（3）采用增长回归的方法，分组检验了人均公共教育支出对城市长期人均 GDP增长的边际效应，结果发现，随着人均 GDP 的增长，其对经济增长的作用在逐渐减小，这也符合 Vandenbussche 等对 K－L 之谜的解释，即在经济发展落后的地区应先发展基础教育（Vandenbussche et al.，2006）。

　　本文的政策含义主要有以下三点。

　　第一，尽管我国早已于 2012 年达到财政性教育经费占 GDP 4% 的目标，但我国教育发展水平依然偏低，在教育观念、教育方法等方面与当前技术迅速发展的时代存在不协调之处。各级政府应当始终把教育放在优先发展的战略地位，切实发挥政府教育投入的主体作用，确保教育经费的财政支出，进而提高劳动力质量，增加人力资本，加快新技术研发及应用的速度，进而促进生产力发展和劳动生产率提高，为我国经济发展提供源源不断的动力。

第二，应充分认识到公共教育支出在城市层面的差异性，因地制宜地制定教育财政支出政策。考虑到城市教育支出更多地用于基础教育，各个地方政府要根据自身实际情况合理划分财政教育支出在基础教育和职业教育、高等教育之间的投入比重。

第三，进一步提高中央和省级政府的统筹能力，促进省内和省际城市公共教育支出的合理分配，借此缩小城市之间在财政教育支出上的巨大差距，保证财政教育支出的公平性，加大对经济发展落后地区的转移支付力度，逐步建立合理的教育财政体制和规范的教育财政转移支付制度，提高城市的人均公共教育支出水平，但对于经济较发达地区，不宜再过度追求较高的人均公共教育支出水平。

参考文献

陈朝旭，2011，《政府公共教育投资与经济增长关系的实证分析》，《财经问题研究》第2期。

何颖，2011，《FDI、教育投入与经济增长关系的实证研究——以江苏省为例》，《江淮论坛》第5期。

刘旦、胡胜，2009，《财政教育总支出对经济增长影响的定量分析》，《统计与决策》第12期。

桑倩倩、栗玉香，2021，《教育投入、技术创新与经济高质量发展——来自237个地级市的经验证据》，《求是学刊》第3期。

王俊、孙蕾，2005，《我国经济增长与预算内教育支出增长的VAR时间序列分析》，《财贸研究》第6期。

肖小虹，2010，《贵州经济增长与教育投入的实证分析》，《财经问题研究》第8期。

袁本涛、王传毅、冯柳青，2013，《基于协整理论的我国研究生教育与经济、科技协调发展研究》，《教育研究》第9期。

张波、张放平，2021，《财政教育支出与经济增长关系的实证》，《统计与决策》第2期。

张少辉、余泳泽、杨晓章，2021，《中国城市固定资本存量估算与生产率收敛分析：

1988—2015》,《中国软科学》第 7 期。

周英章、孙崎岖,2002,《我国教育投入对实际经济增长的贡献实证分析》,《中国软科学》第 7 期。

朱健、刘艺晴、陈盼,2020,《湖南省教育财政支出对经济增长的影响研究》,《当代教育论坛》第 1 期。

Barro, Robert J. 1990. "Government Spending in a Simple Model of Endogenous Growth." *Journal of Political Economy* 5.

Barro, Robert J. and Sala-I-Martin X. 1992. "Public Finance in Models of Economic Growth." *The Review of Economic Studies* 4.

Blankenau, William F. and Nicole B. Simpson. 2004. "Public Education Expenditures and Growth." *Journal of Development Economics* 2.

Blankenau, William F., Nicole B. Simpson, and Marc Tomljanovich. 2007. "Public Education Expenditures, Taxation, and Growth: Linking Data to Theory." *American Economic Review* 2.

Churchill, Sefa Awaworyi, M. Ugur, and S. L. Yew. 2017. "Government Education Expenditures and Economic Growth: A Meta-analysis." *The B. E. Journal of Macroeconomics* 2.

Chu, Tuan T., J. Hölscher, and D. McCarthy. 2020. "The Impact of Productive and Non-productive Government Expenditure on Economic Growth: An Empirical Analysis in High-income Versus Low-to Middle-income Economies." *Empirical Economics* 5.

Devarajan, Shantayanan, V. Swaroop, and Hengfu Zou. 1996. "The Composition of Public Expenditure and Economic Growth." *Journal Monetary Economics* 37.

Easterly, William and Sergio Rebelo. 1993. "Fiscal Policy and Economic Growth: An Empirical Investigation." *Journal of Monetary Economics* 3.

Gemmell, Norman, R. Kneller, and I. Sanz. 2016. "Does the Composition of Government Expenditure Matter for Long-Run GDP Levels?" *Oxford Bulletin of Economics and Statistics* 4.

Glomm, Gerhard and B. Ravikumar. 1997. "Productive Government Expenditures and Long-run Growth." *Journal of Economic Dynamics and Control* 1.

Govindaraju, V. G. R. Chandran, R. Rao, and Sajid Anwar. 2011. "Economic Growth and Government Spending in Malaysia: A Re-examination of Wagner and Keynesian Views." *Economic Change and Restructuring* 44.

Hainmueller, Jens, J. Mummolo, and Yiqing Xu. 2019. "How Much Should we Trust Estimates from Multiplicative Interaction Models? Simple Tools to Improve Empirical Practice." *Political Analysis* 2.

Helms, L. Jay. 1985. "The Effect of State and Local Taxes on Economic Growth: A Time Series—Cross Section Approach. " *The Review of Economics and Statistics* 4.

Kottaridi, Constantina and T. Stengos. 2010. "Foreign Direct Investment, Human Capital and Non-linearities in Economic Growth. " *Journal of Macroeconomics* 3.

Lupu, Dan, et al. 2018. "The Impact of Public Expenditures on Economic Growth: A Case Study of Central and Eastern European Countries. " *Emerging Markets Finance & Trade* 3.

Musila, Jacob W. and W. Belassi. 2004. "The Impact of Education Expenditures on Economic Growth in Uganda: Evidence from Time Series Data. " *The Journal of Developing Areas* 1.

Neycheva, Mariya. 2010. "Does Public Expenditure on Education Matter for Growth in Europe? A Comparison between Old EU Member States and Post-communist Economies. " *Post-Communist Economies* 2.

Nijkamp, Peter and J. Poot. 2004. "Meta-analysis of the Effect of Fiscal Policies on Long-run Growth. " *European Journal of Political Economy* 1.

Ozatac, Nesrin, et al. 2018. "The Relationship between Government Expenditures on Education and Economic Growth: The Case of France. " *Springer Proceedings in Business and Economics* 1.

Sanz, Ismael and Francisco J. Velázquez. 2004. "The Evolution and Convergence of the Government Expenditure Composition in the OECD Countries. " *Public Choice* 1 – 2.

Sims, Christopher A. 1980. "Macroeconomics and Reality. " *Econometrica* 1.

Vandenbussche, Jérôme, P. Aghion, and C. Meghir. 2006. "Growth, Distance to Frontier and Composition of Human Capital. " *Journal of Economic Growth* 2.

教育获得与社会流动

"农门为何能出贵子":跨越阶层的"贵人"之农村子女的社会关系网络

王兆鑫　齐　麟*

摘　要：教育机会公平是社会公平的重要基础，教育社会学对农门学子的关注更多是从文化资本的视角阐释农门难出贵子或能出贵子的原因，这在一定程度上忽视了农村子女求学进程中缔结的社会关系网络对其教育机会的影响。更有甚者认为农村子女是没有社会资本可言的，这显然是不切实际的。本文运用质性研究方法，选择了 25 名在北京名牌大学读书的2000 年后出生的农村第一代大学生，采用半结构式访谈的形式，围绕社会资本研究中的强关系与弱关系、内联性与纵联性，深入了解他们在基础教育阶段构建的社会关系网络，呈现他们的"贵人"图谱。本文发现，亲戚、教师以及赞助方是农村子女在基础教育阶段求学过程中非常重要的社会资本，不同的社会资本对农村子女表现出不同的支持形式，并进一步转变为农村子女的文化资本。本文的研究结论对理解中国情境下"农门为何能出贵子"具有很好的帮助，在一定程度上驳斥了再生产理论对学校组织的单向诟病。

关键词：农村子女；社会资本；教育机会；制度环境

---

* 王兆鑫，博士，浙江师范大学国际文化与社会发展学院讲师，主要从事教育社会学研究，E-mail：wangzhaoxin@ zjnu. edu. cn；齐麟，清华大学公共管理学院硕士研究生，主要从事数字治理研究，E-mail：qil22@ mails. tsinghua. edu. cn。

一 引言

于农村子女而言，学校教育实现了异质阶层群体的分流与同质阶层群体的集合，即我们通常所指称的学校在实现社会结构/阶层关系再生中所发挥的工具性作用（布尔迪约、帕斯隆，2002：79；柯林斯，2018：15）。同时，在中国情境中，学校教育被视为且成为"寒门学子"实现向上流动的核心"武器"（王兆鑫，2020；王兆鑫，2023；余秀兰、韩燕，2018）。但遗憾的是，学界更关注文化资本，而非社会资本。即是说，学校可能为农村子女缔结社会关系网络提供场域或土壤（Riegle-Crumb，2010；Wong，2018），而这一社会关系网络也可能并不仅仅局限于其出身所属的阶层，亦有可能跨越阶层边界，形成纵向维度的社会关系网络。因此，经由学校形成的社会关系网络使"农门能出贵子"成为可能，但对于这一点，国内外学界较少关注。本文将围绕这一议题，跳出文化资本这一传统理论框架，从一个崭新的视角，即社会关系网络视角，厘清中国人情社会或制度环境中"农门能出贵子"的社会机理。

本文以 25 名考入北京名牌大学的农村第一代大学生（王兆鑫，2020）的成功故事为例，深入考察他们在基础教育阶段的求学经验，尤其是"重要他人"对其个体学业成就产生的积极影响，继而重点聚焦以下两个问题：第一，中国农村子女的社会关系网络是怎样的？学校在他们社会关系网络的缔结中扮演了怎样的角色？缔结的发生机制是怎样的？发挥了怎样的作用？第二，中国制度环境下农村子女在求学过程中缔结的社会关系网络是如何以社会资本的形式转化为其文化资本的？这一资本的转化过程透视出中国情境中社会结构内各阶层间怎样的互动模式？

二 "寒门能出贵子"：一个社会资本的理论视角

目前，国内外学界尤其是国内学界对"寒门学子"的研究更多关注"出身"对其教育机会、教育获得、职业成就等造成的负面影响（杜瑞军，

2007；李春玲，2014；李涛、邬志辉，2015；李忠路、邱泽奇，2016；陆益龙，2002；谈松华，2003；文东茅，2005；吴晓刚，2016），从宏大的数据分析、叙事中呈现社会结构阶层分化下"寒门学子"的弱势情境，研究结论基本构成了教育社会学"教育与社会分层"（钱民辉，2017：187）研究中主流研究的出发点。基于这一研究基础，国内对"寒门学子"的研究出现了一个新的转向，即从单纯地关注"寒门为何难出贵子"转向关注在中国社会情境下"寒门为何能出贵子"（王兆鑫，2020）。在这一研究领域，国内学界开始大量地与国外的理论、假设等进行互动对话、比较，阐释西方主流理论在中国化过程中出现的"水土不服"现象，如文化生产理论、文化再生产理论、有效维持不平等假设、最大化维持不平等假设、文化流动论、选择性淘汰假设等，产生了大量的优质学术作品。值得关注的是，当前国内教育社会学领域对"寒门学子"的研究又在前两类研究的基础上，产生了第三次转向，本次最新的转向重点是"寒门学子"进入大学尤其是名牌大学后的身份转型与文化适应（李春玲、郭亚平，2021；李丁，2018；谢爱磊，2016；许多多，2017），进一步拉长了时间跨度和空间跨度，阐释了"寒门学子"在求学及向上流动过程中面临的与优势阶层子女不同的生命经验。本文作为第二次转向的研究内容，发现已有经验研究均重点关注文化资本的合法性问题，却鲜有研究关注社会资本对"农门能出贵子"所产生的积极影响。因而，本部分将重点围绕社会资本阐述国内外研究中社会资本与子女教育相关的经验研究，并将其作为本研究经验部分的理论指导。

（一）强关系与弱关系

"关系"作为个体社会行动进程中缔结的社会网络，对个体的教育获得、职业成就、社会流动等具有重要的意义，尤其是关系网络的功利性与工具性。社会网络作为一种社会资本[①]，最初可追溯到齐美尔有关社会网络的研究。齐美尔关注个人和群体的两重性，强调网络与个人行动间的关系，但并不强调社会网络于个体而言的工具性，他更关注具体社会关系结构中

---

① 当然，关注社会网络的功利性的主要代表人物有科尔曼、布迪厄、林南等。这一研究思路是社会网络研究中的另一学术脉络，此脉络中社会网络主要以社会资本表达，体现其工具性意义。

人的社会行为。美国社会学家马克·格兰诺维特（Mark Granovetter）于 20 世纪 70 年代在其博士毕业论文 *Getting a Job* 中第一次区分了社会网络中的强关系与弱关系，并指出了弱关系对个人在求职中的重要意义（格兰诺维特，2008）。然而，边燕杰和洪洵（Bian and Ang，1997）通过测量中国天津和新加坡两地转换工作者求职过程中的关系，得出了与格兰诺维特截然不同的观点，发现强关系有助于个体进行工作转换，提出了"强关系假说"，强调中国社会并不是以"信息桥"联系起来的，而是以"人情关系"编织的网络（边燕杰、张文宏，2001）。随着中国社会的发展，中国农村形成了"弱熟人社会"，这种社会网络是强关系与弱关系之和，信息和资源的交换不仅依赖于强关系的合作，也需要弱关系的传播，"人情"在社会网络交往中转化为社会资本（苟天来、左停，2009）。林南（Lin，2017）同样注意到不同类型的"关系"与个人获取、维护社会资源的行动息息相关，将个人行动划分为工具性行动（Instrumental Actions）与表现性行动（Expressive Action），其中工具性行动需要链接、获取不同类型的社会资源，因而更需要弱关系来实现；而表现性行动则以维持社会资源为目的，因此对强关系的依赖程度更高。林南的研究已经关注到社会网络跨越阶层提供社会资本的纵向特征。

在对关系强度的研究中，社会网络的工具性意义被逐步放大，学界不仅关注社会网络的横向特征，而且关注社会网络的纵向特征，以及社会网络对社会整合/团结的重要意义（帕特南，2017），尤其是社会网络对个体实现向上流动所发挥的作用。聚焦本文的话题即农村学子教育获得领域，已有研究关注以家庭为核心的强关系对农村学子取得学业成就的帮助。朱德全、曹渡帆（2022）指出，在农村学子进入大学之前，父母是影响其学业发展的重要他人，但随着农村学子进入大学场域，这一类的强关系变弱了。也有部分研究虽并未使用强关系等概念，但将落脚点放在"家庭社会资本"或"文化资本"上，在隐含逻辑上指出强关系（尤其是血缘及亲缘关系）在农村子女取得学业成就中发挥重要作用的事实。与此同时，农村子女的弱社会关系帮助其在学业生涯中获得利益，促进了信息的跨圈层流动，从而发挥了社会资本的效用，并进而积累了更多的文化资本（朱德全、曹渡帆，2022）。除此之外，间接关系在农民工子女入学时发挥了重要作用，农民工的关系链往往是"人托人"的，并非单一的强关系或弱关系

（阮极，2022），此类观点在农民工就业方面也得到了印证（钱芳、陈东有，2014）。社会网络的横向及纵向特征使得个体在社会资源获得的过程中通过无偿或有偿的方式获得了社会资本，进而得到了向上流动的机会。

（二）内联社会资本与纵联社会资本

帕特南对格兰诺维特有关"强关系"和"弱关系"的论述进行了呼应。在 Ross Gittel 和 Avis Vidal 对社会资本划分的基础上，帕特南对社会资本进行了区分，指出社会资本最主要的区分即内联社会资本（Bonding Social Capital）和外联社会资本（Bridging Social Capital）。其中，内联社会资本往往来自"强关系"的社会网络，常常与血缘、亲缘、地缘相关，以特定的情感关系联结，能够加强特定的互惠原则和成员之间的团结（帕特南，2011）。乡土中国的内联社会资本往往表现为一种"互惠、互信、互助"的社会关系和人情往来，具有结构稳固、关系密切、资源同质、网络封闭的特性（谢家智、姚领，2021），诸如父母提供的家庭教育场域以及兄弟姐妹给予的代内帮扶行为（田杰，2021；田杰、余秀兰，2022）等在农村子女取得学业成就方面发挥着不可替代的作用。而"弱关系"则为不同场景的互动提供了可能，外联社会资本往往从"弱关系"中发展生成，相比内联社会资本而言具有异质性的特征，关系双方往往存在较大的差异，但又存在某种共性驱动，其中不乏跨越阶层的社会关系。除此之外，内联社会资本与外联社会资本并不是绝对、完全分开的，有一部分内联社会资本将会扩展到"小团体"之外，转化为外联社会资本（吴效群，2015）；而且，外联社会资本也可能向内联社会资本转化，无论哪一种社会资本都不是非此即彼的，不同类型的社会资本的结合有助于取得成功（Mishra，2020）。

Woolcock 观察到社会资本的纵联属性，打破了帕特南对社会资本的二元化分类，提出了纵联社会资本（Linking Social Capital）的概念。持此观点的研究者发现，社会资本具有纵向维度（Helliwell，1996），强调外联社会资本既具有横向特征——处在同阶层的不同社会背景的个体之间的横向联系，又具有纵向特征——处在不同阶层的个体间的纵向联系，因此纵联社会资本实质上是外联社会资本的重要组成部分，是更加聚焦纵向属性的延伸（Claridge，2018）。Szreter 和 Woolcock（2004）对纵联社会资本进行了更加系统的阐释，将其定义为"在社会中跨越明确、正式、制度化的权力或权威垂直梯度进行互动的人与人之间的尊重规范和信任关系网络"。纵联社会资本具有跨阶层的典型特征，提供异质性较强的社会资源，帮助相对弱势的个体获得成功。在贫困学子取得学业成就的过程中，此类社会资本扮演着重要角色。在中国的语境下，出于"仁者爱人"的完善性动机，优势阶层的公益慈善组织、学校组织等通过各种形式帮助贫困学子，部分贫困学子因此与跨阶层的社会资本建立了联系，有些甚至从"弱关系"转化为"强关系"，进而丰富了自身的社会资本，在其艰难的求学之路上取得了或暂时的或持续性的帮助（匡立波、黄渊基，2017）。

（三）社会资本与教育获得

在国内外学界，已有不少学者关注到不同类型的社会资本对弱势学生的高学业成就产生的影响，这主要可从家庭、社区、学校组织等维度进行评述。

在家庭维度上，弱势家庭对子女（少数族裔、女性、第一代大学生、贫困学生等）提供的支持、情感鼓励及价值观念，促成子女持久积极的学习执行力（Ceglie & Settlage，2016；Cheng et al.，2012；Ong et al.，2006；Roksa & Kinsley，2019）。一方面，父母重视教育，向子女传输正向的价值观念，甚至自己不断获取知识，努力成为子女的榜样（Perez et al.，2009；Perez & Taylor，2016）。父母的学业形象为弱势子女提供了学习的内生动力；同时，父母对子女教育的参与、父母与子女的互动也会对子女的学业成就产生积极影响。另一方面，研究者也关注到获得高等教育学位、具有较高受教育水平（文化资本）的包括兄弟姐妹（田杰，2021）、表亲等在内的家庭成员会为弱势家庭子女提供帮助与支持（Heagney & Benson，2017），此类内联社会资本因其血缘关系内亲属社会经济地位的向上流动而扩展到纵联社会资本的维度，跨越了原阶层的社会资本，为弱势家庭子女提供了更加丰富的社会资本。继而这些社会资本转化为弱势阶层子女的文化资本。

在社区维度上，社区融合了内联社会资本与纵联社会资本，这两种社会资本在社区网络中促成了弱势家庭子女更高的 GPA（平均学分绩点）和毕业率。对于内联社会资本来说，与有相似成长背景的朋友共同成长、情感的陪伴与支持等有助于大学生完成学业（Abada & Tenkorang，2009）；对于纵联社会资本来说，种族和宗教社会网络将不同阶层却有相似经历或背景的人聚集在一起，这种纵向跨度的社会网络使弱势学生获得了更为多元的教育活动和社交机会，从而拓展了社会资本，获得了更多与学业相关的信息、知识（Byfield，2008）。

在学校组织维度上，同学、组织、学生家长、教师等共同构成弱势学生在学校内的社会网络，为其提供获得高学业成就的社会资本。弱势学生脱离原有社区进入学校后，由于容易受到歧视和刻板印象的影响，往往会与和自己有相似背景的学生成为朋友。通过相似背景的学生组织，弱势学生扩展了社交网络，获得了外联社会资本，得到了情感支持（Brooms，2018）和学术支持。在美国，有许多少数族裔、第一代和低收入家庭的学生渴望上大学。然而，大学申请过程可能会是一个重大障碍。这些学生很少能依靠他们的父母获得大学信息，而必须向他们的高中老师求助，辅导员处于关键位置（Holland，2015）。Hebert（2018）对 10 名优秀的来自低收入家庭的第一代大学生的成功经验进行分析发现，第一代大学生在逆境中成功地受益于 K12 教育者的情感支持与高中期间良好的学术环境。在 K12 时期，教师会凭借他们的文化经验与教师身份积极地帮助学生塑造信心并传授经验，教师对学生的期望与关怀转化为学生用功读书的动力。高中期间的辅导员因为比较熟悉学生的家庭状况，会在学生参加考试［如 SAT（Scholastic Aptitude Test）及 ACT（American College Testing）］时给予特别的帮助，帮助他们获得学费上的减免。教师除了会在学生申请大学时给予帮助，还会鼓励学生参加更为严格的课程，让学生去上大学预修课程（advanced placement），鼓励学生积极参与社区和校园活动，拓展人脉。这些教师于弱势阶层子女而言，一部分是直接的纵联社会资本，还有一部分与弱势阶层子女有相似的背景，可以由内联社会资本转化为纵联社会资本。

国外有关社会资本影响学业成就的研究表明，弱势学生在求学过程中可以通过拓展自身社会网络、巩固内联社会资本、获得纵联社会资本，与不同阶层的人建立联系，从而弥补出身弱势，取得较高的学业成就。相较于西方社会，中国的社会关系是私人关系的增加，靠血缘、地缘、业缘接续，社会资本或社会关系网络的表现更为复杂，各类社会资本往往存在人情的关联。也就是说，中国的人情社会中家族宗族、亲属关系、邻里互助等都是社会资本的表现形式。除此之外，中国传统文化对读书人的"赏识"

"拯救""提拉"情节又使得农村学子能够获得"贵人"的帮助，这些帮助不限于经济资助和情感支持。社会资本对农村学子取得学业成就的作用形式应是内联与纵联交互的。因此，在中国情境下社会资本如何让农村子女取得高学业成就还有待深入研究。

本文基于已有的经验研究，一方面考察在中国语境下，"农门学子"的社会资本类型，研究社会资本如何影响农村学子取得高学业成就；另一方面重点关注"农门学子"缔结社会关系网络的机制，这将有助于更好地与中国情境对话。总之，学校组织作为"农门学子"重要的社会化机构，关注"农门学子"在求学过程中所缔结的社会关系网络及其蕴含的社会资本对他们学业成就的影响，相较于其他群体的研究，具有更丰富的社会意义，其蕴含着中国文化，也进一步映射了学校作为一个合法性组织，对"农门学子"缔结社会关系网络所产生的影响。

三　研究方法

本文通过对 25 名 2000 年后出生的农村第一代大学生进行深度访谈，解释基础教育阶段社会资本对农村子女取得高学业成就的重要意义。

研究资料收集的时间截止到 2020 年 12 月底。半结构式访谈法的运用，既有助于研究者了解研究对象、进入研究对象生活的世界，也有助于研究者解释研究对象生活的世界。为保护研究对象的隐私，研究者对他们全部使用化名。

四　亲戚：差序格局中的家庭社会资本

农村子女家庭里的亲戚通常是能够直接帮助他们打破就近入学原则、获得优质教育资源的重要他人。这样的亲戚相较于普通的农村父母可能具备更多的社会资本与文化资本，他们通常是父辈一代人中的"冒尖者"，即实现了向上流动的人。因此，这样的亲戚能够凭借其社会地位和角色赋予的权力，帮助农村子女获得更为优质的教育资源，如转学籍。这种亲戚关系资本是镶嵌于家庭关系之中的，并没有跳到乡土社会的差序格局之外。但这种亲戚关系具有明显的双重性，它既是农村子女的内联部分，这一社会资源来自"家庭"这一关系，又表现出纵联维度，即亲戚的社会经济地位高于农村子女及其父母。但需要说明的是，这种资本只为少数家庭所有，并非普遍存在。

亲戚作为一种家庭社会资本只为少数家庭所有，与我国乡村社会的大变迁是密切相关的。农村社会的城镇化进程对传统乡土社会的差序格局造成了冲击，如宗族力量迅速削弱，核心家庭成为许多农村社会的既成事实（王跃生，2007）。在这样的背景下，当代中国农村社会结构的变迁形成了以个人主体性为主导的"圈"和以层级结构为主要表现形式的"层"的新的社会关系（宋丽娜、田先红，2011），继而农村家庭接触"关系"的能力有了圈层之分。此外，随着21世纪初撤点并校政策的演进，农村社会中教育机构上移，家长接触乡村教师的能力被削弱，农村家庭与教师之间的关系式微，难以具备先前"关系式""在地化"的家校联系。因而，贫困家庭孩子想要再通过亲戚以及差序格局里的亲戚关系获得优质的教育资源，也就变得越来越难。

本文研究对象的父辈们一般同胞数量较多，会存在个别的有血缘关系的亲戚发展得不错，这使得他们能够"借光"（形容能得到帮助）。与普通的农村家庭相比，能够拥有这种亲戚人脉资源的农村家庭更加具备为孩子寻求优质教育资源的条件。余安（07M）的父亲有三个姐姐，余安的大姑当初考上了师范学校，成为当地的老师。所以，余安的父母通过向大姑寻求帮助，才让余安能顺利地去县城读小学。

> 我当时去县城是我姑姑帮我弄的，我爸妈跟我奶奶他们一起去求我姑姑。虽然说出来有点不太好，她当时正好有个学生的家长是一个中学的校长，那个家长他哥哥是教育局的，然后就帮忙把我的学籍弄过去了。我当时就跟城里孩子一样交费，借读费是没有的。

高越（14F）的升学也多亏了大姑（父亲的亲姐姐）的帮助，她的大姑在临近本地的另一个县城里的私立小学当老师。高越在四年级之前跟随父母流动到福建上学，父母在那边务工，四年级放寒假的时候回到老家。回家后高越听了大姑的建议去其所在学校读书，开始了寄宿制生活，她每两个星期回一次大姑在县城的家。

> 我爸妈出去打工，我上学也不经常在家，偶尔过年回一次家和爸妈相处，就我爸妈回老家的这段时间。我小学平时一放假也会去我大姑家，因为她正好是那儿的老师，我感觉就是因为我大姑是那个学校的老师，所以那个学校的其他老师平时对我还蛮照顾的。

高越其实在家庭的血缘关系中接触到比原生家庭更好的环境，她在县城读书能够得到姑姑的照顾。虽然此时高越的父母在外地务工，她缺乏父母的陪伴，但是高越的大姑无疑扮演了"父母式"的角色。高越的大姑也能给予她更多学业上的帮助与指导，让她在学校里能够得到老师的关注。

> 我小学一年级是在村里，之后二年级去到市里，就是垫底级别的，其实跟村镇的小学和初中差不多。最好的那些小学和初中基本靠关系才能进去。他们有一半左右的靠关系进去，一半左右就是划片，划片的范围非常小，那儿的房价非常高。（11M－林星）

如林星所言，"靠关系"在农村子女的求学过程中尤其是对优质教育资源的获取中扮演了极为重要的角色。乡土社会的现代性增加了基层民众的流动性，也增加了他们接触重要他人的机会，农村家庭也在这一社会流动中拓宽了"亲戚"的边界，增加了他们的纵联社会资本。这样的亲戚相较于依照血缘或地缘的关系纽带，更为凸显一种"情感"关系，这可能是农村父辈在社会化进程中结识的朋友，也可能是他们在社会流动中结识的具有次级社会关系的"人物"。因而，本部分也将父辈在社会流动中结识的重要他人归为"亲戚"之列。

除了上文讲述的"强关系"之外，亲戚中的"弱关系"也在农村子女的教育获得、教育成就中扮演了极为重要的角色。比如初荷（21F），初荷的父亲是高中学历，他的一个"很远"（形容亲戚关系很弱，是一种明显的弱关系）的舅舅就在他求学的过程中发挥了极为重要的作用。

研究者：你在村子里上完小学六年级之后又去哪里上学了？

初荷：就去市区上的中学，正常应该在乡镇。

研究者：那当时为何选择去市里读中学呢？

初荷：因为我姐当时也是在那个学校上的，我爸也是。他认识那里的老师，他当时"找关系"，因为××当时好像就是"按户口所在地划片"，当时我姐是找了我爸那个老师"托关系"进去的；我是找了我舅舅"托关系"进去的。我到高中是靠当时我爸这边的一个舅舅。因为我当时中考成绩还可以，能去市一中。但这个舅舅让我去市二中，在市二中名次挺靠前的，就是前三名进去。我特别感谢他，要不然我觉得我肯定考不了现在的大学。因为他和市二中的校长是同学，反正老师都特别关照我，我觉得我这个舅舅对我影响特别大，他有的时候会找我聊天说一些事儿。

研究者：我有点听迷糊了，这是两个不同的舅舅？

初荷：是的，一个是我妈妈这边的，帮助我进入了市里的初中；另一个是我爸爸这边的。我爸爸这边的舅舅和市二中的校长是大学同学。这个舅舅其实和我们关系很远，也不算是亲戚了，应该是我大伯妻子的弟弟，我和那个伯伯关系挺远的，不是我爸爸的亲哥哥。但他对我的帮助很大。因为他，我爸爸和高中的校长以及任课老师都走得很近。

结合初荷的案例，本文得出了一个很重要的研究结论，即"亲戚"作为小部分农村子女家庭的社会资本，既是一种强关系属性，也是一种弱关系属性，两种强弱不同的关系，均能为农村子女的教育获得提供助力。

"贵人"存在的现实意义不仅是一种实际物质或者资源上的帮助，而且是一种激励家庭投资孩子教育的精神力量。农村家庭"读书改变命运"的精神信念（王兆鑫，2023）在面对社会结构分化时受挫，他们只能凭借家庭资源去实践能动的策略，帮助孩子接触更好的教育资源。然而，农村家庭的社会关系网络是有限的，他们受到自身所处社会结构的限制，接触文化人物的能力受到原生家庭中"走出来"的文化人物的数量的影响。

因此，对于农村家庭而言，"有关系"是一种家庭特权，这种特权与家庭规模有关。随着计划生育政策的推行，家庭结构呈现小型化，这间接减少了家庭中能够"走出去"的人的数量，使得贫困家庭孩子在社会结构分化下能够接触到的关系人物减少。计划生育政策以及教育机构的整合上移，使得农村孩子通过"靠关系"获得优质教育资源的可能性越来越小，贫困家庭想要让孩子跨区入学需要付出的经济成本相应地也就越来越高。虽然说义务教育的普及改善了农村孩子"读书难"的问题，但是又进一步拉大了城乡之间教育资源的差距，农村孩子想要获得更为优质的教育资源，他们的家庭必须投入更多的经济资本。

五　教师：学校组织中的制度性社会资本

学校组织中的教师、行政人员以及班主任等，于农村子女而言是一种明显的纵联社会资本，这种资本是制度化的。农村子女拥有这一制度化社会资本的强度充满着复杂性，其中既包含师生互动中的情感/道德关系，又与基础教育场域中以学业文化资本为主的评估制度密切相关，这就使得那些学业成就较高的学生更具有此类社会资本。即是说，农村子女在求学过程中结识到的老师，是他们获得区别于自己同胞或者村子里同龄孩子命运轨迹的关键人物。老师作为孩子求学经历中互动最为频繁、接触最为紧密的人，自然也会对他们的生命施加影响。罗伯特·帕特南曾经在《我们的孩子》一书中指出"你的同学是谁，这很重要"（帕特南，2017：182）。同样的道理，"农村子女的老师是谁，也很重要"。接下来，本部分将围绕教师于农村子女而言的情感/道德属性和工具/成就属性，展示教师作为农村子女的一种重要社会资本，对他们的命运所产生的重要影响。

（一）情感/道德属性

师生之间缔结关系的强弱具有双向的道德性，既包括教师对学生的情感/道德，也包括学生对这一情感/道德的洞察和认知。只有学生意识、洞察到这种来自教师情感/道德属性的内部机理，才会缔结更牢固的师生关系，这种关系才能更好地转变为学生的文化资本。

叶凡（04M）有一个哥哥和一个弟弟，哥哥高一时因迷恋电脑游戏而辍学；弟弟刚经历高考，成绩刚过二本线。因而，虽然他们是同胞兄弟，在同一个家庭中出生，但是兄弟三人的命运不一样。

> 叶凡：哥哥上到高一就辍学了，算是我们家里的丑事。他上高一的时候我还小，他玩电脑游戏，那个时候乡下的孩子没有接触过这些东西。因为我和我弟弟非常小，必须有人照顾，所以我妈就在家照顾，他一个人在县城里上学，据说是沉迷电子游戏。当时玩的那叫《大话西游》，这是他亲口告诉我的，再加上他本身的学习成绩也不是特别好，后来他自己决定辍学出去打工。我弟弟是今年刚刚高考完，考得也是一言难尽，刚过了二本线。
>
> 研究者：为什么你与哥哥、弟弟生活环境如此相似，但你有这样的教育成绩，哥哥或弟弟没有？
>
> 叶凡：这个问题我妈妈也问过我很多次。我觉得可能就是我接触到一些比较好的老师对我产生了很大的影响。我记得小学一年级的时候，那个老师特别严格，小学嘛孩子都喜欢玩。一般小学的时候是在村里，我们一放学喜欢上河边或者地里玩，或者街上乱跑，就不喜欢写作业。但是那个老师特别厉害，我现在还记得那个老师的名字叫张芬，教数学的，打了我好几顿，最疼的一次把我打得鼻青脸肿。她告诉我说"你现在不学习，将来干什么都没有作为，哪怕你将来恨我或者是怎么样，我现在一定要打你，你必须得写作业"。我记得打过几次之后就能正常写作业了，我现在真的挺感激她的。她告诉我们就只有上学这一条路，通过知识改变你的人生。

叶凡和很多农村子女一样，教师于他们而言首先是一个具有情感/道德属性的人物，在他们的次级社会群体中扮演了具有首属群体属性的某个角色。教师具有的情感/道德属性，对农村子女正视学业、养成"亲学校文化"① 发

---

① "亲学校文化"是一种农村子女对学校权威的服从和认可，折射出他们对"读书上学"的某种神圣性崇拜。具有"亲学校文化"的农村子女具有强烈的读书动力，表现出一种热爱学习的群体文化。"亲学校文化"与威利斯笔下的"家伙们"的"反学校文化"形成鲜明的对照。

挥了重要的作用。在这样一种文化情境中，学生感受到被关注的温暖。① 就像小蝶（01F），她父母在她读书上学的过程中从未"在场"。小蝶一出生就成为留守儿童，父母前往广州务工，爷爷奶奶成为她的主要照料者。而且她的家庭中具有浓厚的"重男轻女"思想，祖辈与父辈并未对她的学业抱有过多的期望和提供情感上的支持，反而经常体罚她，不希望她读书。与之相反的是，小蝶在学校中感受到来自老师的关注和情感关怀。

> 老师通常比较关注和喜欢那些成绩好的。所以从小到大我一直都是老师关注的对象。他会在意我的一些情绪变化，就是真的很信任我，给了我很多锻炼的机会，会让我担任班干部。有的时候学校会培优，就把一群人都叫过来，老师给你"开小灶"。小学和初中的时候我们的一些任课老师都特别喜欢我，有些老师对于我来说不仅是老师，其实更像是朋友，有些老师隔一段时间就找我聊天谈心。无论是学习上还是生活上，遇到困难我都会跟老师说，老师很乐观、很亲切、很善解人意，会用自己的一些事情告诉要去怎么做。老师在那个时候就很相信我，也很喜欢我。老师会一直鼓励我、支持我。很多时候我自己会压力很大，有的时候会想不开，老师能察觉到我这些情绪，会帮助我，我也更有动力学习。

教师对农村子女的情感关注是道德性的，这既源于自身也内含于农村子女的身份及学业表现。从教师自身而言，熊和妮、王晓芳（2019）解读了两名国内名校农村孩子的求学经历，发现教师会因劳动阶层出身经历及个体的流动境遇更能理解农家子弟教育奋斗的意义，教师内在的"拯救情结"在面对农家子弟时被唤醒并为他们的求学历程提供支持。教师是相较于农村子女具有更高社会阶层属性的重要他人，在制度性的学校组织中所形成的师生关系，让教师尤为容易产生道德性，即对出身弱势的农村子女的同情与怜悯。教师基于自身的社会洞察，深刻明白教育对农村子女的重要性，因而他们在自我的角色定位中除了履行基本的职责外，还会给予农

---

① 并非所有的农村子女都能洞察到这种来自教师的情感/道德属性，学生自我洞察能力及内化这种情感/道德属性能力的强弱影响了师生关系，进而影响了学生的学业表现。

村子女更多的情感/道德关注。从教师与农村子女的互动或互构来看，教师对学生所建构出的情感与道德，也内含一种对学生品质的欣赏，在这种品质中学生的学习态度、学业表现、学业品质等起到了获得教师欣赏的极为重要的作用。因而我们才说，教师作为农村子女的一种重要社会资本，师生之间缔结的关系的强弱具有双向的道德性，不仅包括教师单向的主动意向，还包括学生对教师的一种"道德反馈"。这也是大家通常所说的"老师更喜欢努力用功的、学习好的学生"的原因。

> 我觉得老师都特别喜欢那种学习好、很努力的学生，所以我就努力去考好成绩，这样老师就会关注我。我小学和初中的时候就特别喜欢被老师"夸上瘾、偏爱"的感觉，就是那么多学生里我就是被偏爱的……我就挺喜欢那种，我感觉给我的动力还蛮大的，就感觉自己一定要好好干，不能让他们失望。我考好了老师会夸我、鼓励我，所以我就感觉不能辜负老师的期待。（14F - 高越）

通过高越的话不难发现，她深刻地洞察到教师对学生的情感是有"成本"的，自己作为学生想要获得这份关注与欣赏，就要好好学习，以对得起或者获得这份来自教师的情感。可见，农村子女明白读书的意义（塑造教育的觉知力）并展现出极强的学业执行力，是基于环境的，个体只有在对环境的洞察中才会改变他们的行为，如果成长过程中有像教师这一积极的人物对他们进行引导或者规训，那将会影响他们洞察环境的偏好与倾向。

（二）工具/成就属性

教师具备的工具/成就属性主要表现在经验支持、权力行使与赋能、决策引导等。教师作为农村子女的社会资本，发挥了为文化资本不足的农村子女/家庭提供一种制度性文化资本补给的作用，他们可以凭借自身的学业经验、社会关系网络、科层组织中的教师权威等，为农村子女的学业成绩赋能。这种工具/成就属性的存在，一方面彰显了学校的主流文化氛围，即基础教育阶段尤其是高中教育阶段以学业文化资本为主的评估制度；另一方面揭示了学校教育是当下农村子女跳出"农门"的主要的合法性途径，国家通过制度性手段无形中将学校组织设定为补足农村子女优势文化资本的通路，而这一路径的实现前提是建立制度性的师生关系这一网络结构。因而，这一阐释视角与教育社会学中经典的文化再生产理论形成了明显的对立。简言之，学校组织为农村子女拓展其跨越阶层的社会关系网络提供了合法性的制度保障。

在这里我们举一个郭云（02M）的例子。郭云是通过"自强计划"进入清华大学的，而在这一过程中他县高中的校长发挥了极为重要的经验支持和决策引导的作用。

> 我知道清华有"自强计划"很重要的原因是我们校长，我们校长说我有资格去报这个"自强计划"。我高考完的那天晚上要连夜赶到另一个地方去准备这个考试，因为第三天就要考试，中间只间隔了一天。我离考试的地方有两三百公里，坐车去的。当时其实特别沮丧，因为我感觉高考考得特别差，就是不太想去考，觉得肯定过不了，我是完全没有抱任何希望去考的，后面被我们校长逼着去考试，他说："你不去考试，你就永远不要说你是我们这个学校的、我的学生。"就是用这样一种像是"威胁"的方式逼着我去考试，还逼着我报了一个临时的培训班。后来去笔试的时候，我们刚到那个地方就下起了暴雨，暴雨直接把路给拦住了，如果那天不是校长逼我去的话，可能考试的地方我都去不了。我考的时候根本不知道考试有多难，后面成绩出来了我才知道考试通过率只有10%~20%，我才知道我不是擦边过的，当时就忽然有了自信，所以我挺感谢我们校长的。

通过郭云的故事我们不难发现，校长在他升入清华大学的过程中扮演了极为重要的角色，他凭借多年的治学经验为郭云推荐了具有针对性的升学计划，让郭云能够有机会参加国家和高校针对农村学子制订的专门性的招生计划。由此，于郭云而言校长这一社会资本，转变为文化资本。如果没有校长，郭云即便拥有申报"自强计划"的资格，也没有抓住机会或者使用这一资格的意识。

作为在学校组织中相较于学生具有权威的人物，教师可以通过自身的权力来改变学生的"处境"，这主要表现在班级中的座次安排、宿舍调换、课程代表人与班级班委选定、家长决策或投资的"游说人"等。当然，教师在行使这些权力的时候，通常是以学生的学业成就为主要决策标准的。

阿依古丽（22F）是一名来自新疆的学生，她初中时学习成绩较好，老师鼓励她去"内高班"读书。但是父母很担心她，不希望她去。这个时候学校的老师就到家里"做工作"，通过劝说的方式让阿依古丽的父母改变想法，最终阿依古丽进入"内高班"。

> 到九年级老师讲了"内高班"的事情，我就很好奇，我在班里成绩也算比较好，老师鼓励的目的是帮着学生能够考上。家里人对我不太放心，觉得如果我参加了这个中考，我一定能考上，但是他们不想让我去内地。因为我是一个女孩子，他们不太放心。当时我记得学校的老师去我们家，跟我爸妈说这个孩子怎么怎么样，肯定很有希望，给他们做一些心理方面的教育，他们就同意了。

阿依古丽的老师通过法理权威和文化权威说服了她的父母，转变了他们的教育态度，保证了阿依古丽能够通过"内高班"接触到更为优质的资源，从而保证了阿依古丽能够考进名校。

教师往往会在农村子女生命轨迹的关键节点上发挥作用，帮助个体纠偏或者给予具有经验性的意见建议与实际层面的帮助。通常教师在学生文理分科的选择与高考志愿报名中普遍发挥着重要作用。

远志（13M）的例子彰显了教师作为学生制度性的社会资本，对于农村子女而言所具有的重要意义。

> 初三时的班主任对我照顾还是很多的。我记得那一次考试考得特别好之后就迎来了一次很差的，到了班级第八名，其实是宿舍环境不行，宿舍每天晚上都说话说到很晚。老师看出来不对劲儿，给我调了个环境比较好的宿舍，我的成绩就又回去了。我还是挺感激那个老师的，如果当年没有他对我的关照，我很可能要持续低迷一段时间，也许在高中又没进小班的话前程会再差一些。

教师由学生社会资本转变为文化资本的过程，即教师对学生的求学进程赋予积极动能的过程。

六　赞助方：中国人情社会中的"提拉情结"

拉多夫·H.特纳在《赞助性流动、竞争性流动和教育制度》一文（Turner，1960）中比较了英美两国的两种升迁性社会流动规范。特纳提到英国社会的升迁性流动模式是一种赞助性流动，即英才的新成员需由公认的英才或其代理人挑选，英才地位是依据某些假定的道德标准获得的，它不可能靠努力或策略来获得。继而，向上流动就像加入一个私人俱乐部，每个候选者须经一个或多个成员的保荐。全体成员最终准予或否决其向上流动，则依据他们对候选者是否具备他们希望在同伴身上看到的那些品质而做出的判断。赞助性流动充满着一种对个体品质的赞扬和优势利益团体对规格标准的权力掌控，这就使得社会中通常有一种绝对性的培养英才凭证的占垄断地位的社会结构。

回到中国社会情境和社会结构中，可以说，当下中国社会结构的状况于农村子女而言是一种明显的竞争性流动，农村子女需要经受更为严苛的选拔/筛选和付出更多的努力方能在"成就/成绩取向"的基础教育阶段脱颖而出（王兆鑫，2020）。值得庆幸的是，当代中国社会结构分化虽然明显，但阶层之间仍有联通，其中很重要的就是"人情"，而且中国并未形成如英国一样具有垄断性地位的特权精英，反而中国社会对道德标准的评判在不同的阶层中都是高度一致的。这就使中国情境中的农村子女在读书求学这一合法性的通路（农村子女读书是为社会意识所欣赏的）中，仍然有可能得到来自优势阶层的赞助。这一优势阶层可能是个人也可能是社会组织，赞助方为农村子女读书上学提供帮助的根源与农村子女自身的家庭状况和个人的品性特质密切相关。

本部分主要讲述的赞助方是农村子女在学校社会化中接触到的具有跨越阶层属性的"贵人"，具有明显的社会资本的纵联特性。赞助方于农村子女而言表现出一种明显的"提拉情结"，其中充满了来自优势个人或社会组织对农村子女的"举贤或保举"属性，为农村子女读书上学提供经济和社会关系上的支持。也就是说，赞助方对特定农村子女的"提拉"通常源于农村子女身上（包括出身家庭）的某些特质符合"贵人"的价值观，因此他们愿意为这样的农村子女提供力所能及的帮助，以助力其更好地实现向上流动。这种重要他人是农村社会中人们认定的更为正统的"贵人"。赞助方对农村子女的帮助行为可以从新制度主义学派中得以解释，即人或社会组织的行动要关注环境因素，尤其是制度环境，个体或组织所处的法律制度、文化期待、社会规范、观念制度等为人们所接受的社会事实。个体或社会组织也会在这一制度环境中用社会行动去建构自身的合法性。

农村孩子生命经验中除去慈善组织、社会团体这一赞助方，还会遇到个人赞助方。

> 我小学在寨子里读，初中就不在那里了，这是我比较幸运的一个地方。我很多同学都还是在本地的初中上学，本来我是考到了县里面的初中，县里面的初中肯定比村里面要好，但是有一个姐姐到我们那儿写博士论文时住我们家了，她就在我们旁边的市里面，就觉得我挺乖，学习也好，就让她们家人把我弄到市里的初中读书，就特好。那个姐姐在我们家住了两年，我去那边有一个跟我一样大的妹妹，后面就认妹妹的妈妈为干妈了，就跟她一起上学。所以我挺幸运，有贵人！

奈蓉"挺乖，学习也好"的品质得到了这位姐姐的关注，姐姐看到奈蓉身上的特点，从而给予奈蓉帮助，让她去市里读书。奈蓉的这个姐姐也是农村孩子，她的父母不支持她读博，她自己就借钱读博，所以她很懂得读书对一个农村女孩子的重要性，她努力通过自己拥有的资源帮助奈蓉。姐姐的小姨在市里，并且姐姐小姨家的女孩也和奈蓉一样大，所以她就让小姨帮助奈蓉进入市里和妹妹一起读书。奈蓉的姐姐于奈蓉而言是赞助方，她通过奈蓉的现状回想起自己的经历，她觉得奈蓉会有更好的未来。

承恩（17M）进入市里读书后得到了同学家长的帮助。

> 中考之后我的人生转折点来了。我去了市里的高级中学，这是市里最好的高中，我的分数也够，就直接进了实验班。在这个高中，我的同学的层次也确实不一样了，对我帮助很大。我着重提两个：一个同学的爸爸在县人民医院工作，还有一个同学的爸爸是在县委组织部工作。他们给我最大的帮助就是会送我上学，我是在一个村里要到市

中心上学，我先坐车到县城，然后他们家有车就会带我去市里上学。平时假期也会带我去他们家吃饭睡觉，对我的影响很大。我甚至参加了他们的家宴，就是他们家的亲戚都在的时候带我去吃饭。菜桌上的菜都是我平时不会见到、不会吃到的。

优势阶层凭借其优越条件和对农村子女品质能力的欣赏，通过赞助形式给农村孩子的生命际遇带来巨大改变，直接地影响了农村子女未来的发展。

农村子女遇到或者接触到更好家庭条件的同学的机会与他们的升学轨迹密切相关，尤其是那些去市里或县城读书的孩子。这进一步凸显了学校组织在农村子女缔结跨阶层社会关系网络中的重要性。农村子女的社会化能力越强，学习成绩越好，结识赞助方的可能性也就越大。赞助方出现的可能性与孩子自身的努力以及道德品质密切相关，农村子女的行事风格以及表现出的待人接物的特质都有可能得到赞助方的欣赏。

自然，赞助方也延伸出对农村子女的期待与认可，他们在获知农村子女境况后会通过恰当合适的方法给予其能力可及范围内的帮助。就这一方面而言，尽管整个大的社会结构呈现分化形态，但是不同社会位置中的个体之间仍然存在人情道义上的互动，这让中国社会结构的分化不是一种结构式的、断裂式的分化，内部还蕴含着一种人情化的中国特色的社会文化。处于不同阶层位置中的人在中国传统文化的影响下，仍然会存在情感上的温情与交流，农村子女通过读书仍然有可能结识到家境优越的同学以及他们的家长，也包括他们家长背后的资源。部分农村子女之所以能够得到"贵人"的提拉与扶持，是因为他们的学习能力及品质，他们的品质得到了赞助方的青睐，尤其是基础教育阶段对成绩的关注，激发了赞助方的"提拉情结"，从而助力农村子女更好地成才。

七　总结与展望

本文对农村子女求学过程中可能接触到的"贵人"（社会资本）进行了梳理，包括亲戚、教师和赞助方三类。不论哪一类"贵人"，均离不开中国社会文化中对"耕读传家"的崇拜,农村子女读书上学既是一条实现向上流动的合法性途径,又是一项被赋予神圣性的、被欣赏的人生事业。因此,学校组织成了农村子女缔结跨阶层社会关系网络的重要中介,这与教育社会学经典的再生产理论形成截然相反的结论。简言之,农村子女只有读书上学,一方面才能将其拥有的社会关系网络转化为文化资本,继而转化为其自身的文化资本;另一方面才能通过学校组织扩展他们的社会关系网络,进而形成纵联的社会关系网络。

本文围绕农村子女的社会关系网络,阐述了他们在学校社会化过程中缔结这一社会关系网络的过程,以及这一社会关系网络转化为他们的社会资本,继而成为农村子女文化资本的过程。这一过程的展现,丰富了社会资本与文化资本转化的研究视角,进一步打开了社会资本与文化资本转化的"黑箱",更为重要的是,打破了农村子女没有社会资本的质疑。同时,本文中的农村子女"贵人"图谱(见图 1)展示了不同类属的"贵人"的强弱关系,以及其在农村子女求学过程中扮演的角色、发挥的积极作用,从社会资本的维度阐释了"农门能出贵子"的原因。

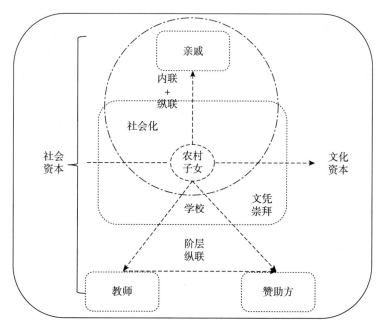

图1 农村子女"贵人"图谱

最后，研究者认为，我们仍然需要拉长时间维度，进一步追踪大学以及大学后农村子女的社会关系网络，比如他们在升学、找工作、择偶等重大人生事件中社会关系网络对社会经济地位的影响。如此，我们方能真正形成涵盖农村子女"长大成人"过程中不同阶段的"贵人"图谱，以及这些"贵人"在不同阶段对农村子女发挥的积极作用。同时，我们也能够洞察到不同阶段社会关系网络于农村子女而言所产生的不同影响，不同阶段社会关系网络的强弱又将如何使农村子女的命运发生改变。整体而言，我们不能局限于从再生产的视角批判学校组织在阶层结构再生中发挥的作用，而是应该看到其中于农村子女而言的利好之处，即读书上学是一个拓展农村子女社会关系网络的合法性渠道。除此之外，农村子女再难有机会遇到比自己阶层位置优越的重要他人。

参考文献

边燕杰、张文宏，2001，《经济体制、社会网络与职业流动》，《中国社会科学》第 2 期，第 77 ~ 89、206 页。

布尔迪约、帕斯隆，2002，《再生产——一种教育系统理论的要点》，邢克超译，商务印书馆。

杜瑞军，2007，《从高等教育入学机会的分配标准透视教育公平问题——对新中国 50 年普通高校招生政策的历史回顾》，《高等教育研究》第 4 期，第 29 ~ 35 页。

格兰诺维特，2008，《找工作：关系人与职业生涯的研究》，张文宏等译，上海人民出版社。

苟天来、左停，2009，《从熟人社会到弱熟人社会——来自皖西山区村落人际交往关系的社会网络分析》，《社会》第 1 期，第 142 ~ 161、227 页。

柯林斯、兰德尔，2018，《文凭社会：教育与分层的历史社会学》，刘冉译，北京大学出版社。

匡立波、黄渊基，2017，《互联网 + 背景下社会资本"弱关系"与脱贫路径创新研究——基于湘西北"微善风"民间助学慈善组织的考察》，《学习与探索》第 3 期，第 48 ~ 56 页。

李春玲，2014，《教育不平等的年代变化趋势（1940—2010）——对城乡教育机会不平等的再考察》，《社会学研究》第 2 期，第 65 ~ 89 页。

李春玲、郭亚平，2021，《大学校园里的竞争还要靠"拼爹"吗？——家庭背景在大学生人力资本形成中的作用》，《社会学研究》第 2 期，第 138～159、228～229 页。

李丁，2018，《过程多维性与出路阶层化：中国大学生教育过程的公平性研究》，《社会》第 3 期，第 79～104 页。

李涛、邬志辉，2015，《"乡土中国"中的新"读书无用论"——基于社会分层视角下的雒村调查》，《探索与争鸣》第 6 期，第 79～84 页。

李忠路、邱泽奇，2016，《家庭背景如何影响儿童学业成就？——义务教育阶段家庭社会经济地位影响差异分析》，《社会学研究》第 4 期，第 121～144、244～245 页。

陆益龙，2002，《1949 年后的中国户籍制度：结构与变迁》，《北京大学学报》（哲学社会科学版）第 2 期，第 123～130 页。

帕特南，罗伯特，2017，《我们的孩子》，田雷、宋昕译，中国政法大学出版社。

钱芳、陈东有，2014，《强关系型和弱关系型社会资本对农民工就业质量的影响》，《甘肃社会科学》第 1 期，第 56～59 页。

钱民辉，2017，《教育社会学概论》（第四版），北京大学出版社。

阮极，2022，《间接关系的人情链及其内在机制——城市中产阶层和农民工子女入学的个案研究》，《开放时代》第 5 期，第 10～11、176～192 页。

宋丽娜、田先红，2011，《论圈层结构——当代中国农村社会结构变迁的再认识》，《中国农业大学学报》（社会科学版）第 1 期，第 109～121 页。

谈松华，2003，《农村教育：现状、困难与对策》，《北京大学教育评论》第 1 期，第 99～103 页。

田杰，2021，《先"上"带后"上"：农村第一代大学生代内帮扶教育研究》，《中国青年研究》第 5 期，第 62～70 页。

田杰、余秀兰，2022，《爱的烦恼：第一代大学生代内教育帮扶的影响及其机制》，《复旦教育论坛》第 2 期，第 5～14 页。

王跃生，2007，《中国农村家庭的核心化分析》，《中国人口科学》第 5 期，第 36～48、95 页。

王兆鑫，2020，《寒门学子的突围：国内外第一代大学生研究评述》，《中国青年研究》第 1 期，第 48、94～104 页。

王兆鑫，2023，《"培养名校生"：新世纪中国乡土家庭的学业精神与育才策略》，《中国青年研究》第 1 期，第 20、62～69 页。

文东茅，2005，《家庭背景对我国高等教育机会及毕业生就业的影响》，《北京大学教育评论》第 3 期，第 58～63 页。

吴晓刚，2016，《中国当代的高等教育、精英形成于社会分层——来自"首都大学生成长追踪调查"的初步发现》，《社会》第 3 期，第 1～31 页。

吴效群，2015，《对帕特南粘合性社会资本与连接性社会资本关系的研究——兼论西方的教会式社团与中国的香会式社团》，《世界宗教研究》第 2 期，第 27 ~ 34 页。

谢爱磊，2016，《精英高校中的农村籍学生——社会流动与生存心态的转变》，《教育研究》第 11 期，第 74 ~ 81 页。

谢家智、姚领，2021，《社会资本变迁与农户贫困脆弱性——基于"乡土中国"向"城乡中国"转型的视角》，《人口与经济》第 4 期，第 1 ~ 21 页。

熊和妮、王晓芳，2019，《"贵人相助"：农家子弟教育奋斗过程中的教师支持》，《基础教育》第 2 期，第 29 ~ 38 页。

许多多，2017，《大学如何改变寒门学子命运：家庭贫困、非认知能力和初职收入》，《社会》第 4 期，第 90 ~ 118 页。

余秀兰、韩燕，2018，《寒门如何出"贵子"——基于文化资本视角的阶层突破》，《高等教育研究》第 2 期，第 8 ~ 16 页。

朱德全、曹渡帆，2022，《高等教育场域"底层文化资本"是否可行？——基于对农村籍大学生学业生涯的质性分析》，《河北师范大学学报》（教育科学版）第 2 期，第 33 ~ 42 页。

Abada, T. & Tenkorang, E. Y. 2009. "Pursuit of University Education Among the Children of Immigrants in Canada: The Roles of Parental Human Capital and Social Capital." *Journal of Youth Studies* 2: 185 – 207.

Bian, Yanjie & Ang, Soon. 1997. "Guanxi Networks and Job Mobility in China and Singapore." *Social Forces* 3: 981 – 1005.

Brooms, D. R. 2018. "'Building us up': Supporting Black Male College Students in a Black Male Intiative Program." *Critical Sociology* 1: 141 – 155.

Byfield, C. 2008. "The Impact of Religion on the Educational Achievement of Black Boys: A UK and USA Study." *British Journal of Sociology of Education* 2: 189 – 199.

Ceglie, R. J. & Settlage, J. 2016. "College Student Persistence in Scientific Disciplines: Cultural and Social Capital as Contributing Factors." *International Journal of Science and Mathemattics Education* 1: S169 – S186.

Cheng, W., Ickes, W., & Verhofstadt, L. 2012. "How is Family Support Related to Students'GPA Scores? A Longitudinal Study." *Higher Education* 3: 399 – 420.

Claridge, T. 2018. "Functions of Social Capital-bonding, Bridging, Linking." *Social Capital Research* 1: 1 – 7.

Heagney, M. & Benson, R. 2017. "How Mature-age Students Succeed in Higher Education: Implications for Institutional Support." *Journal of Higher Education Policy and Manage-*

ment 3：216 – 234.

Hebert, T. P. 2018. "An Examination of High-achieving First-generation College Students from Low-income Backgrounds." *Gifted Child Quarterly* 1：96 – 110.

Helliwell, J. F. 1996. "Economic Growth and Social Capital in Asia." *National Bureau of Economic Research.*

Holland, M. M. 2015. "Trusting Each Other：Student-counselor Relationships in Diverse High Schools." *Sociology of Education* 3：244 – 262.

Lin, N. 2017. "Building a Network Theory of Social Capital." *Social Capital*, 3 – 28.

Mishra, S. 2020. "Social Networks, Social Capital, Social Support and Academic Success in Higher Education：A Systematic Review with a Special Focus on 'Underrepresented' Students." *Educational Research Review* 29：100307.

Ong, Anthony D. , Phinney, Jean S. , & Dennis, Jessica. 2006. "Competence under Challenge：Exploring the Protective Influence of Parental Support and Ethnic Identity in Latino College Students." *Journal of Adolescence* 6：961 – 979.

Perez, D. & Taylor, K. B. 2016. "Cultivando Logradores：Nurturing and Sustaining Latino Male Success in Higher Education." *Journal of Diversity in Higher Education* 1：1 – 19.

Perez, W. , Espinoza, R. , Ramos, K. , Coronado, H. M. , & Cortes, R. 2009. "Academic Resilience Among Undocumented Latino Students." *Hispanic Journal of Behavioral Sciences* 2：149 – 181.

Riegle-Crumb, Catherine. 2010. "More Girls Go to College：Exploring the Social and Academic Factors Behind the Female Postsecondary Advantage Among Hispanic and White Students." *Research in Higher Education* 6：573 – 593.

Roksa, J. & Kinsley, P. 2019. "The Role of Family Support in Facilitating Academic Success of Low-income Students." *Research in Higher Education* 4：415 – 436.

Szreter, S. & Woolcock, M. 2004. "Health by Association? Social Capital, Social Theory, and the Political Economy of Public Health." *International Journal of Epidemiology* 4：650 – 667.

Turner, R. H. 1960. "Sponsored and Contest Mobility and the School System." *American Sociological Review* 6：855 – 867.

Wong, Billy. 2018. "By Chance or by Plan? The Academic Success of Nontraditional Students in Higher Education." *Aera Open* 2：1 – 14.

认知、意愿与行动的悖论：基于福建省农村家庭高等教育需求的质性分析

谭　敏*

摘　要：加强高等教育需求研究是办好人民满意的教育的基础一环。对福建省农村家长、教师和学生的质性调查分析表明，当前农村家庭高等教育需求依然十分强烈，但其背后隐藏着一种循序的、动态的、矛盾的发展过程。农村家庭高等教育需求的生成与运作遵循"认同度—意愿—行动"的基本逻辑，高等教育认知水平与特性、高等教育意愿的强度、高等教育行动的积极程度构成了农村家庭高等教育需求的现实图景。在农村社会、经济、文化、教育等社会化因素与农村家庭内部资源、子女期望等个体化因素的交互作用下，农村家庭的高等教育决策呈现内动力的有限理性、张力的低调适性与行动力的抑制性等特征，这使农村家庭的高等教育需求呈现认知、意愿与行动的悖论。

关键词：农村家庭；高等教育需求；认知；意愿；行动

一　问题的提出

党的二十大报告强调，要办好人民满意的教育。办好人民满意的教育本质上是指要不断提高满足人民日益增长的教育需求的供给水平和供给能

---

* 谭敏，博士，福建社会科学院社会学所副所长、副研究员，主要从事教育社会学方向的研究，E-mail：tanminsk@163.com。

力。在我国，教育特别是高等教育一直被农村家庭视为改变自身命运、实现向上流动的重要渠道之一。随着高等教育步入普及化时代，其原有的精英价值逐渐消解，农村家庭的高等教育需求、家庭教育策略也在发生变化。已有调查研究普遍认为，高等教育规模扩招对农村家庭的高等教育投资有明显激励作用（宋博等，2019；刘堃、郭菲，2020）。中国家庭追踪调查（CFPS）的统计数据显示，当前我国农村家庭的高等教育需求仍十分强烈：高达 81.4% 的农村家庭认为子女应该拥有大专以上学历，其中 8.2% 的农村家庭希望子女能获得博士学历，接受高等教育成为农村家庭教育需求的主要目标。在我国，农村家庭的高等教育需求较城市家庭虽有层次和质量上的差异，但总体需求旺盛。尽管如此，农村旺盛的高等教育需求是否能够说明城乡家庭教育意愿的实际水平基本平衡？农村教育的全过程意愿是否保持一贯性？农村家庭高等教育需求是否具有独特性？这些特征是否会影响农村子女的教育结果？"鱼跃龙门"的高等教育期望与现实正发生着激烈变奏，本文力图从农村子女、家长、教师的现实视角出发，关注农村家庭在看似清晰的高等教育目标中裹挟着的迷茫与困惑，进而分析影响其高等教育目标实现的现实障碍。

二 文献回顾、理论框架与研究方法

《教育大辞典》指出："教育需求，就个人和家庭而言，指个人和家庭为满足某种物质和精神需要对接受各级各类教育的要求。"（顾明远，1992：225）从这个角度看，可以将高等教育需求概要性地界定为个人和家庭为满足主客观需要对接受高等教育的要求，其本质上涵盖了心理的、经济的、社会的乃至文化的意蕴。作为心理学的重要概念，教育需求的性质、起因、分类以及与其他心理模式的关系等成为关注焦点，其中教育的动机和期望研究最为突出。比如，行为主义学派倾向于使用强化型的外控手段刺激个体的教育动机与教育行为（Sheffield，1964；Boshier，1991；李金波、王权，2003）；社会学习取向的自我效能理论则认为人们对自己能否接受教育的信念会影响其对教育的选择、努力和动机的持久度以及学业表现（Feldman & Kubota，2015；Wittner et al.，2019；陈四光等，2015）。心理取向的研究大多偏重于对个体内在因素的分析，比如以自我价值实现为基准，可以将高等教育需求分为接受高等教育的需求、能力需求和超越的需求三个层次（王洪才，2004：14），家庭高等教育期望有利于子女的高等教育获得（王甫勤、时怡雯，2014）。这类研究对个体参与高等教育的动因、强度、持续性或期望的损益状态更感兴趣，而较少关注外部客观因素与个体生理心理交互产生的多重影响。

以经济视角入手研究高等教育需求也较为常见。比如，人力资本理论倾向于认为高等教育需求的主要决定因素是获取利润并使其最大化，投资决策取决于未来可能的回报、成本投资及当前利率。此类研究认为，个体或家庭出于各种收益性目的产生了对高等教育有支付能力的需要，通过引入"成本""收益""投资""供给""学费""投入-产出""消费取向""支付能力"等核心概念对农村家庭高等教育需求进行研究，并产生了较强的解释力（谭敏，2018）。著名经济学家贝克尔（2007：3）说过："没有受过大学教育毕业的年轻人在现代经济中显然未能为工作做好充分的准备。"在人力资本理论的视野下，人们对高等教育投资成本和收益的衡量情况在很大程度上决定了高等教育需求能否产生与如何决策。个体高等教育需求除了受到家庭因素的影响外，还受到包括机会成本和就业预期在内的劳动力市场信号的显著影响（Cecilia，2000）。此外，高额收费政策可能大幅降低了政策受众群体的高等教育需求（Abbas & Culp，2002）。产业技术升级则使家庭教育决策更加正向，能够促使家庭增加教育投资并提高高等教育需求（邓宏乾、张妍，2023）。消费者行为理论也被较为广泛地应用于高等教育需求研究。不同于一般商品，高等教育的耐久性和转化性特征明显，且具有较高附加值，消费者的付费意愿会有所增强、付费价格会有所提高。但高等教育决策的产生往往涉及多种复杂状况，一旦缺乏深思熟虑的权衡比较，高等教育消费风险就会扩大。若高等教育投资与消费的二重性被整合起来，研究者就会发现，收入和机会成本显著推动了高等教育需求的增加（Duchesne & Nonneman，1998）；中国高等教育的私人成本、高等教育毕业生的预期收益也会显著影响个体高等教育需求（李文利，2008：124）。

国内有关农村高等教育需求的研究十分注重实证性的量化分析，总体来看，基本描绘出农村家庭高等教育需求的旺盛图景，并从不同角度分析其原因。农村家庭对高等教育依然具有强烈消费意愿，家庭因素、高等教育自身状况和高等教育类型等影响着消费意愿（陶美重等，2013）。城乡对比来看，文化资本水平较低的农村家庭更倾向于选择内地欠发达地区一般本科高校，且其农学专业需求比例也更高（张意忠、黄礼红，2017）；城市学生在就读地域、就读学校和专业选择上更加理性和积极，农村学生则相对审慎保守（杨秀芹、吕开月，2019）。同时，个体异质性对农村学生高等教育选择产生重要影响，其中健康状况、医疗保险、智力、理解能力、外貌、父母学历和家庭地位等特征显著影响农村学生是否选择接受高等教育（肖琴等，2016）。中国发达地区农村家庭的高等教育需求旺盛，且开始呈现一定的非功利性色彩（王一涛等，2011）。这些研究对于了解我国农村家庭的高等教育需求概况有重要的统计价值，但普遍缺乏更为细致的过程分析和机制刻画。

从分析视角来看，从高等教育需求的萌发到具体教育行为的产生再到收益的最终获取是十分复杂的过程，个体身份特征、认知水平、家庭条件、文化传统的差异导致不同群体高等教育投入的成本与风险明显分化。农村家庭的高等教育需求表象下隐藏着农村社会、经济、文化、教育结构的独特性与复杂性，暗含着农村父母及其子女追逐高等教育所面临的矛盾、纠结与对抗。由于从某单一因素入手很难完整地解释农村家庭高等教育需求的产生与具体行为，本文尝试从更为综合的视角对这一问题进行补充与拓展。高等教育需求虽然具有表现形式的主观性，个体的教育观念与价值偏好总是参与其中，但其本质上受到社会历史生活的限制。本文力求兼顾个体与结构两个层面，对农村家庭高等教育的主体需求进行动态性把握，揭示其高等教育认知、意愿、行动的运行逻辑。进入农村教育场域，关注农村家庭高等教育需求的认知、意愿、情感及行动，有利于获得新时代农村家庭高等教育策略的完整图景，更好地理解社会结构裹挟下农村父母及其子女高等教育选择的内在动因，并为办好人民满意的教育提供现实依据。

针对研究目标，本文分别拟订了"农村家庭高等教育需求访谈提纲"（学生卷）、（家长卷）、（校长卷）、（教师卷）和（村干部卷），于2020～2021年对福建省四所县级和乡镇中学的农村学生及其家长、中学教师和村干部共计60人进行了半结构式访谈（访谈时间为30～90分钟，基本信息见表1），兼顾受访者的性别、家庭结构、家庭背景、学业成绩、学科分布和区域发展水平的差异性，询问其对当前农村家庭高等教育需求及教育困境的认识。

表1　访谈对象基本信息

	地点	身份	受访人数	备注
1	福建省连江县 J 村	家长	9	
2	福建省连江县 H 中学	教师	3	含校长、班主任
3	福建省连江县 H 中学	学生	5	
4	福建省鳌江镇	家长	6	含村干部
5	福建省连江县 W 中学	教师	3	
6	福建省连江县 W 中学	学生	5	
7	福建省大洋镇 D 村	家长	7	含村干部
8	福建省大洋镇 S 中学	教师	4	含校长、班主任
9	福建省大洋镇 S 中学	学生	3	
10	福建省樟城镇	家长	5	含村干部
11	福建省樟城镇	学生	3	
12	福建省永泰县 Y 中学	教师	2	
13	福建省永泰县 Y 中学	学生	5	

三　我国农村家庭高等教育需求的多元图景

（一）农村家庭的高等教育认知

各个家庭因其社会经济地位、地理环境、社会交往、文化内核等诸多因素的不同，对高等教育也会产生不同的价值判断，并直接影响他们的高等教育选择与行动。当前农村家庭普遍旺盛的高等教育需求根植于他们对高等教育的主观认识与价值判断。在访谈中，我们发现农村家庭的高等教育认识有六个重要的特点。

一是正向共识性突出。农村家庭对高等教育重要性的认识具有较为普遍的共识。调查中发现，目前农村家庭大多比较重视子女的教育问题，特别是对高等教育的认可度普遍较高。最一般性的认识集中在高等教育的收益性上，即认为高等教育能够为其子女提供更好的出路，"改变""翻身"

"好出路""好就业"等关键词体现了农村家庭对高等教育的普遍看法，认为读大学有助于找到更高质量和更高报酬的工作、提高社会声望、摆脱农村束缚等。不少家长谈道："读了大学就不用出蛮力了，大学出去找工作也好找一点。"他们认为多读书既可以避免从事繁重的体力劳动，也是防止孩子过早进入社会沾染不良习气的一种手段。

二是向上流动偏好显著。对于吃过苦、受过累、受教育程度较低的农村父母来说，他们普遍看重高等教育的流动效应。高等教育的最大吸引力在于改变子代的社会阶层，能够使其从事更稳定或更体面的工作。有家长回忆起当年农村许多学习不好的孩子提前走出学校去社会上闯荡，吃了不少苦头。他认为社会职业结构在发生变化，对较低文化程度的民工的需求减少，如果不想重蹈父辈的覆辙，农村孩子必须在学习上更下功夫，争取考上大学才行。

三是秉持实用主义取向。农村家庭对高等教育结果的看重远远超过对其过程的关注，他们较少提及子女的兴趣爱好及其对高等教育的看法，对大学教育过程所能带来的见识增长、素质提高、社会交往等知之甚少，而对大学显性收益的热情高涨。"不知道""不懂得""不了解"是受教育程度偏低的农村家长常见的高等教育认知。他们只是秉持"能读大学就是好"的朴素想法，对大学的教育培养过程、学习生活状态、专业学科分类、就业方向和渠道等信息知之甚少。同时，值得注意的是，一些受教育程度较高的农村家长对高等教育的认知会更深。高等教育的重要性不仅体现为显性的收益，而且可能会对个体的人生阅历、素养品质、社会网络、见识积累产生正向影响。夫妻二人都是大学学历的家长谈到上大学的作用时，认为除了学习知识技能以外，接受高等教育还会对孩子的兴趣培养、专业素质、方法态度等有所促进，是非常重要的人生经历。

四是支持程度高。绝大多数受访者都认可高等教育的基本价值，愿意在子女学业成就允许的情况下支持其实现教育晋升。1977 年恢复高考以来，高等教育改变了无数低阶层子女的命运，成为其向上流动的重要阶梯。当精英高等教育向大众高等教育转变时，高等教育的稀缺性逐渐消解，学历竞争的激烈性却并未因此降低，高等教育投资风险加大，回报率降低，农村家庭对大众化时代的高等教育虽然掺杂着一些无奈和失落的复杂情绪，但普遍对高等教育有较高的期望并持支持态度。比如，一对夫妻在镇上开店以做小生意为生，尽管认识到上大学对孩子的显性收益在下降，但仍然让孩子坚守高等教育的求学之路，并且寄希望于孩子能够考取更好的高校来抵消收益的下降。这是因为在很大程度上具有符号价值的大学文凭已经从人生成功的充分条件变成了必要条件，也就意味着即便无法获得以往高额的教育回报，大多数农村家庭也难以降低对高等教育的期望，依然不遗余力地将下一代的希望寄托在接受高等教育上。

五是群体参照性特征明显。农村家庭高等教育观念具有明显的参照性，受制于周围群体的教育观念及其接受高等教育结果的比较。农村家庭对高等教育的认知往往来自参照性的乡村视域空间，他们较少与城市家庭的孩子进行教育类比，更倾向于接受亲朋邻里反馈的教育信息。他们把来自周围群体成员的教育观念、教育行为和高等教育结果当作潜在的有用信息进行对比参考，极大地影响着自家孩子的教育过程与高等教育决策。特别是本地农村大学生的毕业去向、发展前景、地方声誉等已知经验成为农村家庭高等教育决策的重要依据。这种教育信息的群体参照性的好处显而易见，农村家庭可以便捷地获取最易理解、最直观的高等教育认知，并且通过将其转化为与本地教育氛围相适应的教育观念与教育方法来完成自身高等教育行为的合理化建构。比如，有家长经常通过周围亲戚朋友的子女上大学和不上大学的表现对比来激励孩子的学习上进心，期望他能通过接受高等教育获得更好的人生发展。

同时，这种群体参照性的不利之处也很突出。经验主义的高等教育认知往往容易因循守旧，对社会发展变化与高等教育的最新动态敏感度不够，信息把握不及时。更重要的是，信息传导的有限性导致农村家庭无法全面评估高等教育的价值和风险。此外，由于农村人口文化教育水平偏低，面对高等教育这样复杂的认知对象，大多数农村家庭只能运用朴素的相似群体参照，缺乏专业性和系统性，易造成对高等教育理解的片面性和固化思维，并简单化地将其套用在自家孩子身上。比如，有家长虽然认为上大学很重要，但对高考、学校专业并不了解，有时候也就去跟身边的家长聊一聊。由于对高等教育的认知不足、了解缺乏，碎片化的信息常常是通过"道听途说"渠道获取的，这使他们对孩子的学业规划和高校专业选择等表现出明显的随意性和盲目性。

六是经济负担预期下降。自1997年我国全面实施高等教育成本分担制度以来，大学学杂费曾对低收入群体特别是农村家庭造成较大经济负担。但本文发现，农村家庭对高等教育经济负担的认知普遍良好，大多数受访者都认为现有的高等教育费用标准在承受范围之内，农村中学的教师调查同样印证了近年来因贫弃学的农村学子大幅减少。这一方面与我国农村脱贫攻坚工作的深入开展密切相关，农村居民人均可支配收入已由 2013 年的9430 元增长到 2021 年的 18931 元；另一方面，近年来高校收费并未跟随物价指数大幅上升，并且高校资助体系逐步完善，越来越多的农村孩子能够不为学费所困，扩大了高等教育选择权。但需要注意的是，被健康、家庭变故等问题困扰的农村低收入家庭仍存在降低高等教育期望和放弃高等教育的风险，这样家庭的孩子因经济压力造成学业精神压力的可能性也会增加。总体来看，农村家庭对子女未来发展路径的可选择性不高，家庭能够提供的就业资源十分有限，大多农村中学生毕业后工作选择面很窄，且薪资不高，更多的父母并不甘于子女教育进程的提前终止，因此即便可能面临高等教育投资的各种风险，他们仍然愿意在能力范围内尽可能支持子女迈入大学，这也是一种无奈的选择。比如，有的受访者家中经济负担较重，但夫妻还是起早贪黑在市场做小生意，省吃俭用地尽量为孩子选择好一些的学校，以期孩子能考上大学有好的发展。

（二）农村家庭的高等教育意愿

基于对高等教育价值判断的差异，农村家庭对子女接受高等教育的主观意愿也有所不同。根据其高等教育意愿的强烈程度大致可以分为四种类型。

第一种是意志坚定型。许多"70 后""80 后"农村父母非常渴望改变下一代的教育成长路径，将上大学看作子女人生发展的重要目标，具有明确的教育目标指向，抱有强烈的高等教育期盼，即便遇到教育阻碍也不惜代价助力子女步入大学。比如，有农村家长慨叹："我本身自己没上过大学就是一个遗憾了。"夫妻二人只有中学学历，只能靠老人在家种地和自己到工地务工获得收入，因为自己吃过苦，所以他们对孩子抱有较高的教育期待，希望孩子能借此获得更好的生活、选择更广的人生道路。为此，不论承受多重的经济负担，他们都要支持孩子读大学。

第二种是随机应变型。不少农村父母在条件允许的情况下愿意支持子女持续升学，但如果出现子女学业成绩不佳等状况，那么他们会主动或被动地放弃高等教育之路而为其选择其他发展路径。受访农村教师谈到最常见的教育放弃情形出现在子女学业落后时。有教师指出："有很多这样的家长，觉得小学基础好的，他就很重视了……如果小学基础不是特别好的，他就说在（学校）里面不要出问题就好了，并不是每一个家长都很迫切地要孩子上好的学校，一定要上大学。"也就是说，大多数农村家长最开始都是抱着教育期望的，如果孩子的学习成绩较好，他们就会花更多的时间去关注孩子的学习；反之，如果孩子出现成绩下滑、行为不良等问题，就容易出现推脱和放弃行为，原有的教育需求也自然而然地降低甚至完全放弃上大学。

第三种是随遇而安型。这多见于对高等教育并无明确认识的农村家庭，他们对教育抱着自然主义的顺应态度，既不干预也不阻碍，常常将读书升学看作子女自己的事情，对其能否上大学的教育结果都予以接受并满足，这类父母在农村家庭中亦占相当比例。有家长直言："我没文化的，你说怎么会懂得，都随他们自己吧。"这类家长认为自己没有文化，也不了解学校事务，所以将孩子的学校生活、学业处理、升学抉择等一并交由孩子自己决定，至于发展得怎么样也几乎不会过问。"会读书的自然就会读""随孩子自己"是这类家长的常见观点，虽然无为而治的教育观念不会给孩子的学习造成压力，但也易产生学习态度上的随意放纵和学习动力上的外源缺失。对于大多数尚处于形塑期且自制力不强的农村孩子来说，家庭参与的缺位会直接导致学业水平的下降。

第四种是不屑一顾型。这类农村家庭通常家庭经济社会资源丰富但蔑视知识文化，个别地区的拆迁户或富裕户轻视教育的价值，由于不用担心子女的前途出路，对其能否接受高等教育抱有无所谓的态度。有受访教师发现，自己所在的乡镇就存在"读书无用论"的苗头，特别是许多出国做生意的农村家长认为，即使没有高学历、高文凭，子女也可以子承父业或者通过做生意赚钱。这种观念上的不同使不同乡镇之间的教育水平和人才培养产生较大的差距。

总体而言，农村家庭的高等教育意愿主要集中在前三种类型，不屑一顾型的父母只占极少数，这既是由于学历社会建构下的高等教育文凭仍具有"通货"价值，也是由大多数农村家庭选择的局限性，他们仍将教育视为改变下一代命运的最重要寄托。中国社会传统文化与政府主导的教育主流价值观都在传导一种文化力量，潜移默化地引导人们对高等教育的追求，即便是身处较低社会经济地位的农村家庭。但与绝大多数农村家庭对高等教育高度认同有所区别的是，面对子女具体而现实的教育过程，特别是当子女出现学业障碍或厌学倾向时，众多农村家庭接受高等教育的意愿会减弱，出现所谓的"理想被现实击败"，同时在高等教育行动上出现分化。

（三）农村家庭的高等教育行动

具体到教育行为，农村家庭在追求高等教育的过程中所能动用的家庭资本也有显著差异，呈现截然不同的家庭支持图景，这里将其概括为三种主要类型。

第一种是有心无力型。大部分农村父母都能意识到高等教育的重要性，但由于缺乏必要的经济资本、社会资本和文化资本，他们在参与子女教育和高等教育决策的过程中往往有心无力，或者离家务工无法亲自参与子女的教育，或者只能在经济上予以能力范围内的基本保障，或者在子女学业辅助上不得要法，个别父母采取简单粗暴的教育方式往往适得其反。有受访中学教师认为："对孩子有明确的规划并且能有所帮助的农村家庭只有小部分，有的家庭是有规划，也一直说要重视孩子学习，但似乎行动上没做到，停留在嘴巴上面。"大多数农村家庭虽然内心重视孩子的学业成就和升学状况，但缺乏明确的教育规划和行动力，口头表达的意愿没有通过实际的行动发挥作用。其他受访教师也印证了这种期望与行动相割裂的农村家庭教育特点，普遍认为农村家庭受制于文化教育水平，无法为孩子提供教育目标、学业规划和职业生涯规划方面的指导，也没有能力科学化地为孩子的秉性特征匹配合适的高等学校和专业，家庭教育问题成为制约农村教育发展的重要瓶颈。许多农村父母面对孩子成绩落后的情况除了打骂之外别无他法，不知道如何利用其他教育工具，最后导致孩子倦学、厌学乃至弃学，全家不得已只能放弃原有的高等教育目标。

第二种是全力以赴型。和老一代相比，不少新一代农村父母有着更明确的高等教育目标并尝试调动各种资源为子女谋划铺路，如为让子女就读更好的中学而花钱择校、陪读，主动了解更多的教育信息，加强与学校的联系和合作，深入参与子女的高等教育决策和升学过程等。他们对高等教育充满期望，竭力在有限的资源范围内为子女营造最好的教育环境，全力以赴地支持子女的学业发展，甚至不惜举债供读。有受访学生谈到，自己父母文化程度虽然不高，但从到上海打拼就一路带着两个孩子，并倾其所有为他们提供最好的教育环境，为此该学生感慨良多："我觉得真正明智的父母是什么，是能够牺牲当前的环境，然后换来以后的环境。我父母是有远见的，就是说他们会把资金投入到孩子学习上，而不是投入到如何改善现在的生活环境。"他庆幸自己的父母深知教育的重要性，将大量的时间、精力和金钱投入到孩子的学习上，使两个孩子都能学有所长。

第三种是放任自由型。这类父母没有明晰的教育规划，对子女教育采取无为之法，多见于前述高等教育意愿为随遇而安型和不屑一顾型的农村家庭。有一些受访家长认为随孩子自己，如果子女成绩太差考不上普通高中，那就放弃高等教育机会，就读职业中学或转投更有直接效益的工作。受访中学教师分析了这部分农村中学家长的教育心态："有的家长也会直接说，他没念什么书出去钱也挣蛮多的，然后就觉得念书无所谓。从目前社会现状来看的话，他可能会觉得说你念书念了半死，大学毕业出去一个月也就只挣几千块钱，我小学毕业或者初中毕业，出去照样一个月挣一两万块钱。""读不好也没关系"的想法和行动在农村地区仍有一定空间，如果孩子出现学业困难或行为习惯问题，这部分家庭就会放弃中考、放弃升学，让孩子直接进入社会。

四 农村家庭高等教育需求的决策困境

由于需求主体的多元性、价值取向的多样性和影响要素的多维度，农村家庭高等教育需求的萌发、发展、形成乃至落实的系列环节都会面临新的矛盾与选择。高等教育需求是推动农村家庭追寻大学之路的原动力，每个农村学子的高等教育结局都可被看作在一整套家庭教育需求逻辑框架下展开斗争、选择与行动的实践性产物。相较于城市家庭，农村家庭不仅面临更多的经济束缚与文化制约，还面临不完善的乡村教育体系和升学困境，这使其高等教育需求的内动力、张力与行动力更为脆弱。

（一）有限理性——农村家庭高等教育需求的内动力

农村家庭高等教育需求的产生有其客观的内外部动因，总体来说，社会文化传统的影响、对高等教育投资性的追逐远远超过对高等教育自身教育性价值的看重，显现出较为浓厚的功利主义色彩。在回答"除了能有更好的工作，为什么想上大学"这一看似简单的问题时，很多受访者都表现出迟疑与含糊；在面对"什么样的大学是好大学"的问题时，大多数受访者都只能回答出"重点大学""一本""分数高"等类似的表达。农村家庭对高等教育的认知存在极强的模糊性与不确定性，对高等教育价值、大学分类、专业设置、与个人兴趣爱好的匹配甚至未来的职业出路都不甚清晰。"为了上大学而上大学"的家庭不胜枚举，对教育目标认知性的缺乏显示出农村高等教育需求非理性的一面，最终导致"学而无用""因学致贫"的风险加大。这是由于大多数农村家庭在社会网络动员能力、文化认知能力、信息接收能力、高等教育解析能力等方面存在局限性，他们的高等教育需求只能体现出一种有限理性。

（二）低调适性——农村家庭高等教育需求的张力

调查中发现，农村家庭对高等教育的认知、意愿与行动并非固定不变的，而是呈现非线性、阶段性、波动性特征。尽管人们对高等教育的认知具有原生的先在性，但随着内外部动因的变化，这种先在性也会不断调整，导致家庭的高等教育决策和行动具有动态性。这一方面源于农村家庭对高等教育政策调整和高等教育价值的评估，另一方面源于家庭社会经济状况、子女学业成就和升学意愿的变动。与城市家庭相比，农村家庭高等教育需求的持续性和稳定性相对较差。即便意愿强烈，一旦出现家庭发生变故或子女学业成绩不佳等问题，农村家庭更易减小对子女教育的支持力度或直接放弃升学。比如面对子女学业成绩不佳的问题，农村家庭普遍缺乏教育辅导、利用社会资源择校、就读高额学费的独立院校甚至国外大学等城市家庭常用的干预手段，更倾向于依靠子女自身的努力改善状况。在其子女学业状况无法改善的情况下，他们会对高等教育的成本、收益、风险重新进行权衡考量并更有可能做出被动逃离的选择。农村家庭资源调动能力和抗风险能力相对较弱导致他们的高等教育需求缺乏张力，对突发性的内外部变化只能进行较低层级的调适。

（三）抑制性——农村家庭高等教育需求的行动力

农村家庭对高等教育的旺盛需求更多地反映的是一种主体性需求，也就是大多数家庭都具有能动地追求高等教育的主观意愿，但在其意愿的实践过程中不可避免地受到各种条件的制约。与城市家庭不同，抑制性机制相较于促进性机制在农村家庭表现得更为明显。农村学生从社区、学校、家庭所能获得的支持性教育资源十分有限。无论是地理条件、教育设施、教与学的资源、经济后盾等硬性的物质准备，还是文化氛围、思想观念、社会网络、家校沟通等软环境，城乡都不可同日而语。这些抑制性因素极大地影响着高等教育需求的行动力。此外，农村家庭还面临不少特殊的行动障碍。比如，随着留守儿童的增多，农村父代与子代之间联系的疏松化越发明显，高等教育需求在家庭成员内部容易出现分歧，难以形成满足高等教育需求的合力；多子女家庭的资源稀释使农村父母容易将教育需求转移到对特定子女的培养上，从而造成其他子女对高等教育的放弃；空壳化的村校凋敝图景加剧了农村家庭对子女高等教育期望的降低；乏善可陈的家庭教育和无处下手的高等教育参与增加了农村家庭的无力感。现实总是为农村家庭的"大学梦"设置更多更难跨越的门槛，让他们屡屡陷入高等教育的决策困境。

五　农村家庭高等教育需求的运行逻辑

在既有的农村高等教育需求研究中，单一结构和量化统计视角对行动主体的教育需求、实践及其背后的逻辑运作机制关注不够，没有将高等教育需求看作一种循序的、动态的、矛盾的发展过程。农村家庭高等教育需求的产生与运作远不只是依照"投资 – 收益"的逻辑加以考量。通过以上分析可以看出，当前我国农村家庭高等教育需求的生成与运作遵循着"认同度—意愿—行动"的基本逻辑，农村社会、经济、文化、教育等社会化因素与农村家庭内部资源、子女期望等个体化因素交互作用，成为影响农村家庭高等教育需求的深层动因。在农村家庭高等教育需求的形成过程中，不同家庭背景、不同教育阶段、子女不同的学力水平都会有某种占据主导的机制发挥主要作用，导致其高等教育行动的不同（见图1）。

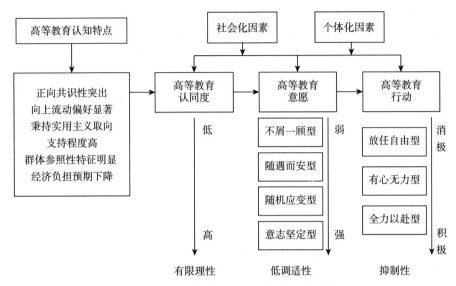

图1　农村家庭高等教育需求的形成路径

一方面，当前农村家庭的高等教育总体需求并未随着高等教育收益的下降而显著降低。这是因为当前中国学历社会的基本格局仍未改变，尽管人们在普遍强调能力、素质的重要性，但大学文凭依旧是衡量人才、招贤纳士的重要标准。在大众化乃至普及化时代，高等教育的精英色彩日益消解，但其客观价值并未大幅下降，这是由于高等教育的精英价值逐步转变为基础性价值。也就是说，高等教育投资的回报虽然不如精英时代高，但原来无须高等教育学历的职业门槛不断调高，获得一纸大学文凭成为进入众多职业领域的先决条件，进入大学从选择性需求逐步转变为基础性需求，同时这种需求也不断从机会获得向质量提升转变。即便在农村家庭惯于选择的职业教育领域，高等职业教育的吸引力也远胜于中等职业教育。这种高等教育自身价值的变化促使农村家庭对高等教育的实际需求仍然旺盛。

另一方面，农村家庭的高等教育需求及其实现面临诸多困境。随着高等教育投资风险的加大，农村家庭对高等教育的认知、意愿与行动总是充满各种矛盾与困惑，既有坚定意愿亦有能力付诸实践的农村家庭并不多见。面对乡土文化与现代文化的冲突、学校教育的边缘化、机会成本的可能性流失、家庭教育资本的匮乏、子女学业不佳的排斥力等，农村家庭需要经常性地权衡利弊得失，在各种合力的角斗中或迎难而上或主动放弃或被动逃离，艰难地做出对高等教育的最终选择。可以说，高等教育需求这样一个看似简单的研究问题背后，蕴含着社会场域、学校场域、家庭场域内包括吸引力、排斥力和助推力等多维力量的较量。农村子女接受高等教育的主观愿望受到社会结构、文化氛围、教育制度与家庭资源的重重制约，其对高等教育的决策选择也不得不呈现有限理性、低调适性和抑制性的典型特征。

六　结语

布迪厄、华康德（2004：17）认为，"一个场域由附着于某种权利（或资本）形式的各种位置空间的一系列客观关系构成，而惯习则由'积淀'于个人身体内的一系列历史的关系构成"。高等教育需求是行动者在教育场域内对客观环境进行主观调适的性情倾向与开放性抉择。它的生成是社会结构因素、家庭经济文化因素与家庭成员心理因素相互作用建构的过程，这个过程往往是家庭成员长期积累的实践经验所内化生成的深层思维架构，不易察觉却潜在地影响着他们的高等教育策略与行为。在高等教育普及化的今天，农村家庭高等教育需求的受制性格外明显，农村社会场域、家庭场域与学校场域契合度偏低，总有多种与教育背离的牵引力迫使他们选择其他更具实用性的道路。

高等教育就像一堵摆在求学之路的高墙，正向的内外部性因素则是攀登高墙的一级级阶梯，若阶梯堆砌顺畅，则他们自然坚定直上；若阶梯破损，则他们难免会在墙下徘徊甚至转身寻求他路。经济的压力、学业的差距、教育参与的无力、前景的不确定等常常让农村家庭对高等教育产生一种恼人的爱恨纠结，使追求高等教育的过程在某种程度上成为"战场"，即诸种力量的斗争与调和。即便坚定地走上追逐大学梦的道路，农村学子也要面临家庭经济资本、文化资本与社会资本承继的不足，还要克服原生惯习各种可能的弊端。高等教育需求看似只是主观的个体选择，折射出的却是当前农村社会的系统性问题：城乡二元的教育资源分配不均，阶层流动性下降，农村家庭天然资本与后继资本不足的累积性叠加等。这些使农村家庭充满期待的高等教育需求和行动总是充满无奈与彷徨，为此，宏观制度结构的重整建构应为其提供更加平等、更具实践性的选择起点。毕竟，让每个人都有平等机会通过教育改变自身命运从而实现人生理想是"办好人民满意的教育"的应有之义。

参考文献

贝克尔，加里，2007，《人力资本理论：关于教育的理论和实证分析》，郭虹译，中信出版社。

布迪厄，皮埃尔、华康德，2004，《实践与反思——反思社会学引论》，李猛、李康译，中央编译出版社。

陈四光、余仙平、朱荣、安献丽，2015，《初中学生情绪调控策略与学业自我效能感、学习成绩关系的研究》，《教育学术月刊》第 10 期，第 5 页。

邓宏乾、张妍，2023，《产业技术升级对城镇居民教育投资决策的影响》，《华中师范大学学报》（人文社会科学版）第 2 期，第 94 ~ 106 页。

顾明远，1992，《教育大辞典》（第二卷），上海教育出版社。

李金波、王权，2003，《对成人参与高等教育的动机取向、学习成就的分析》，《中国远程教育》第 5 期，第 43 ~ 46 页。

李文利，2008，《从稀缺走向充足——高等教育的需求与供给研究》，教育科学出版社。

刘堃、郭菲，2020，《城乡内部阶层分化与高等教育机会获得——兼谈高校扩招政策的影响》，《教育发展研究》第 23 期，第 22 ~ 29 页。

宋博、刘华、王琳，2019，《高校扩招、阶层分化与农户高等教育投资决策——基于 CGSS 数据的分析》，《教育学术月刊》第 12 期，第 101 ~ 108 页。

谭敏，2018，《个体高等教育需求的三种理论取向》，《山东高等教育》第 6 期，第 46 ~ 53 页。

陶美重、何奎、熊博文，2013，《湖北省农村家庭高等教育消费需求特点及影响因素分析》，《华中农业大学学报》（社会科学版）第 1 期，第 53 ~ 58 页。

王甫勤、时怡雯，2014，《家庭背景、教育期望与大学教育获得：基于上海市调查数据的实证研究》，《社会》第 1 期，第 175 ~ 195 页。

王洪才，2004，《大众高等教育论》，广东教育出版社。

王一涛、钱晨、平燕，2011，《发达地区农村家庭高等教育支付能力及需求意愿研究——基于浙江省的调查》，《高等教育研究》第 3 期，第 46 ~ 50 页。

肖琴、刘亚欣、肖磊，2016，《农村学生高等教育选择的个体异质性影响及长期收入回报研究》，《农业现代化研究》第 6 期，第 1142～1149 页。

杨秀芹、吕开月，2019，《社会分层的代际传递：家庭资本对高考志愿填报的影响》，《中国教育学刊》第 6 期，第 24～29 页。

张意忠、黄礼红，2017，《家庭文化资本与高等教育需求关系实证分析》，《江西社会科学》第 8 期，第 243～250 页。

Abbas, Noorbakhsh & David Culp. 2002. "The Demand for Higher Education: Pennsylvania's Nonresident Tuition Experience." *Economics of Education Review* 3: 277 – 286.

Boshier, R. W. 1991. "Psychometric Properties of the Alternative Form of the Education Participation Scale." *Adult Education Quarterly* 41: 150 – 167.

Cecilia, Albert. 2000. "Higher Education Demand in Spain: The Influence of Labour Market Signals and Family Background." *Higher Education* 40: 147.

Duchesne, I. & W. Nonneman. 1998. "The Demand for Higher Education in Belgium." *Economics of Education Review* 2: 211 – 218.

Feldman, David B. & Maximilian Kubota. 2015. "Hope, Self-efficacy, Optimism, and Academic Achievement: Distinguishing Constructs and Levels of Specificity in Predicting College Grade-point Average." *Learning and Individual Differences* 37: 210 – 216.

Sheffield, S. B. 1964. "The Orientations of Adult Continuing Learners." In S. Daniel (Ed). *The Continuing Learner.* Chicago: Center for the Study of Liberal Education for Adults.

Wittner, Britta, Powazny Stefanie, & Kauffeld Simone. 2019. "Supporting Rita: A Social Cognitive Approach to (First-Generation) Students' Retention." *Journal of College Student Retention: Research, Theory & Practice* 4.

先"上"带后"上"：农村第一代大学生代内教育帮扶研究[*]

先"上"带后"上"：农村第一代大学生代内教育帮扶研究[*]

田　杰[**]

摘　要： 现有的第一代大学生研究充斥着赤字视角，而第一代大学生对家庭乃至高等教育的贡献在很大程度上被忽略。本文从优势视角出发，聚焦农村第一代大学生代内教育帮扶行为，探讨农村第一代大学生对农村家庭教育再造以及增加代内成员高等教育入学机会所产生的激励效应与辐射作用。结果发现，农村第一代大学生在当代新"孝道"、身为"老大"的使命感、家庭整体观的家庭伦理以及有能力为之的个体能为的驱动下主动回馈家庭，用所获得的文化资本积极实施代内教育帮扶，通过亲身扶智赋能和扶植代理人的方式，给予同代家庭成员工具性支持和情感性支持，培养家庭上大学惯习。然而，在农村第一代大学生实施代内教育帮扶的过程中存在一些困难和阻力，尤为突出的是上大学惯习和文化再生产惯习的博弈以及父母"甩锅"行为带来的两难抉择，这影响和制约了农村第一代大学生实施代内教育帮扶的效果，不利于家庭上大学惯习的培养，使"再出一个大学生"的期盼受挫。

关键词： 第一代大学生；代内教育帮扶；上大学惯习；优势视角

* 基金项目：湖南省社科基金教育学专项2023年课题"第一代大学生助推家校社协同育人机制研究：国际经验与本土构建"（项目编号：23YBJ12）。

** 田杰，教育学博士，中南大学高等教育研究所讲师，E-mail：jaytian92@163.com。

一 问题的提出

我国城乡教育资源配置不均衡使农村学生的高等教育求学道路充满荆棘与坎坷，有关"寒门难出贵子"的呐喊不绝于耳。即便如此，仍有 69.74% 的寒门学生冲破重围，实现弯道超车，成为父母均未接受高等教育的第一代大学生（张华峰等，2016）。在农村，家中出了一个大学生便会引人注目，"大学生成窝"则更为人称羡。2020 年中国经济网专题报道了泰州湖北村的一个学霸家族，在百岁老人崇文重教的家庭观念引领下，这个家族在造就第一个大学生之后，又相继培养出五十多名大学生。[①] 这一现象准确描述了先考上大学者帮助后进者考上大学的行为，折射出第一代大学生代内教育帮扶的重要作用。那些已经成功迈入高校大门的第一代大学生，相较于父代和同代家庭成员，在一定程度上实现了阶层跃升和社会流动，获得了宝贵的文化资本，走上了一条不同于父辈的发展道路，并给原先教育赤贫的家庭带来了"教育记忆"（Ball & Vincent，1998）。由第一代大学生建立上大学的家庭传统并代内帮扶反哺家庭教育至关重要，因为第一代大学生在为同代成员树立教育榜样之时，亦将上大学的观念灌输给同代成员，倾力培养家庭上大学惯习。

西方已有研究表明，第一代大学生影响家庭成员的教育轨迹，他们是推动家庭教育进程和帮助父母解决弟弟妹妹教育问题的关键资源，也是弟弟妹妹学习的榜样和对象（Azmitia et al.，2009）。第一代大学生向弟弟妹妹提供了上大学所需的文化资本，这是他们父母无法提供的，这无疑会强化弟弟妹妹上大学的惯习。通过共享在高校获得的文化资本并将其转化为帮助家庭成员上大学的知识资金，第一代大学生在家庭和高校之间架起了沟通的桥梁，为家庭上大学惯习做出了贡献（Luedke，2020）。当前学者已经注意到第一代大学生实施代内教育帮扶对家庭成员高等教育机会获得发

---

① 《学霸家族！泰州百岁老人家里出了五十多名大学生》，https://www.360kuai.com/pc/9968b9389df9ee643? cota = 3&kuai_ so = 1&sign = 360_57c3bbd1&refer_ scene = so_1，最后访问日期：2021 年 1 月 24 日。

挥重要作用，如齐燕（2021）指出，以资源支持和劝学话语为主要表现形式的代内教育帮扶是农村"大学生成窝"现象产生的重要原因之一，但其对代内教育帮扶的动机、方式以及影响机制缺乏系统性研究。基于此，本文重点关注以下问题：在中国本土化情境下，农村第一代大学生为什么开展代内教育帮扶？他们如何进行代内教育帮扶？他们在进行代内教育帮扶的过程中遇到了哪些困难和阻碍？这些是悬而未决的现实问题。在"教育改变命运"和农村"大学生成窝"现象为人津津乐道的今天，研究我国第一代大学生代内教育帮扶之生成、探讨代内教育帮扶之方式以及存在阻力，无论是在理论层面拓展第一代大学生研究视角，还是在现实层面推动农村家庭教育的优质发展，都有意义重大且正当其时。

二　文献综述

第一代大学生已成为考察国家教育公平问题的重要视角。研究者关注第一代大学生的教育经历和学习质量，聚焦家庭对第一代大学生的大学适应（Pascarella et al.，2004）、升学择校、就业深造（鲍威，2013）等产生的影响，并证实了父母支持对第一代大学生取得学业成功的重要作用，如父母会集中家庭内部资源并扩展家庭外部资源以满足子代求学所需的各类资本，向子女反复灌输上大学的重要性以激励其努力追求高等教育（朱焱龙，2018）。但时至今日，学界对第一代大学生依然以单向度研究为主，很少关注第一代大学生为何以及怎样影响家庭教育。此外，第一代大学生研究中赤字视角盛行，使第一代大学生对家庭教育和高等教育所做的努力和贡献在很大程度上被忽视（田杰、余秀兰，2021）。第一代大学生获得了其他家庭成员所欠缺的文化资本，如果这些文化资本能够有效作用于正在教育道路上求索的弟弟妹妹，成为宝贵的家庭资本，将会有助于家庭上大学惯习的培养（Gofen，2009），进而再培养出一个大学生。由此可见，对第一代大学生的关注不应该仅仅停留于他们进入大学之后的发展问题，还应重视他们对家庭教育产生的影响以及为提升家庭教育水平而采取的积极行动。

关于第一代大学生与家庭之间联系的研究是复杂的，有学者认为第一代大学生若想成功适应大学，就必须在一定程度上脱离与家庭的联系，尽可能减少家庭带来的不利影响（Tinto，1987）。许多研究致力于帮助农村大学生脱离原生家庭的羁绊和束缚，融入新阶层的文化和生活，如谢爱磊认为农村大学生为适应大学主流文化和获得社会化，需要摆脱自己原来的文化，习得新的中上层文化，融入主流文化（谢爱磊，2016）。但一些学者强调第一代大学生与家庭保持密切联系的重要性，认为强有力的家庭联系可以帮助第一代大学生克服升入大学前后遇到的挑战，更好地适应大学生活（Benmayor，2002）。古往今来，中国人的家庭观念和家庭伦理意识非常强烈。现实之中，很多第一代大学生在考上大学之后，不仅不会抛弃自己的原生家庭，而且会主动回归和回馈家庭，用所获得的文化资本反哺家庭教育，在家中建立上大学传统，培养家庭上大学惯习，帮助其他家庭成员考上大学，促使他们顺利实现社会流动（Luedke，2020）。第一代大学生向家庭成员传递高等教育所需的知识、技能、文化资本，可以使他们对教育产生希望、期待和想象，并坚信教育可以改变自身的命运（刘远杰，2020）。

兄弟姐妹之间的关系通常被视为个体发展过程中的积极关系，哥哥姐姐能为弟弟妹妹提供一种比从其他家庭成员和朋友那里更难获得的支持感，较高程度的支持可以给弟弟妹妹带来积极的学术成果，如更高的平均绩点、学术抱负和学术期望（Sherman et al.，2006）。如果兄弟姐妹关系亲密，那么可为彼此提供更多的支持和更高价值的信息（Yeh & Lempers，2004），因为年长的哥哥姐姐更熟悉教育系统，他们比父母更能帮助弟弟妹妹完成学业（Hurtado-Ortiz & Gauvain，2007）。当弟弟妹妹从哥哥姐姐那里获得更多的社会支持时，他们更有可能对学校持积极的态度，学习动力充足（Milevsky & Levitt，2005）。据估计，在控制其他变量的情况下，当哥哥姐姐都上大学时，弟弟妹妹的大学入学率更高（Loury，2004）。约书亚·古德曼等（Goodman et al.，2015）进一步发现，与学术技能、家庭背景明显相似的同学相比，如果哥哥姐姐先考上大学，那么弟弟妹妹考上四年制大学或名牌大学的可能性要高 15～20 个百分点。考上大学的哥哥姐姐能够在弟弟妹妹选择大学的过程中充当信息来源和经验指导者，弥补父母因缺乏文化资本而无法帮助子女选择合适的大学和专业的不足（Ceja，2006）。

综上所述，第一代大学生对家庭教育的影响是值得关注的主题，尽管关于第一代大学生的研究不胜枚举，但它们主要考察第一代大学生的教育经历和学业表现，以及家庭对其教育产生的影响，很少关注第一代大学生对家庭教育乃至高等教育发挥的作用。基于此，本文从优势视角出发，考察第一代大学生代内教育帮扶的动因、方式以及存在的阻碍因素，旨在深入了解第一代大学生与家庭成员之间的互动互惠行为，引导社会大众重视并发挥第一代大学生代内教育帮扶的重要作用，减少第一代大学生代内教育帮扶的阻力，以期在家庭场域之中形成良性的教育循环，培养更多的农村大学生，帮助改变更多农村学生的命运和家庭教育赤贫的现状。

三　研究方法

研究采用目的性抽样和滚雪球抽样的方法，招募15名在读的农村第一代大学生作为研究对象，通过对其进行半结构访谈收集所需的第一手调查资料。之所以选择在读大学生进行访谈，主要基于两点考虑：其一，在读大学生同时处于高校和家庭两个场域，便于考察他们在不同场域的行为和表现；其二，在读大学生尚未踏足社会，与家庭成员的互动较多，更为关注弟弟妹妹的学业。受访学生均来自"双一流"高校，涵盖教育、管理、历史、机械、英语、哲学6个专业，包括9名女生和6名男生，他们父母的学历均为高中及以下，家中都有正在上学的弟弟或妹妹，受访对象的基本情况如表1所示。访谈主要包括以下几个问题：家庭基本信息、代内教育帮扶的动机、代内教育帮扶的方式以及代内教育帮扶过程中存在的问题和困难等。

为保证研究资料的真实性与可靠性，笔者秉承客观中立的价值观，制定针对性访谈提纲，在访谈过程中尽量避免提问的主观引导性。访谈以面对面交流和语音电话的方式展开，访谈时长平均在50分钟左右，征得受访对象的同意后对访谈内容进行录音，访谈结束后对所有受访对象进行遗漏点追问和访谈补充，并将访谈资料进行文本输出，经过整理最终获得访谈资料8万余字。经验证，这15个样本已达到信息饱和的要求，无新的信息和特征出现。在此基础上，笔者对访谈资料进行编码、提炼、归纳和总结，分析第一代大学生代内教育帮扶的动机、方式、影响及困境。最后，笔者在研究过程中不断反思和追问研究结果的科学性和精准性。

表 1 受访对象的基本情况

受访者	性别	专业	父母最高受教育水平	父母职业	弟弟妹妹就读年级
F1	男	管理	初中	工人	小学五年级
F2	女	教育	初中	农民	高中一年级
F3	女	英语	小学	农民	初中二年级
F4	男	机械	初中	工人	大学一年级
F5	女	英语	初中	农民	高中二年级
F6	女	历史	高中	小商户	初中三年级
F7	女	管理	初中	工人	高中三年级
F8	男	机械	小学	农民	初中二年级
F9	女	哲学	初中	工人	高中三年级
F10	男	管理	初中	小商户	初中一年级
F11	女	英语	高中	村书记	大学一年级
F12	女	历史	小学	农民	初中三年级
F13	男	管理	小学	工人	高中一年级
F14	女	历史	初中	小商户	高中二年级
F15	男	哲学	初中	工人	初中二年级

四 "再出一个大学生":农村第一代大学生代内教育帮扶之生成

布尔迪厄认为,惯习是一个在潜意识层面发挥作用的持久的、可转移的禀性系统(布尔迪厄、华康德,2015:19~20),塑造人们现在和未来的实践,并促使行为产生(邵璐,2011)。研究发现,当家中出了第一个大学生之后,"再出一个大学生"便成了农村家庭的殷切期望,拥有上大学经验的第一代大学生被荣推为家庭的"教育权威者",他们在多种驱动因素的作用下,于日常实践之中采取直接或间接的方式实施代内教育帮扶,培养家庭上大学惯习,提高家庭成员对高等教育的想象力和期待值,激发他们努力学习的动力,进而帮助他们获得向上流动的机会。

（一）代内教育帮扶的形成：伦理与能为的感召

1. 诠释当代新青年的"孝道"

"孝道"伦理是儒家文化的核心组成部分，潜移默化地根植于中国人的基因和血脉之中，不仅形塑个体道德人格，维系家庭稳定和谐，而且影响社会伦理秩序与道德风貌（刘函池，2019）。出于回馈父母养育恩情，很多农村第一代大学生考上大学后会不遗余力地进行代内教育帮扶以帮助弟弟妹妹考上大学，并将其作为自己向父母表达"孝道"的一种最佳方式。

> 我觉得帮助弟弟考上大学是现阶段我所能做的最让父母开心的事情了，因为父母最大的心愿就是我和弟弟都能考上大学，以后能找到一份好工作，不用再像他们一样辛苦地打工，每次看到我帮弟弟妹妹辅导功课，他们都会感到很欣慰。（F5）

中国家庭向来重视孩子的教育问题，甚至将其作为最重要和首要的"事务"，尤其是在农村家庭，"砸锅卖铁也要供孩子上学"的现象更是司空见惯（王兆鑫，2020）。但是由于社会文化资本匮乏，父母对子女的教育支持非常有限。农村第一代大学生开展代内教育帮扶，培养家庭上大学惯习，指导弟弟妹妹完成学业，在很大程度上弥补了他们父母在子女教育方面的欠缺和不足，减轻了父母的教育压力，使父母看到了家中"再出一个大学生"的希望和可能。

> 父母一直都希望我弟弟也能考上大学，但是他的基础比较薄弱，我们家的条件也上不起补习班，父母的文化水平有限，帮不了太大的忙，只能由我来辅导弟弟的功课了。在我的不断努力下，弟弟的成绩慢慢有了提高，这时父母脸上才开始慢慢有了笑容，不再像以前一样整天愁眉苦脸了。（F6）

这映射了农村第一代大学生用自己的实际行动诠释当代新青年的"孝道"，赋予"孝道"新的内涵和意义，即子代可以通过向同代弟弟妹妹的教育施加影响，体谅父母的良苦用心，满足父母家中"再出一个大学生"的愿望，间接地向父母表达孝顺的心意。

2. 渗进骨子里的"老大"使命感

在中国农村地区，第一代大学生往往是家里的"老大"，但并不都是这样的情况。出生顺序带来的"老大"身份在他们骨子里烙下了责任和担当，帮助弟弟妹妹已经成为他们的一种习惯。奋力挣脱文化贫困枷锁和打破社会再生产循环的第一代大学生深知上大学对于一个人来说意味着什么，教育改变命运早已成为他们的信仰和共识，他们有着帮助弟弟妹妹也考上大学的强烈意愿。因为在他们看来，身为"老大"就要以身作则，起到榜样和带头作用，努力为弟弟妹妹"铺路"，帮助其取得学业成功。

> 作为家里的老大，自然要对弟弟妹妹产生积极的影响，我有责任和义务帮助他们也考上大学，以后能够有一个好的未来。（F3）

在当前社会，高等教育依然是贫困群体实现阶层跃升和社会流动的主要途径，甚至是唯一的方式。但是由于优质教育资源分配不均，来自较差经济背景家庭的农村学生难以享受同等的教育资源和教育机会，在高等教育竞争之中处于劣势。获得阶层上升的农村第一代大学生是原生教育赤贫家庭中的宝贵资源，努力帮助弟弟妹妹考上大学已成为渗进骨子里的"老大"使命感，培养弟弟妹妹上大学惯习，他们责无旁贷。

> 我不想让我妹妹像其他高中辍学的朋友那样因不上大学而后悔，我深知上大学对一个人的重要性，我得对她的未来负责，虽然她现在还很小，对上大学的认识还不够，但是我会不断向她描绘大学的图景，增强她上大学的意愿。（F1）

这种骨子里的"老大"使命感在访谈中不断被提及和强调，反映了农村第一代大学生十分重视回馈家庭的责任感。

3. 实现共同幸福的家庭整体观

儒家文化伦理以家庭整体论为基础，强调家庭的整体发展，将家庭视为一个共同体。中国家庭由此发展出促进家庭整体发展的代际伦理和代内伦理，这使家庭成员协同形成促进家庭共同体发展的合力。当家庭面临教育发展和阶层上升压力之际，家庭伦理能够促使家庭成员通过代际支持和代内互助的共同作用，帮助青年学生接受教育并实现阶层流动（齐燕，2021）。访谈发现，许多农村第一代大学生努力考上大学不仅是出于改变自身命运的目的，他们还希望能够通过自己考上大学获得帮助弟弟妹妹考上大学的机会，激励他们摆脱贫困阶层代际传递的宿命论。在这些学生看来，一个人获得成功，不能算得上成功，要让全家人都能过上幸福生活才是真正的成功。

> 我始终觉得，一个人过得好不算好，家人都过得好才算真的好，我想要通过我个人的努力，帮助妹妹考上大学，改变我们整个家庭的命运，让家人过更好的生活。（F4）

农村第一代大学生实施代内教育帮扶，帮助弟弟妹妹考上大学的做法充分体现了以儒家文化圈为代表的家庭整体观，他们将培养家庭上大学惯习视为改变家庭命运和实现家人生活幸福美满的有效手段。

> 考上大学之后，我并没有满足于自己得到宝贵的机会，我也想让我的妹妹能考上大学，不想让她像村里的女孩一样，过早地辍学打工，然后嫁人生子，一辈子都围绕锅台、丈夫和孩子过日子，我想让她明白女孩子也可以有不一样的人生轨迹，看到多彩的世界和更多的可能性。（F2）

这种实现共同幸福的家庭整体观使农村第一代大学生迫切想要帮助家庭"再出一个大学生"。

4. 迸发有能力为之的自省自觉

"能为"是农村第一代大学生实施代内教育帮扶和培养家庭上大学惯习的必要前提。农村第一代大学生通过接受高等教育获得了文化资本，熟知了上大学的"潜在规范"和"隐性课程"（Delgado，2023）。这些是他们父母和其他家庭成员所不具备的宝贵资源，同时也赋予他们帮助培养家庭上大学惯习的能力。在很多受访的农村第一代大学生看来，培养家庭上大学惯习并帮助同代家庭成员考上大学是一件自然而然的事情，也是一种极其正常的现象，因为他们有能力为之。

> 我考上大学就是靠一个人摸爬滚打，没有人告诉我应该怎么做才最好，我现在有这个能力了，那我自然要帮助弟弟也考上大学，多给他一些行之有效的经验，让他能少走一些弯路。（F8）

农村第一代大学生将代内教育帮扶视为一种自然现象，是他们有能力为之的自省自觉，他们在家庭内部共享文化资本，将其有意识地传递给弟弟妹妹，帮助和指导他们考上大学。

> 我觉得我有能力帮助他（弟弟）也考上大学，我知道考上大学需要做哪些准备、从哪个地方努力、如何做出科学的学习规划，这些都是必要的隐性知识。我能结合他的实际情况对他进行针对性指导，让他少走弯路。（F7）

农村第一代大学生"能为"的代内教育帮扶使他们的弟弟妹妹更加坚定追求高等教育的信心和决心，也带给其很大的满足感和成就感，有利于增加家庭凝聚力。故而，农村第一代大学生的个体"能为"与家庭伦理匹配，激发出强劲的代内教育帮扶动力，驱使他们投入家庭教育的反哺与回馈。

（二）代内教育帮扶的形式：在位与缺位并举

1. 在位：亲身扶智赋能

当农村第一代大学生身处家庭场域而"在位"时，他们采用亲身扶智赋能的方式进行代内教育帮扶，培养家庭上大学惯习，常见的行为表现有辅导功课、购买学习资料、传授学习方法和经验、反复灌输上大学的重要性、心理压力疏导、情感关怀、榜样激励、传递升学择校的信息等，这些方法并不唯一，甚至交互使用。上述代内教育帮扶行为属于约索（Yosso，2005）提出的工具性支持和情感性支持。通过提供工具性支持和情感性支持的代内教育帮扶，农村第一代大学生可以有效地为同代弟弟妹妹扶智赋能，培养家庭上大学惯习。具体来说，上大学惯习在工具性支持的投射下，嵌入兄弟姐妹的日常互动交流之中，并发挥潜移默化的影响作用，强化弟弟妹妹上大学的倾向和行为。

> 我在假期会花很多时间陪伴他（弟弟）学习，辅导他的功课，给他讲解知识点，告诉他一些我学习和做题的诀窍，经常给他买考试模拟题和参考资料。有的时候他模拟考试没考好，我会主动安慰他。（F11）

此外，农村第一代大学生还通过提供情感性支持，在家里建立上大学的传统，强化家庭上大学惯习，使家庭成员相信上大学是一个可以实现的目标，帮助弟弟妹妹深刻意识到上大学的重要性，将考上大学的理想信念扎根于心底，增强他们努力学习的持久动力。

2. 缺位：扶植父母代理人

当农村第一代大学生远离家庭场域而"缺位"时，他们与家庭的联系会出现一定意义上的断裂，尽管不是完全意义上的中断，但是这种空间距离会对家庭角色互动产生持续的不利影响（周献德、沈新坤，2009），这在很大程度上限制了农村第一代大学生参与同代成员的教育规划与管理，进而影响到代内教育帮扶的效果。在此种情形下，农村第一代大学生通过扶植父母代理人的间接方式进行代内教育帮扶，培养家庭上大学惯习，常见的做法如有意识地转变父母落后守旧的教育观念、向父母传递多种教育理念、纠正父母不恰当的教育方式和行为等。一名受访学生分享了他成功转变父母教育方式的案例：

> 以前父母对我们的学习要求严格，一旦我们考试成绩不理想，他们就会对我们非打即骂。这种教育方式是不恰当的，所以当弟弟妹妹成绩没考好时，我就会劝导父母，告诉他们一次考试成绩并不代表什么，这次没考好，下次继续努力就好了，父母慢慢地也接受了我的建议。（F13）

尽管父母根深蒂固的教育观念不易被改变，但研究发现，当农村第一代大学生考上大学之后，他们的角色会发生变化，作为家里的"教育权威者"参与家庭教育的决策和管理。当遇到子女教育问题时，如要不要给孩子报补习班等，父母会积极询问第一代大学生的意见和建议，这是在他们上大学之前不曾有过的现象。正是由于这种角色的转变，农村第一代大学生引导和转变父母的教育观念成为可能。"缺位"的农村第一代大学生将父母扶植成自己在家里的教育代理人，借助"在位"的父母，不断强化家庭上大学的惯习，监督弟弟妹妹的学业和功课，以解决自己"缺位"引发的代内教育帮扶作用减弱问题。

五　蜀道之难：农村第一代大学生代内教育帮扶之困境

尽管农村第一代大学生投入了大量的时间和精力实施代内教育帮扶，但是收效甚微。究其原因，农村第一代大学生在实施代内教育帮扶的过程中面临各种"拦路虎"，这些阻力削弱了代内教育帮扶的效果。农村第一代大学生在很多时候都感到困顿和无能为力，把弟弟妹妹送入大学可谓"蜀道之难"，充满太多的未知和变数。归纳起来，主要有以下两种难以弥合的张力。

（一）上大学惯习和文化再生产惯习的博弈

向上流动的上大学惯习受到以"读书无用论"为代表的文化再生产惯习的牵制。农村第一代大学生代表一种向上流动的上大学惯习，他们实施代内教育帮扶的主要形式是培养家庭上大学惯习，使同代弟弟妹妹形成上大学的稳定倾向，迸发持久的动力，坚定追求高等教育的行为，努力考上大学，最终实现社会流动。农村第一代大学生通过代内教育帮扶带动家庭成员上大学的实质是通过外力将上大学惯习"移植"到原有教育赤贫的家庭中，使同代成员形成上大学惯习。这种上大学惯习并非欠缺社会文化资本的贫困家庭所固有的。农村家庭的特殊性在于除了有第一代大学生带来的向上流动的上大学惯习之外，还有家庭固有的以"读书无用论"为代表的文化再生产惯习，两种惯习共存于这些家庭场域之中，存在竞争性的冲突与对立关系。这两股力量相互博弈，一旦后者占据主导地位，向上流动的上大学惯习势必会减弱，难以支撑弟弟妹妹努力完成学业，甚至不被弟弟妹妹接受。

> 我弟弟现在的学习状况不太好，我特别想让他也考上大学，经常告诉他上大学的好处，劝他好好学习，辅导他的功课，但是起到的作用不太大，他反而觉得出去打工挺好的，经常反驳我上大学也没有什么用，不能给家里带来经济收入，还不如邻居打工挣钱多。(F12)

对于很多农村家庭而言，上大学是一笔很大的投资，时间长、见效慢，收益充满不确定性，再加上高等教育学历贬值和外在诱惑的充斥，一些家长和学生很容易受到"读书无用论"的影响，对高等教育产生失望的消极情绪。此外，在文化再生产惯习的影响下，即使第一代大学生能够凭借自己的努力踏进大学的门槛，家长也会觉得这是侥幸和意外，难以进行复制和模仿，进而对高等教育产生畏难的消极情绪。访谈中发现，有些家长甚至降低对后面子女的教育期望，认为家中只出一个大学生就可以了，进而减少对他们的教育支持和投入。这种想法和行为极易使第一代大学生在代内教育帮扶和培养家庭上大学惯习的过程之中受挫。家庭根深蒂固的文化再生产惯习冲击和削弱向上流动的上大学惯习，这种零和博弈使农村第一代大学生必须在这两种惯习之间寻找一个平衡点，否则很容易导致代内教育帮扶的失败。

（二）父母"甩锅"行为带来的两难抉择

农村第一代大学生需要承担父母"甩锅"行为引发的后果。理想的代内教育帮扶是农村第一代大学生与父母形成合力，共同培养家庭上大学惯习，帮助同代家庭成员取得学业成功。但是在现实中发现，一些父母存在"懒政"现象，基于"专业人干专业事"的谬论，将本属于自己教育子女的责任完全甩给第一代大学生，自己则充当"甩手掌柜"。在读的第一代大学生也有自己的学业和压力，面对父母的直接"甩锅"行为，他们需要在完成学业的同时兼顾弟弟妹妹的学业，精力容易被分散，有的时候甚至顾此失彼，难以维系二者之间的平衡。如何兼顾自己的学业和弟弟妹妹的教育成为农村第一代大学生最头痛的问题，也是他们必须做出的两难抉择。

　　我考上大学之后，父母就开始不管妹妹的学习了，他们觉得我懂得比较多，比他们专业，我直接上手管理妹妹的学习更好。但我平时学业任务挺重的，压力也挺大的，每天我还得给妹妹视频辅导作业，每月还要和她的老师沟通她的学习情况，有时候真的觉得头很大，自己的学习都顾不上了。(F10)

　　父母"甩锅"行为势必会削弱农村第一代大学生代内教育帮扶的效果。家庭的每个成员都有自己的角色和定位，并被赋予应有的角色期待，完全错位的角色模糊了责任界限，招致不必要的家庭冲突和矛盾。尽管农村第一代大学生掌握了一些关键的教育资源、积累了一些经验，但是如果他们完全接替父母的角色管理弟弟妹妹的学习和教育则容易导致一些不好的后果，如引发兄弟姐妹之间的冲突、加重弟弟妹妹的叛逆行为等。

　　当我看到弟弟不认真学习时，我会劝说他不要贪玩，要以学业为重，他有的时候就觉得我很唠叨，整天在他耳边烦他，很不服气我管他，不仅不听我的话，还和我对着干，玩手机变本加厉了，这时候我们两个很容易起冲突。(F14)

　　访谈中也发现，有些农村第一代大学生的弟弟妹妹经常"阳奉阴违"，表面上听从哥哥姐姐的教导，实际上各行其是，没有真正将代内教育帮扶的作用发挥出来。这些都是父母代际支持与农村第一代大学生代内教育帮扶尚未形成合力所带来的不良后果，长此以往，不利于家庭上大学惯习的养成和"再出一个大学生"希望的实现。

六　研究结论与讨论

（一）研究结论

本文聚焦农村第一代大学生实施代内教育帮扶助力同代家庭成员上大

学的行为，着重探讨了代内教育帮扶的形成与困境，旨在凸显农村第一代大学生对推动农村家庭教育发展和促进教育公平的重要作用。研究结果表明，农村第一代大学生在实现自身社会流动后，转而凭借其所积累的文化资本积极实施代内教育帮扶以回馈家庭，培养家庭上大学惯习，帮助家庭"再出一个大学生"。在当代新"孝道"、身为"老大"的使命感、家庭整体观的家庭伦理以及有能力为之的个体能为的驱动下，农村第一代大学生通过亲身扶智赋能和扶植代理人的方式开展代内教育帮扶，培养家庭上大学惯习，充分给予弟弟妹妹工具性支持和情感性支持，增加他们上大学的信心，坚定他们追求高等教育的决心。然而，在农村第一代大学生培养家庭上大学惯习的过程中存在一些困难和阻力，上大学惯习和文化再生成惯习的博弈以及父母"甩锅"行为带来的两难抉择等阻碍性因素影响和制约了农村第一代大学生实施代内教育帮扶的成效，不利于家庭上大学惯习的养成，使农村"大学生成窝"现象难以被复制。

（二）分析与讨论

农村第一代大学生实施代内教育帮扶，一方面是寄希望于家庭成员能够享有同样接受高等教育、获得社会阶层跃升的机会，彻底摆脱"仕之子恒为仕，农之子恒为农"的代际循环；另一方面也是基于家庭伦理的考量，诠释新时代青年的"孝道"精神。传统观念之中的孝敬父母是子女直接向父母表达敬爱之意（葛枭语，2021），但本文发现，农村第一代大学生通过代内教育帮扶和帮助弟弟妹妹上大学的方式间接向父母表达"孝道"。这反映了中国家庭伦理维系下的亲子互动关系，赋予"孝道"新的内涵。中国伦理之中的家庭不仅是血缘、姻缘等关系的组合，而且是资源、权力与意义再生产和流动的场域，像父辈一样，获得文化资本的农村第一代大学生也是家庭资源交换的重要主体。农村第一代大学生依靠自身努力与家庭资源的叠加效应实现蜕变，考上大学且自身拥有一定的社会资本和文化资本，这为他们实施代内教育帮扶和培养家庭上大学惯习奠定了基础，具体反映在解决父母对弟弟妹妹的教育困扰，帮助父母实现"再出一个大学生"的夙愿，以代内教育帮扶向父母表达孝顺之情，不失为当代青年向父母表达"孝道"的一种崭新方式。

以往研究将第一代大学生视为同质性群体，即如果父母没有获得大学学位，那么家庭其他成员是否具有高等教育经历都显得无关紧要。然而，以金爱淑为代表的学者对此持质疑态度，他们的研究证实了第一代大学生在传递大学相关知识、减轻弟弟妹妹受到的大学文化冲击方面，扮演与父母同样重要的角色（Kim et al.，2020）。本文发现，农村第一代大学生代内教育帮扶是对父辈代际支持的重要补充，拓宽了同代家庭成员获得文化资本的渠道，对他们的教育进程起到了强有力的推动作用，助力其上大学和实现社会流动。这有别于传统将农村第一代大学生污名化的赤字研究视角，强化了代内教育帮扶对培养农村家庭上大学惯习的推动作用，有助于整合与利用家庭代内现有资源促进教育公平在此层面上的实现。同时，农村第一代大学生实施代内教育帮扶，为共建新时代家校合作、探索农村家庭教育新方式提供新思路。农村第一代大学生与父辈形成家庭代际、代内教育合力，以培养更多的大学生，改变农村家庭教育赤贫现状。此外，我国城乡教育差距尚未弥合，农村学生在高等教育竞争性选拔之中仍处于劣势，他们的父母缺乏上大学所需的文化资本，农村第一代大学生可以也应该成为弥合这一缺口的重要力量，发挥他们的代内教育帮扶作用，拓宽农村学生获得大学信息的渠道，增加农村学生获得高等教育的机会，让寒门多出"贵子"，从而缩小城乡教育差距，促进农村教育的发展，推动我国教育公平的进程。

值得注意的是，农村第一代大学生代内教育帮扶的效果难以预料和确定，因为弟弟妹妹最终能否考上大学是多种因素共同作用的结果，并非仅靠农村第一代大学生代内教育帮扶就能完全实现家庭"再出一个大学生"的愿望，这反映了农村第一代大学生代内教育帮扶作用的有限性和局限性。同理，培养家庭上大学惯习也不能完全依赖于农村第一代大学生的代内教育帮扶。与此同时，农村第一代大学生代内教育帮扶还会受制于向上流动的上大学惯习与以"读书无用论"为代表的文化再生产惯习的对立和冲突，加上现实生活之中父母"甩锅"的行为，农村第一代大学生沦为家庭教育的"全责人"，从而导致代内教育帮扶效果不佳与代际支持不足。由此可见，农村第一代大学生代内教育帮扶作用的发挥与延续，离不开父母的教育参与及同代成员自身的教育分工、角色扮演和共同努力，也离不开来自学校、社会、政府等多元主体之间的协同合作，由此助力农村家庭形成上大学惯习，映射新时代教育公平的现实作为。

参考文献

鲍威，2013，《第一代农村大学生的升学选择》，《教育学术月刊》第 1 期，第 3 ~ 11 页。

布尔迪厄、华康德，2015，《反思社会学导引》，李猛、李康译，商务印书馆。

葛枭语，2021，《孝的多维心理结构：取向之异与古今之变》，《心理学报》第 3 期，第 306 ~ 321 页。

刘函池，2019，《新时代中国传统孝道思想的转化与传承——基于全国公民孝道观念的调查》，《思想教育研究》第 2 期，第 126 ~ 131 页。

刘远杰，2020，《后脱贫时代的教育扶贫行动——对教育扶贫过程与结果的教育哲学思考》，《教育发展研究》第 1 期，第 27 ~ 35 页。

齐燕，2021，《家庭伦理视角下农村青年获得高等教育机会的研究——基于甘肃会县高山村"大学生成窝"现象的分析》，《中国青年研究》第 1 期，第 21 ~ 28、45 页。

邵璐，2011，《翻译社会学的迷思——布迪厄场域理论释解》，《暨南学报》（哲学社会科学版）第 3 期，第 124 ~ 130、209 ~ 210 页。

田杰、余秀兰，2021，《从赤字视角到优势视角：第一代大学生研究述评》，《重庆高教研究》第 5 期，第 106 ~ 118 页。

王兆鑫，2020，《"走出乡土"：农村第一代大学生的自我民族志》，《北京社会科学》第 5 期，第 26 ~ 36 页。

谢爱磊，2016，《精英高校中的农村籍学生——社会流动与生存心态的转变》，《教育研究》第 11 期，第 74 ~ 81 页。

张华峰、赵琳、郭菲，2016，《第一代大学生的学习画像——基于"中国大学生学习发展和追踪调查"的分析》，《清华大学教育研究》第 6 期，第 72 ~ 78、94 页。

周献德、沈新坤，2009，《浅议子代读书进城之后农村留守家庭的适应困境——子代读书进城对农村家庭影响的结构功能主义分析》，《学理论》第 21 期，第 73 ~ 75 页。

朱焱龙，2018，《"资本补给"与"自觉共情"：低阶层子代获得高层次高等教育过程的代际支持》，《中国青年研究》第 6 期，第 91 ~ 98 页。

Azmitia, Margarita, Catherine R. Cooper, and Jane R. Brown. 2009. "Support and Guidance from Families, Friends, and Teachers in Latino Early Adolescents' Math Pathways." *The Journal of Early Adolescence* 1：142 – 169.

Ball, Stephen J. & Carol Vincent. 1998. "'I Heard It on the Grapevine'：'Hot' Knowledge and School Choice." *British Journal of Sociology of Education* 3：377 – 400.

Benmayor, R. 2002. "Narrating Cultural Citizenship：Oral Histories of First-generation College

Students of Mexican Origin. " *Social Justice* 90: 96 – 121.

Ceja, M. 2006. "Understanding the Role of Parents and Siblings as Information Sources in the College Choice Process of Chicana Students. " *Journal of College Student Development* 1: 87 – 104.

Delgado, V. 2023. "Decoding the Hidden Curriculum: Latino/A First-generation College Students' Influence on Younger Siblings' Educational Trajectory. " *Journal of Latinos and Education* 2: 624 – 641.

Gofen, A. 2009. "Family Capital: How First-generation Higher Education Students Break the Intergenerational Cycle. " *Family Relations* 1: 104 – 120.

Goodman, J. , Hurwitz, M. , Smith, J. , & Fox, J. 2015. "The Relationship between Siblings' College Choices: Evidence from one Million SAT-taking Families. " *Economics of Education Review* 48: 75 – 85.

Hurtado-Ortiz, M. T. & Gauvain, M. 2007. "Postsecondary Education among Mexican American Youth: Contributions of Parents, Siblings, Acculturation, and Generational Status. " *Hispanic Journal of Behavioral Sciences* 2: 181 – 191.

Kim, A. S. , Choi, S. , & Park, S. 2020. "Heterogeneity in First-generation College Students Influencing Academic Success and Adjustment to Higher Education. " *The Social Science Journal* 3: 288 – 304.

Loury, L. D. 2004. "Siblings and Gender Differences in African-American College Attendance. " *Economics of Education Review* 3: 213 – 219.

Luedke, Courtney L. 2020. "Developing a College-going Habitus: How First-generation Latina/o/x Students Bi-directionally Exchange Familial Funds of Knowledge and Capital within their Familias. " *The Journal of Higher Education* 7: 1028 – 1052.

Milevsky, A. & Levitt, M. J. 2005. "Sibling Support in Early Adolescence: Buffering and Compensation across Relationships. " *European Journal of Developmental Psychology* 3: 299 – 320.

Pascarella, Ernest T. , et al. 2004. "First-generation College Students: Additional Evidence on College Experiences and Outcomes. " *The Journal of Higher Education* 3: 249 – 284.

Sherman, A. M. , Lansford, J. E. , & Volling, B. L. 2006. "Sibling Relationships and Best Friendships in Young Adulthood: Warmth, Conflict, and Well-being. " *Personal Relationships* 2: 151 – 165.

Tinto, V. 1987. *Leaving College: Rethinking the Causes and Cures of Student Attrition.* Chicago: University of Chicago Press.

Yeh, H. C. & Lempers, J. D. 2004. "Perceived Sibling Relationships and Adolescent Development." *Journal of Youth and Adolescence* 33: 133 – 147.

Yosso, T. J. 2005. "Whose Culture Has Capital? A Critical Race Theory Discussion of Community Cultural Wealth." *Race Ethnicity and Education* 1: 69 – 91.

教育与迁移

——撤点并校对个体流动的长期影响[*]

程雅雯　孔东民[**]

摘　要：在新型城镇化下，城乡教育公共产品如何有效配置至关重要。使用 2004 年中国劳动力动态调查（CLDS）数据，本文利用地市间政策力度差异和出生队列变化构造队列双重差分模型，研究发现，撤点并校显著增加了农村个体流动概率——个体上小学间所在地市每千名小学生每年每减少 1 所学校，将使其成年后的流动概率增加 0.5%。以上结果在考虑了样本选取、衡量误差、安慰剂检验、排除竞争性解释、Bartik IV 估计后依然成立。机制分析表明，撤点并校通过长期人力资本积累促进个体实现自由流动。男性、生活在条件较差地区、家庭背景较好的个人受撤点并校影响更大。

关键词：撤点并校；人口流动；人力资本

一　引言

　　城镇化是各国经济发展的必由之路已达成普遍共识，其对提升居民收

---

* 感谢来自刘生龙老师、宋扬老师、谭洪波老师，以及中国社会学会 2023 年学术年会、"中国劳动经济学者论坛"第二十一次季会、第三届城市与发展经济学前沿论坛的专家与学者的宝贵意见。

** 程雅雯，北京大学教育学院博士研究生，主要从事教育经济学、劳动经济学研究，E-mail：st21133m@gse.pku.cn；孔东民，博士，华中科技大学教授，主要从事中国资本市场、公司金融、劳动经济学研究，E-mail：kongdm@hust.edu.cn。

入水平、实现共同富裕具有重要意义（肖伟等，2023）。过去数十年间，我国也经历了大规模快速城镇化。第七次全国人口普查数据显示，我国常住人口城镇化率已达到63.89%。在全球城镇化趋势下，城乡基础教育格局也发生了巨大变化（丁冬、郑风田，2015；梁超、王素素，2020）。2001年全国范围内开展的撤点并校是教育城镇化的重要驱动力量（邬志辉、秦玉友，2019）。① 已有文献主要探讨了撤点并校导致的教育公共产品调整对个体的短期影响（梁超、王素素，2020）。例如，一些学者发现，学校关闭会对孩子的学习表现造成损害（Berry & West，2010；Engberg et al.，2012；Haepp and Lyu，2018）。另有研究发现，学习环境改善对受影响儿童发挥了积极作用（Mo et al.，2012；De Hann et al.，2016）。② 然而，现有研究几乎避开了对个体流动行为的讨论。例如，梁超、王素素（2020）将样本限定在农村地区个体，并删除了出生不在本地市、户口不在本地市的流动人口样本。但值得注意的是，关于教育与流动决策的讨论是社会阶层流动的一个重要方面（李超等，2018），教育公共产品的调整以及由此带来的上学成本增加或资源配置优化可能改变个体或家庭的流动决策（邢春冰，2016）。此外，忽略流动人口也可能造成样本选择偏差，进而带来估计偏误。

为此，本文使用2014年中国劳动力动态调查（CLDS）数据，利用地市撤点并校力度和出生队列差异构造队列双重差分模型，研究发现，撤点并校显著增加了农村个体流动概率。具体来说，个体上小学间所在地市每千名小学生每年每减少1所学校，农村儿童成年后流动的概率增加0.5%。进一步研究表明，撤点并校增加了个体读高中概率，并由此增加了个体成年后流动概率。此外，男性、生活在条件较差地区、家庭背景较好的个人受撤点并校影响更大。

本文对已有研究的创新与贡献之处体现在以下三个方面。

第一，已有关于撤点并校的研究多关注其短期影响（Mo et al.，2012），鲜有文献考察撤点并校对农村儿童的长期影响。城镇化进程中，中央政府

---

① 2001年《国务院关于基础教育改革与发展的决定》出台后，我国小学数量减少了6万多所，降幅近12%。2001~2005年，我国农村小学的数量下降了近24%。政策介绍见第二部分。

② 例如，Engberg等（2012）发现，学区合并在短期内对学生成绩有负面影响，但长期带来的学校质量提高可以抵消该负面影响。学校合并带来的规模扩张可以显著提高学生成绩（De Haan et al.，2016）。

以学校布局调整应对农村学龄人口减少、提高农村教育质量；地方政府为减少教育经费支出、方便教育资源管理，推动撤点并校（丁延庆等，2016）。在此背景下，本文着眼于撤点并校对农村个体流动的长期作用，为评估撤点并校政策提供了全新视角，并对梁超、王素素（2020）的研究进行了一定补充。除被解释变量不同外，本文还通过个体 14 岁所在地区、个体出生队列及个体读小学年份信息，更加精准地刻画了不同个体所受到的政策影响。此外，本文补充了包括样本选取、衡量误差、安慰剂检验、排除竞争性解释、Bartik IV 估计等在内的一系列稳健性检验。通过关注撤点并校对个体迁移行为的长期影响，我们发现了撤点并校政策对城镇化的意外作用——显著增加了农村个体自由流动概率。

第二，现有文献考虑政策影响时几乎均排除了流动人口。已有研究主要从宏观角度分析城镇化进程的影响因素和推进模式（李强等，2012），却缺乏对个体微观层面流动行为及流动机制的深入探讨（许敏波等，2018）。其中，李龙、宋月萍（2015）利用 2011 年国家人口计生委生态脆弱区等三类地区监测调查数据发现，农村地区小学教育资源可及性的下降对人口流动意愿具有限制作用。利用 2000 年和 2005 年的全国人口普查和 1% 人口抽样调查数据，邢春冰（2016）发现农村地区学校数量的减少显著增加了居民迁出的概率。撤点并校政策推进了学龄人口及其父母的城镇化进程，阻碍了流动人口回流（李明、郑礼明，2021），实现了城镇化的第一步（许敏波等，2018）。遗憾的是，既有研究仅考察了撤点并校对家庭早期的迁移作用，该政策对个体流动的长期影响、对流动行为的可能原因却少有探讨。此外，上述部分文章存在仅采用简单线性回归，未识别个体上学阶段（受政策影响时段）地点、研究群体包括未受影响群体（没有小孩的成人）等不足（李龙、宋月萍，2015；许敏波等，2018），未能清晰识别撤点并校与受影响个体行为的因果关系。促进农村居民合理有序的自由流动是减少农村贫困、维护社会稳定、保持经济增长的重要抓手（邢春冰，2016）。在此意义上，探究政策实施是否及如何影响农村个体流动至关重要。特别地，本文发现撤点并校提高了个体人力资本水平，并可能因此促进了农村个体成年后流动。在学术层面，此发现也为探究教育与迁移的相关研究提供了一定支撑——受教育程度越高，个体的流动性越强（赵耀辉，1997；王广慧、张世伟，2008；Dustmann and Glitz，2011）。

第三，在老龄化和少子化的背景下，为人才竞争已成为地方政府发展的重要手段（张文武、余泳泽，2021）。劳动力流动对我国生产率提升有着重要贡献（马述忠、胡增玺，2022），流动人口及其子女已成为地区经济增长的主要动力（陆铭等，2019；宋弘等，2022）。同时，子女教育作为影响家庭决策的关键，已被证实是个体及家庭流动的决定因素（甘行琼等，2015；李明、郑礼明，2021）。长远来看，城乡融合中的教育供给问题不容小觑——教育公共产品的有效配置不仅能够吸引并留住人才，而且将保障地区未来的劳动力素质和经济发展。本文发现，撤点并校不仅有助于提升农村儿童教育获得水平，还通过提高农村个体自由流动概率，推动农村个体从事非农工作和工作收入增加。该研究结论为相关政策制定者优化教育资源配置、促进城乡融合提供了一定的解决方案。

本文余下结构如下：第二部分介绍背景并提出研究框架，第三部分介绍数据、变量和研究设计，第四部分报告实证结果，第五部分总结全文。

二　背景介绍及研究框架

1986 年《义务教育法》的出台，使中国农村几乎每个村庄都建有一所小学（Mo et al.，2012）。然而，当时的学校质量参差不齐，且在计划生育和经济发展的双重作用下，农村适龄入学儿童规模不断缩小（梁超、王素素，2020）。为提高小学教育整体水平并缩小城乡教育差距，2001 年《国务院关于基础教育改革与发展的决定》明确提出，要"因地制宜调整农村义务教育学校布局""农村小学和教学点在方便学生就近入学的前提下适当合并"。具体而言，该计划主要是关闭偏远的乡村学校和教学点，并将其并入集中的镇或县学校。图 1 展示了 2001～2010 年我国农村普通小学的数量变化情况。从图 1 中可以看出，政策期间，我国农村小学数量大幅减少。

为纠偏撤回教学点、合并办校的部分不合理举措，2006 年教育部印发了《关于实事求是地做好农村中小学布局调整工作的通知》，提出农村小学和教学点要确保就近招生。2006 年之后，学校下降速度已然放缓。2012 年，国务院进一步印发了《关于深入推进义务教育均衡发展的意见》和《关于规范农村义务教育学校布局调整的意见》，明确提出要"严格规范撤点并校程序"和"坚决制止盲目撤并农村义务教育学校"。自此,撤点并校的热情逐渐减弱。

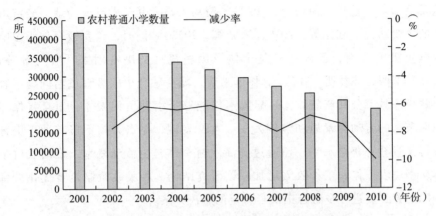

图1 2001~2010年我国农村普通小学数量及减少率

资料来源:国家统计局。

我国自2001年开始的撤点并校政策具有以下特点。第一,小学数量在短时间内急剧减少。自2001年以来,全国乡村小学数量从44万所下降至15.5万所,降幅高达65%(梁超、王素素,2020)。第二,政府积极推动农村地区撤点并校。该计划一经发布,撤点并校就迅速在全国范围内实施。该政策的实施被认为是相当武断的(Liu et al.,2010)。第三,每个省(及以下的县)都采取了不同的应对政策办法(Mo et al.,2012),不同地区的撤点并校实施存在较大差异。第四,近十年的学校调整以农村小学为主。以上特征为本文提供了一个较好的研究场景。

(1)撤点并校政策直接影响个体就学环境。第一,撤点并校可能会对个体就学产生负面影响。首先,教学点的撤回和学校的合并迫使大量孩子搬到其他地方,并可能因此扰乱同伴和教师网络(Brummet,2014)。新学习环境也可能对身心健康有害(Luo et al.,2009)。其次,撤点并校可能会降低学校可及性。例如,撤点并校往往导致通勤距离延长,且早期寄宿可能不利于儿童发展(Mo et al.,2012)。[①] 已有大量研究证实,撤点并校带来的中断效应可能会对个体人力资本及未来发展具有负面作用(Haepp &

---

① 然而,Behaghel等(2017)利用准实验发现,适应性强的学生在寄宿后的学习成绩得到显著提高。

Lyu，2018）。第二，撤点并校往往会关闭规模较小、表现较差的学校。原本就读于条件较差学校的孩子可能会被送往更大、更好的学校。更大的学校可能拥有更好的教师或教育设施（Mo et al.，2012；De Hann et al.，2016）。特别地，梁超、王素素（2020）发现，撤点并校增加了农村儿童读高中的概率，显著促进了个体长期人力资本积累。

（2）撤点并校政策通过对个体教育产生影响作用于个体后期流动行为。具体来说，一方面，当撤点并校改善了个体就学环境时，接受单位教育的边际成本减少，个体或将接受更多教育，并获得更多人力资本积累。由于流动的教育回报率高于不流动的教育回报率，且流动成本随着受教育程度的提高而下降（赵耀辉，1997；孙志军、杜育红，2004；孙文凯等，2007），撤点并校对人力资本的正面作用将进一步增加个体流动概率。另一方面，当撤点并校损害了个体就学环境时，接受单位教育的边际成本增加，撤点并校不仅不利于个体接受更多教育，而且通过对人力资本的负面影响增加了其潜在流动成本，使个体流动概率减小。综上，撤点并校通过对个体早期教育发挥作用，进而影响个体后期流动决策。此外，针对撤点并校对教育与迁移的作用，我们参考 Dustmann 和 Glitz（2011）的研究构造了一个简单流动模型。值得注意的是，Caruso（2017）指出，使用个体于调查时的地点确定冲击影响，并没有考虑到个体因冲击而选择性迁移的偏误。因此，为精确定位个体所受撤点并校政策的影响，本文主要关注对象为出生地和 14 岁居住地在同一地方的个体（主要探讨撤点并校对个体后期流动的影响）。本文数据也显示，大部分样本（92.24%）14 岁居住地和出生地一致，表明农村个体早期上学期间的流动概率较小。

三　数据、变量和研究设计

（一）数据和样本选取

本文数据来源于 2014 年中国劳动力动态调查（CLDS）[①]，该调查由中

---

① 由于 2014 年国务院印发的《关于进一步推进户籍制度改革的意见》可能会影响个体流动决策，我们未采用 2014 年后的调查数据。

山大学社会科学调查中心自 2012 年开始实施。中国劳动力动态调查是全国第一个以劳动力为主题的跨学科、跟踪性调查，内容涵盖教育、工作、迁移、健康、社会参与、经济活动、基层组织等众多研究议题，样本覆盖中国 29 个省区市（不包括港澳台、西藏、海南），调查对象为样本家庭户中的 15 ~ 64 岁全部劳动力。该调查每两年进行一次追踪调查，旨在建立中国社会劳动力、家庭和社区三个层次的变动趋势的追踪数据库。中国劳动力动态调查为劳动力相关的学术研究和政策分析提供了扎实的数据基础。特别地，中国劳动力动态调查数据涵盖个体流动行为和流动原因的相关信息，较好地满足了本文的研究需要。此外，地区层面数据来自《中国城市统计年鉴》和《中国教育统计年鉴》，包括地市级小学学校数、地市级小学学生数、人口数（对数）和人均 GDP（对数）。地市级人均受教育年限和学龄儿童小学入学率根据 2000 年人口普查微观数据计算得出。

我们以成人个体为研究单位，将成人数据和对应家庭数据合并，并根据研究需要进行了样本选取。（1）为考察撤点并校对个体流动的长期影响，且考虑到撤点并校政策的实施节点，参考梁超、王素素（2020）的研究，我们根据成人问卷，将个体年龄限制在 20 ~ 32 岁（出生年份在 1982 ~ 2000年）。其中，2014 年调查年龄在 20 ~ 26 岁的个体在 2001 年政策年份为 7 ~ 13 岁，为撤点并校政策主要影响群体；而 2014 年调查年龄在 27 ~ 32 岁的个体在 2001 年政策年份为 14 ~ 19 岁，几乎不受撤点并校政策影响。（2）为识别个体所在地撤点并校政策的影响，我们将样本限定在出生地和 14 岁居住地在同一地方的个体。[①]（3）由于撤点并校政策主要针对农村，我们将样本限定在出生户口为农业户口的个体。删除缺失关键变量的样本后，我们最终处理得到 2252 个有效样本。

（二）变量和研究设计

参考 Huang 等（2021）的研究，为明确个体所受撤点并校政策的影响，我们采用以下模型进行识别。

$$Y_{ijc} = \alpha + \beta \times intensity_{je} + \delta X + \rho_j + \sigma_c + \varepsilon_{ijc} \tag{1}$$

---

① 出生地一致表示 14 岁居住地和出生地在同一区县。92.24% 的个体 14 岁居住地和出生地一致，此种处理方式对结果影响不大。

Y_{ijc} 为 j 市 c 出生队列 i 个体的流动状态。根据中国劳动力动态调查问卷的设定，若个体户口所在地在本县（县级市、区）其他乡镇街道则设为 1，其他设为 0。[①] $intensity_{jc}$ 代表出生队列 c 在 7~13 岁所在地 j 市的撤点并校政策平均力度。具体来说，我们首先计算出每地区每年的撤点并校政策力度，计算方式见式（2）。[②] 而后，我们根据个体出生年份确定个体 7~13 岁所在地 j 市的撤点并校政策平均力度。[③] 为便于解读，我们将该指标乘以 1000，表示个体上小学期间所在地每千名学生每年对应的学校数变化。σ_c 表示出生队列虚拟变量，ρ_j 表示市级虚拟变量，分别吸收出生队列效应和地区固定效应。X 表示一系列控制变量，为避免坏控制（bad control）的影响（Angrist & Pischke，2009），我们仅控制了性别（男性 =1）、父亲受教育年限、母亲受教育年限。此外，我们还控制了调查年份个体所在地人口数（对数）和人均 GDP（对数）。考虑到同一地市内样本间的潜在相关性，所有回归中标准误都聚类到地市层面。

$$Intensity_{jt} = \frac{numberofprimaryschool\_t - 1}{numberofstudentsinprimaryschool\_t - 1} - \frac{numberofprimaryschool\_t}{numberofstudentsinprimaryschool\_t}$$

(2)

主回归采用了以下两种方式以减少内生性问题。[④] 第一，参照 Li 等（2016）的做法，我们在控制出生队列和地区固定效应的同时，进一步控制了 2000 年地区特征的一、二、三阶趋势，即允许事先地区特征对个体流动产生不同类型的趋势影响。具体地，我们在地区层面选择了以下可能对政策和流动产生潜在影响的变量：人均 GDP、城镇化率、人口数、人均受教育年限和小学适龄入学率。第二，参照 Duflo（2001）的做法，我们控制了政策前地区特征和出生队列虚拟变量之间的交乘项，以控制地区特征异质

---

① 后续分析根据流动状态和流动时间重新设定个体是否流动变量，结果变化不大。

② 梁超、王素素（2020）指出，该指标有两方面好处：首先，基于学校或村庄的数据会遗漏辍学学生，并难以覆盖政策对学生的具体影响；其次，可以消除由学生人数变化导致的学校数量的自然变化。这种设置允许学校数量的减少比学生数量的减少慢，使指标更加合理。此外，为避免撤点并校的纠偏和农村义务教育政策的影响，我们没有考虑更早期出生队列。原因在于，一方面，2006 年是撤点并校出现调整的年份；另一方面，2006 年是农村义务教育经费保障体制改革开始的年份。

③ 后续分析根据个体汇报的上小学年份重新计算撤点并校政策力度，结果变化不大。

④ 后续我们还进行了一系列稳健性分析以检验估计的可靠性。

性造成的偏差。此处选取的地区特征变量与方法一保持一致。

表1是本文变量的定义。本文主要感兴趣的是回归系数 β，正 β 意味着撤点并校政策对个体流动有积极影响；负 β 则意味着有负面影响。具体地，系数大小代表个体上小学期间所在地市每千名小学生每年减少 1 所学校，个体流动概率平均变动 $\beta \times 100$ 个百分点。

表1　变量定义

	（1）
变量名称	定义
被解释变量	
Migration	将个体户口在本县（县级市、区）其他乡镇街道、本县区以外设定为1，其他为0
核心解释变量	
Number of schools that closed and merged per thousand people	个体上小学期间所在地市每千名小学生每年平均减少的学校数
控制变量	
Birthyear	个体出生年份
Gender	个体性别，将男性设定为1，女性为0
Feduy	父亲受教育年限
Meduy	母亲受教育年限
Number of population in 2014（logarithm form）	2014 年人口数（对数）
Gdp per capita in 2014（logarithm form）	2014 年人均 GDP（对数）
Years of schooling per capita in 2000	2000 年人均受教育年限
Primary school enrollment rate of school-age children in 2000	2000 年小学适龄入学率
Number of population in 2000（logarithm form）	2000 年人口数（对数）
Gdp per capita in 2000（logarithm form）	2000 年人均 GDP（对数）

表2是变量的描述性统计。平均而言，个体读小学期间所在地市每千名小学生每年平均减少 0.23 所学校。离开户口所在地的个体占比为 21.60%。个体层面，样本平均出生年份为 1988 年，调查年份时年龄为 26 岁。46.80% 样本为男性。家庭层面，个体父亲平均受教育年限为 7.41 年，个体母亲受教育年限为 5.95 年。

表 2　变量的描述性统计

	（1）	（2）	（3）
变量	N	mean	sd
被解释变量	—	—	—
Migration	2252	0.216	0.411
核心解释变量	—	—	—
Number of schools that closed and merged per thousand people	2252	0.230	2.479
控制变量	—	—	—
Birthyear	2252	1988	3.478
Gender	2252	0.468	0.499
Feduy	2252	7.409	3.537
Meduy	2252	5.948	3.631
Number of population in 2014（logarithm form）	2252	6.216	0.520
Gdp per capita in 2014（logarithm form）	2252	10.70	0.500
Years of schooling per capita in 2000	2252	7.741	0.669
Primary school enrollment rate of school-age children in 2000	2252	0.723	0.143
Number of population in 2000（logarithm form）	2252	6.104	0.514
Gdp per capita in 2000（logarithm form）	2252	8.950	0.656

四　实证结果

（一）基准回归

表 3 报告了基准回归结果。第（1）列只包括一系列控制变量和地区固定效应及出生队列固定效应。交乘项系数显示，撤点并校政策与个体流动存在正相关关系。第（2）至（4）列包括所有控制变量，并逐步控制了地区特征的一、二、三阶趋势。排除以上地区特征的趋势影响后，交乘项系数仍然显著为正。第（5）列则采用了更严格的设定，控制了事先地区特征与出生队列虚拟变量之间的交乘项。① 结果表明，撤点并校政策对个体流动

① 除非另有说明，我们将使用第（5）列模型作为后续回归的基准模型。

产生了正向影响。具体而言，个体上小学期间所在地市每千名小学生每年减少 1 所学校，个体成年后流动的概率平均增加了 0.5%。个体上小学期间所在地市每千名小学生每年学校数每减少一个标准差（2.48），个体成年后流动的概率将平均增加 1.24%。

表 3　基准回归结果

变量	Migration				
	(1)	(2)	(3)	(4)	(5)
$Intensity_{jc}$	0.004 ***	0.004 ***	0.004 ***	0.004 ***	0.005 ***
	(0.001)	(0.001)	(0.001)	(0.001)	(0.001)
Gender	-0.012	-0.012	-0.012	-0.013	-0.012
	(0.014)	(0.014)	(0.014)	(0.014)	(0.014)
Feduy	0.000	0.000	0.000	0.000	0.001
	(0.003)	(0.003)	(0.003)	(0.003)	(0.003)
Meduy	0.007 **	0.007 **	0.007 **	0.007 **	0.007 **
	(0.003)	(0.003)	(0.003)	(0.003)	(0.003)
Number of population in 2014 （logarithm form）	-1.734 ***	-1.811 ***	-6.707 ***	-9.308	-1.950 ***
	(0.076)	(0.358)	(1.746)	(16.033)	(0.268)
Gdp per capita in 2014 （logarithm form）	-6.411 ***	-4.334 **	-12.425	-69.774	-6.611 ***
	(0.306)	(1.987)	(11.015)	(93.075)	(1.469)
地市固定效应	Y	Y	Y	Y	Y
出生队列固定效应	Y	Y	Y	Y	Y
地市特征趋势一次项	—	Y	Y	Y	Y
地市特征趋势二次项	—	—	Y	Y	—
地市特征趋势三次项	—	—	—	Y	—
地市特征×出生队列	—	—	—	—	Y
观测值	2252	2252	2252	2252	2252
调节 R^2	0.347	0.347	0.348	0.348	0.346

注：此表地级特征变量包括 2000 年人均 GDP（对数）、2000 年城镇化率、2000 年人口数（对数）、2000 年人均受教育年限、2000 年小学适龄入学率；稳健标准误差聚类在地市级水平；*** $p <$ 0.01，** $p < 0.05$，* $p < 0.1$，下同。

（二）稳健性检验

本部分通过样本选取、衡量误差、安慰剂检验、排除竞争性解释、Bartik IV 等方式验证了结果稳健性。

1. 样本选取

此小节通过样本选取检验了本文结果的稳健性。首先，由于个体流动受地区经济影响（夏怡然等，2015），表 4 汇报了样本选取的稳健性检验结果，第（1）列以基期 2000 年人均 GDP 排序，然后剔除了人均 GDP 最高和最低（前 5% 和后 5%）的地区样本。其次，个体未流动，也可能由于其已迁过户口。[①] 为此，表 4 第（2）列仅保留未迁过户口样本。再次，为考察对个体流动的长期影响，且考虑到农村地区的后续政策，本文将样本设定在 20 ~ 32 岁个体，该阶段群体回流可能性较小。表 4 第（3）列则进一步删除了曾有过 6 个月及以上外出务工经历且不准备继续外出的农村地区农业户口样本。最后，为提高实验组和控制组的可比性，表 4 第（4）列进而采用了广义精确匹配（CEM）。[②] 具体来说，我们选择地区层面事前特征包括 2000 年人均 GDP（对数）、2000 年城镇化率、2000 年人口数（对数）、2000 年人均受教育年限、2000 年小学适龄入学率匹配实验组和控制组，而后利用匹配后的权重进行回归。以上结果均表明，个体上小学期间所在地每千名学生减少小学数越多，受影响农村儿童在成年后流动的可能性越大。

表 4　样本选取的稳健性检验结果

| 变量 | Migration | | | |
| | (1) | (2) | (3) | (4) |
	保留经济状况类似地区	保留未迁过户口样本	排除回流样本	CEM 匹配
$Intensity_{jc}$	0.004 **	0.007 ***	0.008 ***	0.006 ***
	(0.002)	(0.001)	(0.002)	(0.001)
控制变量	Y	Y	Y	Y
地市固定效应	Y	Y	Y	Y
出生队列固定效应	Y	Y	Y	Y
地市特征 × 出生队列	Y	Y	Y	Y

① 此部分样本占比较小。2014 年中国劳动力动态调查数据显示，样本中迁过户口的个体占比为 15.97%。

② 广义精确匹配可以通过控制观测数据中混杂因素对政策结果的影响使实验组与控制组的协变量分布尽可能保持平衡，从而增强两组群体之间的可比性。

续表

变量	Migration			
	(1)	(2)	(3)	(4)
	保留经济状况类似地区	保留未迁过户口样本	排除回流样本	CEM 匹配
观测值	2046	1875	2039	1926
调节 R^2	0.357	0.420	0.369	0.329

注：控制变量包括性别（男性 = 1）、父亲受教育年限、母亲受教育年限，以及调查年份人均 GDP（对数）和人口数（对数），下同。CEM 匹配变量包括 2000 年人均 GDP（对数）、2000 年城镇化率、2000 年人口数（对数）、2000 年人均受教育年限、2000 年小学适龄入学率。

2. 衡量误差

此小节进一步考虑了核心解释变量和被解释变量的衡量误差。

首先，我国各地入学年龄及小学学制存在差异（刘德寰、李雪莲，2015）。为此，第一，参考梁超、王素素（2020）的研究，我们剔除了在2001 年处于 11～13 岁的青少年样本；第二，我们根据问卷中个体小学开始年份倒推出个体上小学期间所经历的撤点并校政策影响。表 5 显示，在考虑了入学年龄和小学学制偏差后，本文结果依然成立。

表 5 考虑入学年龄和小学学制差异的稳健性检验结果

变量	Migration	
	(1)	(2)
	剔除在 2001 年处于 11～13 岁的青少年样本	利用个体上小学开始年份计算撤点并校力度
$Intensity_{jc}$	0.021 ***	—
	(0.005)	
$Intensity_{jc}^{1}$	—	0.004 ***
		(0.001)
控制变量	Y	Y
地市固定效应	Y	Y
出生队列固定效应	Y	Y
地市特征 × 出生队列	Y	Y
观测值	1847	2252
调节 R^2	0.341	0.346

注：$Intensity_{jc}^{1}$ 为利用个体小学开始年份计算得出的个体上小学期间所经历的撤点并校政策影响。

其次，我们更换了被解释变量"迁移"的不同衡量方式。具体来说，我们根据问卷信息将个体是否离开户口所在地半年及以上、个体户口所在地是否与现居地不在同一区县、个体户口所在地是否与现居地不在同一地市、个体户口所在地是否与现居地不在同一省份设为被解释变量。结果显示，更换个体流动衡量方式对本文结果影响不大。更换个体迁移衡量方式的稳健性检验结果如表 6 所示。

表 6　更换个体迁移衡量方式的稳健性检验结果

变量	外出半年	跨区县流动	跨城市流动	跨省流动
	（1）	（2）	（3）	（4）
$Intensity_{jc}$	0.005 ***	0.004 ***	0.003 **	0.005 ***
	（0.001）	（0.001）	（0.001）	（0.001）
控制变量	Y	Y	Y	Y
地市固定效应	Y	Y	Y	Y
出生队列固定效应	Y	Y	Y	Y
地市特征×出生队列	Y	Y	Y	Y
观测值	2252	2252	2252	2252
调节 R^2	0.315	0.395	0.470	0.453

3. 安慰剂检验

为使因果推断更加可信，此小节进行了安慰剂检验。首先，我们在原始数据的基础上随机分配了个体所受撤点并校政策影响，并构造了 500 次数据集。其次，我们使用这些随机数据进行了回归检验。图 2 通过比较安慰剂子样本和真实样本的系数值，发现伪数据下的交乘项系数值分布均集中在零，且获得高于真实系数值的概率较小。

4. 排除竞争性解释

此小节进一步排除了竞争性解释。首先，2001 年我国加入世界贸易组织（WTO），贸易自由化或将鼓励个体流动（唐时达、刘瑶，2012）。此外，贸易自由化也会增加教育投资的机会成本、降低教育投资的回报率，进而抑制人力资本积累（刘铠豪等，2022）。表 7 显示了排除竞争性解释的稳健性检验结果，第（1）列进一步加入各地区 2000 年二、三产业占比与出生队列哑变量的交乘项以对 WTO 事件进行控制。其次，1999 年出台的高校扩

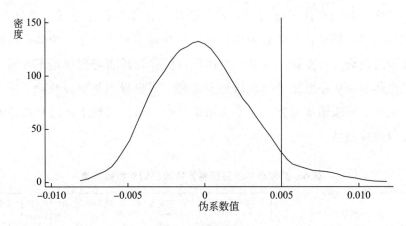

图 2 安慰剂检验

注：曲线绘制了伪数据的系数分布，竖线表示真实数据的系数值。

招政策也可能会大幅提高预期教育回报率（张翕、陆铭，2019），并促进个体自由流动。由于高考在省份层面竞争，为减少高校扩招的干扰，表 7 第（2）列进一步控制了个体户口所在省份哑变量和出生队列哑变量的交乘项。① 再次，我国 1986 年颁布的《义务教育法》增加了适龄儿童的受教育机会，并可能因此影响个体流动决策。为此，表 7 第（3）列进一步加入是否《义务教育法》出台后出生哑变量和城市固定效应哑变量的交乘项。最后，我国于 2000 年开始的快速城镇化及一系列户籍改革政策也或将影响农村个体流动行为。为此，表 7 第（4）列和第（5）列针对每城市每出生队列进一步控制了基期（个体 15 岁时）所在城市户籍改革力度和所在城市城镇化率。② 考虑了以上竞争性解释后，结论变化不大。

表 7 排除竞争性解释的稳健性检验结果

变量	Migration				
	（1）	（2）	（3）	（4）	（5）
$Intensity_{jc}$	0.005 ***	0.005 **	0.008 ***	0.004 ***	0.005 ***
	(0.001)	(0.002)	(0.001)	(0.001)	(0.001)

① 根据我国高考制度，个体一般在户口所在地进行高考。

② 户籍改革力度来自 Fan（2019）。Fan（2019）通过梳理各地级市购房、租房、就业和社保相关落户条件，对 340 个城市 1997~2010 年的城市户籍改革程度进行了评分。城镇化率根据各地区非农人口除以常住人口计算得出。

续表

变量	Migration				
	（1）	（2）	（3）	（4）	（5）
二、三产业占比×出生队列	Y	—	—	—	—
省份固定效应×出生队列	—	Y	—	—	—
地市固定效应×是否义务教育法后出生	—	—	Y	—	—
15 岁时户籍改革力度	—	—	—	Y	—
15 岁时所在城市城镇化率	—	—	—	—	Y
控制变量	Y	Y	Y	Y	Y
地市固定效应	Y	Y	Y	Y	Y
出生队列固定效应	Y	Y	Y	Y	Y
地市特征×出生队列	Y	Y	Y	Y	Y
观测值	2243	2246	2252	2252	2188
调节 R^2	0.349	0.377	0.371	0.350	0.348

注：由于少量样本缺乏户口所在省份信息，二、三产业数据，城镇化率数据，样本量稍有减少；第（1）列稳健标准误差聚类在地市级水平；考虑到同省份高考影响，第（2）列稳健标准误差聚类在省份水平。

5. Bartik IV

为减少撤点并校和人口流动的反向因果，以及其他不可观测因素的潜在干扰，我们进一步采用 Bartik IV 估计进行稳健性检验（见表 8）。Bartik IV 利用初始年份地区份额的外生性，通过国家层面和地区份额的加权平均构造工具变量，并基于此衡量各地区对共同冲击的不同暴露程度（Goldsmith-Pinkham et al.，2020）。具体来说，我们以各地区基期撤点并校程度占全国基期撤点并校程度之比为份额，通过此与全国各年份撤点并校程度交乘计算出地区层面每年份撤点并校情况，见式（3）。而后，我们同基准回归一致，根据各出生队列计算出相应工具变量。表 8 显示，采用 Bartik IV 估计的结果依然稳健。

$$Intensity_{jt} = \left(\frac{\frac{number of primary school_{j2000}}{number of students in primary school_{j2000}} - \frac{number of primary school_{j2001}}{number of students in primary school_{j2001}}}{\frac{number of primary school_{2000}}{number of students in primary school_{2000}} - \frac{number of primary school_{2001}}{number of students in primary school_{2001}}} \right)$$

$$\times \left(\frac{number of primary school_{t-1}}{number of students in primary school_{t-1}} - \frac{number of primary school_{t}}{number of students in primary school_{t}} \right) \quad (3)$$

表 8　Bartik IV 估计的稳健性检验结果

变量	（1）	（2）
	$Intensity_{jc}$	$Migration$
IV	0.904 *** （0.004）	—
$Intensity_{jc}$	—	0.002 * （0.001）
控制变量	Y	Y
地市固定效应	Y	Y
出生队列固定效应	Y	Y
地市特征 × 出生队列	Y	Y
观测值	2252	2252
调节 R^2	0.972	0.198

综上，一系列稳健性检验表明，撤点并校对个体成年后流动存在显著正向影响。

（三）机制分析

以上结果表明，撤点并校显著增加了个体流动概率。此小节进一步探讨了个体流动的可能原因（见表 9）。

表 9　个体流动的可能原因

变量	是否读高中	工作流动
	（1）	（2）
$Intensity_{jc}$	0.004 *** （0.001）	− 0.005 *** （0.002）
控制变量	Y	Y
地市固定效应	Y	Y
出生队列固定效应	Y	Y
地市特征 × 出生队列	Y	Y
观测值	2252	2252
调节 R^2	0.192	0.215

如第二部分所述，撤点并校通过对个体早期教育影响作用于个体后期流动行为。本研究发现的流动效应是否源于撤点并校对人力资本的正向作

用？已有研究表明，撤点并校显著促进了农村儿童的长期人力资本积累，表现为获取高中教育的概率明显增加（梁超、王素素，2020）。受教育程度越高，个体流动的可能性越大（Dustmann and Glitz，2011）。为此，我们首先直接考察撤点并校的学习效应——撤点并校政策是否通过促进人力资本积累增加了个体流动概率。我们更换被解释变量为个体是否读高中。结果显示，同梁超、王素素（2020）的发现一致，撤点并校程度越高的地区，个体读高中的概率越大。[①]

然而，撤点并校也有可能因中断效应导致部分个体辍学外出务工，由此增加了个体流动概率。为此，我们根据个体回答的 14 岁以后的第一次流动原因，更改被解释变量为是否为工作流动（当且仅当个体流动原因为工作、第一次流动在完成最高学历后、第一次流动年龄小于等于 16 岁时设为 1，否则为 0）。我们预期，个体在 16 岁及以前完成最高学历的流动并非正常的工作流动，而更有可能因撤点并校的中断效应而外出务工。结果显示，撤点并校对个体外出务工行为具有负面影响，外出务工并非本文主要发现的驱动因素。[②]

值得注意的是，为精准刻画个体所受撤点并校影响，我们参照 Caruso（2017）的做法，将样本限定在出生地和 14 岁居住地在同一地方的个体，早期因教育公共产品调整引起的"用脚投票"不在我们的考虑范围内。本文中，有 92.24% 的个体 14 岁居住地和出生地一致，此种处理方式对我们的结果影响不大。此外，考虑到地区层面可能影响个体流动的干扰因素，主回归同时控制了地区层面教育资源、经济和人口等事先特征。

撤点并校使农村学生集中在城市地区、县城、镇中心或较大的农村学校（梁超、王素素，2020）。更大的学校会通过规模效应改变学生的表现（De Haan et al.，2016）——由于教师的专业化和学生的多样化增强，学校规模扩大对儿童人力资本积累具有积极作用（Beuchert et al.，2018）。遗憾的是，由于缺乏个体上学期间的学校层面数据，这里我们使用地区层面的平均学校规模及平均教师数量来检验撤点并校可能产生的积极影响。具体来说，我们首先根据地区层面 2001～2006 年的平均撤点并校力度[③]将地区

---

① 此外，我们还检验了撤点并校对个体最高学历为小学、初中、大学以上的影响，未发现显著作用，结果与梁超、王素素（2020）的类似。

② 由于数据原因，我们仅侧面检验了个体可能的"外出务工"行为，此处需谨慎解读。

③ 各地区撤点并校力度计算方式见式（2）。

分为两组，然后绘制出政策前后不同力度地区学校规模和教师数量的变化。图 3 显示，撤点并校前，撤点并校力度强和力度弱地区的学校规模和教师数量变化趋势大致相同。撤点并校后，撤点并校力度强地区的学校规模和教师数量有了明显增长。撤点并校带来的规模效应促进了人力资本积累，并可能因此增加了农村个体成年后的流动概率。[①]

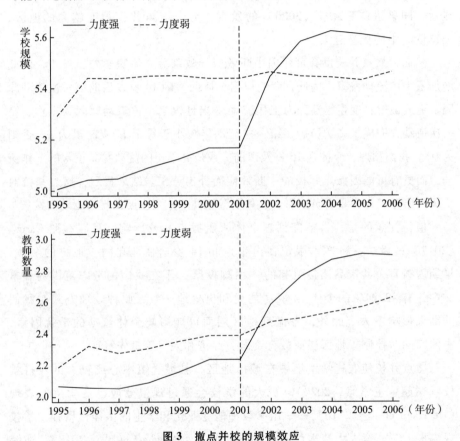

图 3　撤点并校的规模效应

资料来源：《中国城市统计年鉴》。

（四）进一步讨论

本小节对撤点并校对个体流动的异质性影响及撤点并校对个体工作情

---

① 然而，值得注意的是，由于数据原因，我们未能检验个体层面的就学环境变化，此部分留给未来研究探讨。

况的影响展开了进一步讨论，这将有助于增强我们对撤点并校对个体长期影响的理解，也为本文进行预测提供了新的数据支撑。

1. 异质性分析

首先，不同地区的基础教育资源存量存在较大差异，早期地区发展水平差距也有可能影响政策的有效性。为此，我们根据 2000 年人均受教育年限进行了分组，并考察了撤点并校对不同地区的影响。表 10 显示了撤点并校对个体流动的异质性影响，第（1）列和第（2）列显示，生活在教育发展水平较差地区的个人从撤点并校中得到了更多好处。撤点并校政策可能优化了地区原有的教育公共产品配置，从而显著增加了个体流动概率。此结果也间接表明撤点并校可能优化了地区教育资源配置。其次，家庭背景可能对撤点并校政策实施具有潜在影响（Berry & West，2010）。为此，我们根据个体 14 岁时的家庭社会地位对样本进行分组，并对子样本进行异质性分析。表 10 第（3）列和第（4）列显示，家庭条件较好的孩子更有可能受益于该政策。条件较好的家庭在政策实施后更有能力将孩子送到更好的学校，而条件较差的家庭在政策实施后则可能由于通勤、寄宿等原因减少教育投入。因此，从长远来看，家庭条件较好的个体更可能因撤点并校政策流动。最后，中国重男轻女的传统文化可能会使得在有限条件下，家庭选择提供有限资源给男性而非女性，尤其是在农村地区（孙妍等，2020）。为此，我们根据个体性别对样本进行分组。表 10 第（5）列和第（6）列显示，撤点并校显著增加了男性流动概率，而对女性流动没有显著作用。中国家庭明显的性别偏好使家庭教育资源倾斜，男孩更有可能受益于教育公共产品调整。

表 10　撤点并校对个体流动的异质性影响

变量	Migration					
	(1)	(2)	(3)	(4)	(5)	(6)
	教育资源较好	教育资源较差	家庭条件较差	家庭条件较好	女性	男性
$Intensity_{jc}$	-0.124 (0.095)	0.005*** (0.002)	-0.001 (0.002)	0.007*** (0.002)	-0.004 (0.005)	0.003** (0.001)
控制变量	Y	Y	Y	Y	Y	Y

变量	Migration					
	(1)	(2)	(3)	(4)	(5)	(6)
	教育资源较好	教育资源较差	家庭条件较差	家庭条件较好	女性	男性
地市固定效应	Y	Y	Y	Y	Y	Y
出生队列固定效应	Y	Y	Y	Y	Y	Y
地市特征×出生队列	Y	Y	Y	Y	Y	Y
观测值	1180	1072	951	1301	1198	1054
调节 R^2	0.292	0.373	0.348	0.364	0.302	0.443

2. 个体工作情况

自由流动有助于增加个体收入，尤其是对于农村个体来说（孙志军、杜育红，2004；孙文凯等，2007）。此外，劳动力外出就业比在本地非农产业就业能够多增加收入（赵耀辉，1997）。为此，本小节通过撤点并校对个体工作情况的影响，进一步考察了撤点并校对农村个体福利的长期作用。

具体来说，我们分别更改被解释变量为个体是否从事非农工作（非农工作为1，其他为0）和个人收入（对数）。① 表11显示，个体上小学期间每千名小学生每年每减少1所学校，个体从事非农工作的概率将增加0.4%，个体收入也将增加3%。结合本文发现和已有研究，除促进长期人力资本积累和自由流动外，撤点并校政策还增加了个体从事非农工作的概率，促进了个体工资收入的增加，在劳动力市场上提升了个体长期福利水平。

表11　撤点并校对个体工作情况的影响

变量	非农工作	个人收入（对数）
	(1)	(2)
$Intensity_{jc}$	0.004 ** (0.002)	0.030 *** (0.009)
控制变量	Y	Y
地市固定效应	Y	Y

① 个人收入采用"您2013年的工资性收入（包括所有的工资、各种奖金、补贴，扣除个人所得税、社会保险、住房公积金）"的回答并加一取对数。

变量	非农工作	个人收入（对数）
	（1）	（2）
出生队列固定效应	Y	Y
地市特征 × 出生队列	Y	Y
观测值	1427	1427
调节 R^2	0.311	0.118

五　总结

城乡教育公共产品的有效配置在城镇化进程中的作用举足轻重。然而，撤点并校对个体影响的好坏及大小仍存在较大争议。使用 2014 年中国劳动力动态调查数据，本文利用地市间撤点并校力度差异和出生队列变化构造队列双重差分模型，考察了撤点并校政策对个体流动行为的作用，并为城镇化进程中优化教育资源配置、促进城乡融合提供了研究依据。具体来说，本文发现撤点并校显著增加了农村个体流动概率——个体上小学期间所在地市每千名小学生每年每减少 1 所学校，将使其成年后流动的概率增加 0.5%。撤点并校通过促进人力资本积累增加了农村个体自由流动的概率，并增加了农村个体从事非农工作的概率和农村个体的工作收入。男性、生活在条件较差地区、家庭背景较好的个人受撤点并校影响更大。

撤点并校的短期负面影响逐渐减少，个体表现可能会长期改善（Liu et al.，2010；Engberg et al.，2012）。本文结果在一定程度上证实了以上发现，丰富了已有研究对撤点并校长期影响的理解，也让我们意识到撤点并校政策的意外经济结果。撤点并校有利于农村个体长期人力资本积累，并能通过促进自由流动进一步提升个体福利水平。从这个角度来看，撤点并校在城镇化过程中具有一定的积极意义。此外，值得注意的是，撤点并校政策对不同类型地区、家庭及个体具有异质性影响。政府应该考虑为农村地区条件较差的家庭提供经济补贴，并呼吁对农村女童的教育投入倾斜，尽可能避免产生新的教育不平等。然而，由于数据和政策原因，本文未考虑撤点并校政策的后期影响群体（还未上小学群体），也未能直接观测到个体层面就学环境变化，如何减少撤点并校政策的短期负面影响仍是后续研究的重要议题。

参考文献

丁冬、郑风田，2015，《撤点并校：整合教育资源还是减少教育投入？——基于 1996—2009 年的省级面板数据分析》，《经济学》（季刊）第 2 期，第 603～622 页。

丁延庆、王绍达、叶晓阳，2016，《为什么有些地方政府撤并了更多农村学校？》，《教育经济评论》第 4 期，第 3～34 页。

甘行琼、刘大帅、胡朋飞，2015，《流动人口公共服务供给中的地方政府财政激励实证研究》，《财贸经济》第 10 期，第 87～101 页。

李超、万海远、田志磊，2018，《为教育而流动——随迁子女教育政策改革对农民工流动的影响》，《财贸经济》第 1 期，第 132～146 页。

李龙、宋月萍，2015，《撤点并校背景下的人口流动意愿——来自农村地区的证据》，《清华大学教育研究》第 2 期，第 23～31 页。

李明、郑礼明，2021，《回不去的家乡？——教育公共品供给与人口回流的实证研究》，《金融研究》第 4 期，第 111～130 页。

李强、陈宇琳、刘精明，2012，《中国城镇化"推进模式"研究》，《中国社会科学》第 7 期，第 82～100 页。

梁超、王素素，2020，《教育公共品配置调整对人力资本的影响——基于撤点并校的研究》，《经济研究》第 9 期，第 138～154 页。

刘德寰、李雪莲，2015，《"七八月"的孩子们——小学入学年龄限制与青少年教育获得及发展》，《社会学研究》第 6 期，第 169～192 页。

刘铠豪、王雪芳、张璇，2022，《贸易自由化与人力资本积累：来自中国的证据》，《财贸研究》第 5 期，第 56～72 页。

陆铭、李鹏飞、钟辉勇，2019，《发展与平衡的新时代——新中国 70 年的空间政治经济学》，《管理世界》第 10 期，第 11～23 页。

马述忠、胡增玺，2022，《数字金融是否影响劳动力流动？——基于中国流动人口的微观视角》，《经济学》（季刊）第 1 期，第 303～322 页。

宋弘、罗吉罡、蒋灵多，2022，《城市落户门槛变化如何影响人才流动与产业创新》，《财贸经济》第 5 期，第 82～95 页。

孙文凯、路江涌、白重恩，2007，《中国农村收入流动分析》，《经济研究》第 8 期，第

43～57 页。

孙妍、林树明、邢春冰，2020，《迁移、男孩偏好与教育机会》，《经济学》（季刊）第 1 期，第 189～208 页。

孙志军、杜育红，2004，《农村居民的教育水平及其对收入的影响——来自内蒙古赤峰市的证据》，《教育与经济》第 1 期，第 24～29 页。

唐时达、刘瑶，2012，《贸易自由化、劳动流动与就业结构调整》，《世界经济研究》第 3 期，第 58～62 页。

王广慧、张世伟，2008，《教育对农村劳动力流动和收入的影响》，《中国农村经济》第 9 期，第 44～51 页。

魏东霞、陆铭，2021，《早进城的回报：农村移民的城市经历和就业表现》，《经济研究》第 12 期，第 168～186 页。

邬志辉、秦玉友，2020，《中国农村教育发展报告 2019》，北京师范大学出版社。

夏怡然、苏锦红、黄伟，2015，《流动人口向哪里集聚？——流入地城市特征及其变动趋势》，《人口与经济》第 3 期，第 13～22 页。

肖伟、刘文华、谢婷，2023，《就地城镇化的家庭收入效应——基于中国家庭金融调查（CHFS）的实证研究》，《金融研究》第 2 期，第 152～170 页。

邢春冰，2016，《撤点并校与农村居民的迁移决策》，《教育经济评论》第 2 期，第 39～52 页。

许敏波、李若瑶、杨卿栩，2018，《撤点并校与学龄人口城镇化：“第一步”效应》，《教育经济评论》第 6 期，第 107～122 页。

颜银根，2020，《流动人口受教育程度对跨地区流动决策的影响研究》，《中国人口科学》第 1 期，第 90～101 页。

张文武、余泳泽，2021，《城市服务多样性与劳动力流动——基于“美团网”大数据和流动人口微观调查的分析》，《金融研究》第 9 期，第 91～110 页。

张翕、陆铭，2019，《提高回报激发需求——改善中国农村教育的空间政治经济学》，《学术月刊》第 4 期，第 54～64 页。

赵耀辉，1997，《中国农村劳动力流动及教育在其中的作用——以四川省为基础的研究》，《经济研究》第 2 期，第 37～42 页。

Angrist, J. D. & Pischke, J. S. 2009. *Mostly Harmless Econometrics*. Princeton University Press.

Behaghel, L., De Chaisemartin C., & Gurgand M. 2017. "Ready for Boarding? The Effects of a Boarding School for Disadvantaged Students." *American Economic Journal：Applied Economics* 1：140 – 164.

Ben-Porath, Y. 1967. "The Production of Human Capital and The Life Cycle of Earnings."

Journal of Political Economy 4：352 - 365.

Berry，C. R. & West，M. R. 2010. "Growing Pains：The School Consolidation Movement and Student Outcomes. " *The Journal of Law*，*Economics*，& *Organization* 1：1 - 29.

Beuchert，L.，Humlum M. K.，Nielsen H. S.，et al. 2018. "The Short-term Effects of School Consolidation on Student Achievement：Evidence of Disruption?" *Economics of Education Review* 65：31 - 47.

Brummet，Q. 2014. "The Effect of School Closings on Student Achievement. " *Journal of Public Economics* 119：108 - 124.

Caruso，G. D. 2017. "The Legacy of Natural Disasters：The Intergenerational Impact of 100 Years of Disasters in Latin America. " *Journal of Development Economics* 127：209 - 233.

De Haan，M.，Leuven E.，& Oosterbeek H. 2016. "School Consolidation and Student Achievement. " *The Journal of Law*，*Economics*，*and Organization* 4：816 - 839.

Duflo，E. 2001. "Schooling and Labor Market Consequences of School Construction in Indonesia：Evidence from an Unusual Policy Experiment. " *American Economic Review* 4：795 - 813.

Dustmann，C. & Glitz，A. 2011. *Handbook of the Economics of Education.* Elsevier Press.

Engberg，J.，Gill B.，Zamarro G.，et al. 2012. "Closing Schools in a Shrinking District：Do Student Outcomes Depend on Which Schools are Closed?" *Journal of Urban Economics* 2：189 - 203.

Fan，J. 2019. "Internal Geography，Labor Mobility，and the Distributional Impacts of Trade. " *American Economic Journal：Macroeconomics* 3：252 - 288.

Goldsmith-Pinkham，P.，Sorkin，I.，& Swift，H. 2020. "Bartik Instruments：What，When，Why，and How. " *American Economic Review* 8：2586 - 2624.

Haepp，T. & Lyu，L. 2018. "The Impact of Primary School Investment Reallocation on Educational Attainment in Rural China. " *Journal of the Asia Pacific Economy* 4：606 - 627.

Huang，W.，Lei X.，& Sun A. 2021. "Fertility Restrictions and Life Cycle Outcomes：Evidence from the One-Child Policy in China. " *The Review of Economics and Statistics* 4：694 - 710.

Li，P.，Lu Y.，& Wang J. 2016. "Does Flattening Government Improve Economic Performance? Evidence from China. " *Journal of Development Economics* 123：18 - 37.

Liu，C.，Zhang L.，Luo R.，et al. 2010. "The Effect of Primary School Mergers on Academic Performance of Students in Rural China. " *International Journal of Educational Development* 6：570 - 585.

Luo，R.，Shi Y.，Zhang L.，et al. 2009. "Malnutrition in China's Rural Boarding Schools：The Case of Primary Schools in Shanxi Province. " *Asia Pacific Journal of Education* 4：481 -

501.

Mo, D. , Yi H. , Zhang L. , et al. 2012. "Transfer Paths and Academic Performance: The Primary School Merger Program in China. " *International Journal of Educational Development* 3: 423 – 431.

图书在版编目（CIP）数据

中国式农村教育现代化 / 李涛，邬志辉主编.

北京：社会科学文献出版社，2024. 7. -- ISBN 978 - 7
- 5228 - 3833 - 5

　　I . G725

中国国家版本馆 CIP 数据核字第 2024WH8434 号

中国式农村教育现代化

主　　编 / 李　涛　邬志辉

出 版 人 / 冀祥德
组稿编辑 / 谢蕊芬
责任编辑 / 孟宁宁
责任印制 / 王京美

出　　版 / 社会科学文献出版社·群学分社（010）59367002
　　　　　　地址：北京市北三环中路甲 29 号院华龙大厦　邮编：100029
　　　　　　网址：www. ssap. com. cn
发　　行 / 社会科学文献出版社（010）59367028
印　　装 / 三河市龙林印务有限公司

规　　格 / 开　本：787mm × 1092mm　1/16
　　　　　　印　张：20.5　字　数：328 千字
版　　次 / 2024 年 7 月第 1 版　2024 年 7 月第 1 次印刷
书　　号 / ISBN 978 - 7 - 5228 - 3833 - 5
定　　价 / 128.00 元

读者服务电话：4008918866